Angela Buddecke

Niemand liebt mein Leben so wie ich

Angela Buddecke

Niemand liebt mein Leben so wie ich

Inspiriert von wahren Begebenheiten

Der Erzählverlag

Bibliografische Information der Deutschen Nationalbibliothek:
Die Deutsche Nationalbibliothek verzeichnet diese Publikation in der Deutschen Nationalbibliografie; detaillierte bibliografische Daten sind im Internet über http://dnb.d-nb.de abrufbar.

1. Auflage | Februar 2023

Lektorat: Dorothée Brüne, Potsdam
Korrektorat: Nadine Nourney, Berlin
Satz: Peter Amsler, Berlin
Umschlagillustration: Catrina Steffen, Potsdam
Umschlaggestaltung: Kati Schiemann, Potsdam
Druck und Bindung: Central Dabas Printing House, Ungarn

ISBN 978-3-947831-93-7

www.erzaehlverlag.de

Klimaneutral
Druckprodukt
ClimatePartner.com/14701-2102-1004

Für meine Eltern,
meine Brüder,
meine Töchter
und ihren Vater

»Wahr ist, was lebenskräftig macht«

Johann Wolfgang von Goethe

»Man muss den Dingen
die eigene, stille,
ungestörte Entwicklung lassen,
die tief von innen kommt,
und durch nichts gedrängt
oder beschleunigt werden kann;
alles ist austragen – und
dann gebären ...
Reifen wie der Baum, der seine Säfte nicht drängt
und getrost in den Stürmen
des Frühlings steht,
ohne Angst,
dass dahinter kein Sommer
kommen könnte.
Er kommt doch!
Aber er kommt nur zu den Geduldigen,
die da sind, als ob die Ewigkeit vor ihnen läge,
so sorglos still und weit ...
Man muss Geduld haben
gegen das Ungelöste im Herzen,
und versuchen, die Fragen selber liebzuhaben,
wie verschlossene Stuben,
und wie Bücher, die in einer sehr fremden Sprache
geschrieben sind.
Es handelt sich darum, alles zu leben.
Wenn man die Fragen lebt,
lebt man vielleicht allmählich,
ohne es zu merken,
eines fremden Tages
in die Antwort hinein.«

Rainer Maria Rilke

1

Im Herbst kamen die Krähen. Immer kurz nach dem Aufwachen, wenn der Himmel die Farbe zu wechseln begann, flogen sie direkt über den Dachfirst, unter dem ich seit dem Sommer meine Schlafstatt hatte. Es war ein sehr großer Schwarm. Eine tanzende Wolke, die überall immer wieder ausfranste und durch deren Poren das Graublau der Dämmerung schimmerte.

Das Aufwachen war jedes Mal ein heikler Moment voller Bangigkeit. Es tat mir weh. So muss sich ein Sternstaubpartikelchen fühlen, wenn es in die Erdatmosphäre eintritt und verglüht, dachte ich.

»Ooooh!«, rufen die Menschen entzückt und sprechen einen stillen Wunsch für sich aus. Wenn meine Seele sich frühmorgens versengte beim Wiedereintritt in das Wachbewusstsein, sah das niemand und folglich wünschte sich auch niemand etwas außer mir, und ich wollte einfach nur mal aufwachen, ohne mich zu fühlen wie gesotten, als wäre mein Herz aus dem Sturzflug heraus in einer Fritteuse gelandet.

Ich hörte sie manchmal schon von Weitem, es waren ihrer Hunderte. Sie schrien durcheinander und waren doch ein Chor, ein riesiger Klangkörper, der an irgendetwas litt und dies der Welt zum Vorwurf machte. Die Krähen kamen und ich stürzte aus dem

Bett zum Fenster, zwei Schritte nach vorn, benommen, schwindelig, fand Halt an seinem Griff und hebelte die schräge Scheibe mit einem kräftigen Ruck in die Waagerechte, wand meinen Oberkörper durch die Luke, der kühlen Luft entgegen, das Gesicht gen Himmel gereckt. Ich liebte den kühnen Auftritt der schwarzen Vögel auf der Himmelsbühne, ihre Gemeinschaft, ihren Zusammenhalt und die kraftvolle Botschaft, die sich mir damals noch nicht erschloss. Unzählige einzelne Wesen waren sich ganz und gar einig übers Woher und Wohin. Ihre Unbedingtheit ergriff mich jeden Tag aufs Neue.

Meine Freunde, rief ich ihnen zu, da seid ihr ja, guten Morgen! Es kam mir nicht lächerlich vor. Sie schrieben gemeinsam ein weit ausladendes Diagramm, hoch, tief, hoch, tief, flogen elegante Kurven über die Nachbarhäuser und steuerten schließlich zielsicher auf die Hochspannungsleitungen zu. Dort in der Ferne ließen sie sich nieder wie die Noten einer wilden Partitur, als hätten Mahler, Brahms und Bruckner sie höchst persönlich auf den Linien angeordnet.

Es war noch gar nicht lange her, da hatte mich das Klingeln eines Weckers jeden Morgen aus den Träumen gerissen. Ella und Mabel mussten zur Schule. Ich stand als Erste auf, torkelte in die Küche. Teewasser aufsetzen, Schulbrote machen, Frühstückstisch decken, zur Eile mahnen. Ella, Mabel! Fünf vor halb, beeilt euch jetzt, ihr müsst bald los!

Und dann unser inniges Winken. So lange, bis ihre Fahrräder beim Nachbarhaus ums Straßeneck gebogen waren.

Tschüüüsss! – Tschüss, Mama, Tschüss, Mama!

Es würde niemals mehr so sein wie damals. Das Lachen, die Innigkeit, die zärtliche Freude an unserem Zusammenleben. Das fröhliche Hallo, bin wieder da! – Hallo, bin oben, komme gleich. Kakao am Küchentisch, aufgeschnittene Äpfel, zusammen auf dem Sofa hocken, einen Film im Visier, das Abendessen auf dem Schoß. Gute Naaacht, Mama! – Gute Nacht, meine Herzblätter, schlaft gut.

Ella und Mabel sind nun erwachsen. Sie haben ihr eigenes Leben an anderen Orten. Als sie noch klein waren, war ich ihre Welt und sie mein Sonnensystem.

Jetzt sind wir alle drei Satelliten, auf verschiedener Umlaufbahn. Wir winken uns zu, wir sind in Verbindung. Das ist ein Leichtes, seit es Smartphones gibt. Und manchmal sehen wir uns wieder und schließen uns in die Arme. Das ist immer ein Fest.

Ich lebte plötzlich allein unterm Dach. Mein Leben hatte wie der Himmel die Farbe gewechselt. Die Trennung von Sven nach sieben Jahren. Dann Vaters Tod, das böse Erwachen, als es ums Erben ging, Arne und ich, der bedrückende Konflikt, seine Lösung, unsere Geschwisterliebe, die sich dann doch noch endlich entfalten durfte.

Das Elternhaus war verkauft und ausgeräumt, mein Umzug geschafft, raus aus dem geräumigen Familienhaus mit all seinen Erinnerungen hier unters Dach, auf wenige Quadratmeter. Mabels Schlingern nach der Schulzeit, das Bangen und Hoffen für ihre Bewerbung an der Kunstakademie, die grenzenlose Erleichterung, als sie dort angenommen war. Ich war mir nichts schuldig geblieben. Als Frau, als Mutter, als Künstlerin. Ich hatte alles ausgeschöpft. Sehr viel war es gewesen. Zuviel wahrscheinlich. Denn auf einmal wurden mir die Beine seltsam schwer. Ich merkte es beim Treppensteigen, bereits im ersten Stock. Sonst war ich immer ruckzuck oben gewesen, zwei Stufen auf einmal unter den flinken Füßen.

Sie holten mich morgens für einen Moment aus meiner tiefen Verzagtheit, die Krähen, ließen mich noch einmal aufglimmen. Fliegen, dem Himmel nah sein, ein schönes Lied singen, mit jedem Tag eine weitere Seite im Aufsatz meines Lebens schreiben und das Thema ja nicht verfehlen. Das war es, was ich unbedingt wollte.

Auch am Morgen jenes Tages, an dem mein kleiner Lebenssatellit ganz unvermutet in eine neue Umlaufbahn katapultiert wurde, begrüßte ich die Krähen. Obwohl ich sehr, sehr müde war und leichtes Fieber hatte.

»Ihre Blutkörper sind ein wenig tief«, hatte mein Hausarzt mir am Vortag eröffnet. Das könne alles Mögliche sein, ein Vitaminmangel zum Beispiel, aber er wolle das noch mal genauer anschauen lassen.

»Ich überweise Sie ins St. Anna Spital. Zur Sicherheit. Da wird in den Laboren auch über die Feiertage gearbeitet.« Es ging auf Weihnachten zu. Dr. Strietzel erinnerte mich an meinen großen Bruder Arne mit seinem bronzefarbenen Teint, den grauen Locken und seinen gutmütigen braunen Augen hinter der randlosen Brille.

Tiefe Blutkörper. Ich stellte mir feiste, kleine Frisbeescheiben vor, die jetzt abgeflacht und plattgedrückt wie Wursträdchen durch meine Adern flogen. Ich dachte nicht an einen Mengenwert im Zusammenhang mit dem Wort ›tief‹.

Ich dachte überhaupt nichts. Ich war einfach nur irrsinnig erschöpft.

Mir war zwei Wochen zuvor ein Backenzahn gezogen worden, der sich ständig entzündet hatte. In einer elenden Tortur hatte ihn mein schweißüberströmter Zahnarzt herausmeißeln müssen. Die Geburt von Ella und Mabel war dagegen ein Kinderspiel gewesen. Über Stunden hörte es danach nicht auf zu bluten. Die Wunde wollte nicht recht heilen. Ich fühlte mich schwach und matt und dachte, das sei mein Herz; dass ich vielleicht mal wieder zum Kardiologen sollte mit meinem leichten Vorhofflimmern.

Die Erschöpfung von den letzten drei Jahren, so vermutete ich. Von meinem ganzen Leben überhaupt. Reich war es gewesen, bunt, dramatisch, intensiv. Der Bogen stets ein kleines bisschen überspannt.

Als das Telefon klingelte, saß ich am Tisch und erschrak. Unterdessen war es draußen hell geworden, der Tag hatte Fahrt aufgenommen und die meisten Krähen waren verschwunden. Auf den Drähten nur hie und da noch ein schwarzer Punkt. Die große Sinfonie schien ausgedünnt zur kargen Niederschrift eines gregorianischen Gesanges.

Durch die angelehnte Terrassentür drangen Geräusche. Vereinzelt Autos, der Müllwagen, die Stimmen von Kindern, die sich heftig beschwerten, Erwachsene, die ihnen nicht zuhörten und sie lautstark zurechtwiesen.

»Hallo?«

»Guten Morgen. Giebel mein Name vom St. Anna Spital, spreche ich mit Frau Emilie Bundschuh?«

Die Frau klang munter.

»Ja.« Ich war überrascht.

»Frau Bundschuh, wir hätten jetzt Platz und würden Sie heute noch gern stationieren. Könnten Sie um dreizehn Uhr bei uns sein?«

Stationieren. Rekrutieren. Krankenhaus. Ich fühlte mich überfallen und geriet durcheinander.

»Heute Mittag. Ich weiß nicht. Ich muss da erst noch etwas klären. Kann ich Sie gleich zurückrufen?«

»Selbstverständlich.«

»Vielen Dank.«

»Gern geschehen, auf Wiederhören.«

Ich goss den Tee auf. Ich zitterte ganz leicht dabei. Wer hat's besser, Kaffee oder Tee?, fragte mein Stirnlappen.

Kaffee, antwortete ich. Kaffee darf sich setzen, Tee muss ziehen.

Der Tee zog, ich griff zum Telefon und sagte zu.

2

Pauls warme, schmale Hand umschloss meinen linken Fuß. Behutsam begann er, ihn zu kneten. Wir saßen auf dem Sofa. Das heißt, ich lag mehr, als dass ich saß.

»Das hübsche Bürschelchen nahm Platz neben meinem Bett«, begann ich.

Eins ums andere stiegen die Bilder in mir auf.

»Es hätte mein Sohn sein können. Den weißen Kittel trug er offen, als hätte er sich den eben mal kurz ausgeborgt, zum Anprobieren oder Doktor spielen. Er hatte die Beine übereinander geschlagen, dunkelblaue Markenjeans, so hing er in diesem hässlichen Besucherstuhl. Du weißt schon, einer von der Sorte, bei dem die Sitzfläche so schrecklich unbequem nach hinten absackt, Richtung Lehne. Aus hellem Holz, mit diesen Metallbeinen, die ein schauriges Geräusch in den Boden ätzen, wenn man sie woanders hinstellt, ohne sie dabei anzuheben. Neben ein Bett zum Beispiel.

Das Bürschelchen hatte den Oberkörper leicht vorgebeugt und mir die linke Körperhälfte zugewandt. Ich hätte von seinem Gesicht etwas sehen können, wenn er nicht ständig mit gespreizten Fingern Kinn und Wange zusammengeharkt oder an einer Haarsträhne herum gezupft hätte, als wolle er etwas suchen, ordnen, richtigstellen.

›Also, wir haben Zellen in Ihrem Blut gefunden, die auf eine aggressive Krankheit schließen lassen‹, sagte er mal eben so, ganz nebenbei.

So fing das an. An diesem späten Nachmittag, kurz vor Weihnachten.

Es lag tatsächlich Schnee draußen. Auf den Fluren im Spital diese dekorativen Arrangements aus Lichterketten, Tannenzweigen und roten Baumkugeln, die für Festtagsstimmung sorgen sollen.

Aggressive Krankheit. Einen Moment lang hatte ich die Empfindung, jemand jagt mir einen Schwall Eiswasser durch die Adern. Erstaunlicherweise ist mir das Blut nicht auf der Stelle eingefroren. Stattdessen wurde es ganz warm, mein heiliges Blut. Das hatte der junge Mann soeben als verseucht eingestuft, als verunreinigt. Durchsetzt von hochgefährlichen, winzigen Parasiten, die nur eines im Sinn hätten, mir nämlich den Garaus zu machen und zwar sehr schnell, sehr bald.

Ich mochte das Bürschelchen nicht. Nicht nur deshalb, weil es bei allem, was es sonst noch von sich gab, nicht in der Lage war, mich anzusehen. Sondern, weil etwas in mir sofort befand, der Mann hätte mir nichts Wesentliches mitzuteilen. Menschlich nicht. Ich hörte ihn sprechen. Und die unbeholfene, herzlose Art, in der er es tat, schubste mich aus dem Stand in eine Welt, zu der er keinen Zutritt hatte.«

»Was für eine Welt?«, wollte Paul wissen.

»Ich weiß nicht genau, wie ich dir das erklären kann«, sagte ich. »Vielleicht so: Ich hatte schon immer dieses Gefühl, etwas in mir ist klüger als ich. Und dieses etwas stieß in Sekundenschnelle mit einem kräftigen Tritt eine Art Tapetentür auf. Sperrangelweit. Ich schlüpfte in einen großen, hellen Raum hinein. Dort war ich augenblicklich geschützt.

Nach allem, was ich erlebt habe, würde ich heute sagen, dieser Raum war so etwas wie ein Spiegelkabinett. Darin erblickte ich Abertausende von Momenten meiner eigenen, einmaligen Geschichte. Die DNA meiner Biographie. Szenen in kaleidoskopischen Mustern, ständig wechselnd, schillernd, in Bewegung. Wohin ich mich auch wandte und drehte, mir kamen von allen Seiten Bilder entgegen, die ich merkwürdigerweise als zutiefst sinnvoll erlebte, als schlüssig. Sie hatten alle ihre eigene Logik. Ich konnte mir nur noch keinen Reim darauf machen.

Da draußen redete der junge Mediziner etwas vor sich hin, etwas, das angeblich mich betraf. Ich aber war in diesem Raum, geschützt und eingehüllt von etwas Gleißendem, Übernatürlichem. Das war für mich in dem Moment genauso real wie für ihn sein blütenweißer Baumwollkittel.

Er konnte natürlich nicht ahnen, wohin ich entschlüpft war. Körperlich war ich durchaus anwesend. Neben ihm, in diesem schmalen Bett, mit angewinkelten Knien ans hochgestellte Kopfende gelehnt, die Decke bis zur Brust gezogen.

Eigentlich war ich den ganzen Tag guter Dinge gewesen. Alles war recht harmlos bis dahin. Nur die Visite dieses Bürschelchens, so plötzlich, im Alleingang, die traf mich aus dem Nichts.

Später stand dann seine Vorgesetzte vor mir. Sie war mir ganz sympathisch. Eine Frau mit Mitte vierzig, dünnes Haar von unbestimmter Farbe und Frisur um das wächserne Gesicht herum, mit wadenlangem Rock und Ledermokassins.

›Dr. F. Kellermann‹ stand auf dem Namensschild am Kittel. Die Lampen brannten, es war schon dunkel draußen. Sie ließ mir Hoffnung. Noch sei gar nichts sicher, nichts gewiss. Das Blut befände sich nun im Universitätsspital. Es könne auch etwas ganz Anderes sein.«

Mit einem leichten Seufzer streckte ich Paul auch meinen rechten Fuß entgegen. Er hielt ihn fest, hielt inne. Dann wollte er wissen, wie es überhaupt dazu gekommen sei, dass ich kurz vor Weihnachten in dieses Krankenhaus musste und woran ich denn gemerkt hätte, dass etwas nicht stimmt mit mir.

Paul lief mir vors Rad. Da war ich schon über den Berg. Mehr als nur das. Ich war über alle Berge und in eine andere Stadt gezogen. In die schöne Stadt am Wasser, in der ich heute lebe. Paul trat ganz plötzlich zwischen zwei Autos am Straßenrand heraus, dort, wo ich gerade des Weges kam – mit Minna, meinem E-Bike. Es heißt Minna, weil es mich mit Schwung beliefert wie eine erstklassige Servierkraft, elegant, zuverlässig und mit unaufdringlicher Freundlichkeit.

Minna hatte ich mir zur Feier des Sommers im Jahr zuvor geschenkt. Es war der Sommer meines Lebens. Und Minna hatte entscheidenden Teil daran, denn sie trug mich behänd in die Natur hinaus, bergauf, bergab, überall dorthin, wo es schön und weitläufig war in der Region, in der ich damals noch lebte. Schon bei unserem ersten gemeinsamen Ausritt hatte ich völlig vergessen, mit welcher Verachtung ich einst auf solche Fahrräder herabgeschaut hatte. Mogelräder hatte ich sie genannt, fand mich viel zu jung dafür und legte mich weiterhin trotzig ins Zeug auf meinem lieben, alten Acht-Gang-Damenrädchen.

Doch dann bekam ich Gelegenheit, so ein Mogelrad einmal zu testen. Da war's um mich geschehen. Ich hätte nie im Traum daran gedacht, dass mir das Fahrradfahren noch einmal so frische, unbändige Freude machen würde. Ich fahre ja schon lange Fahrrad, es ist für mich normal, wie Essen, Trinken, Zähneputzen. Aber dann! Als hätte ich ein Abonnement für Rückenwind, surrte ich plötzlich alle Wege entlang. Als gäbe mir eine unsichtbare Hand einen kräftigen Schubs, flitzte ich die Hügel hoch.

»Ja, das macht Spaaaß, das macht Freudeleere, und jetzt gut festhalten, jetzt geht's erst richtig los!«, so schnarren sie ins Mikrofon, die platinblonden Chips-Verkäuferinnen auf der Kirmes in ihren Kassenhäuschen und zählen Geld dabei oder bauen kleine Türme aus rosaroten Plastikscheibchen vor sich hin. Kirmes, Rummel, Fahrvergnügen, genau das war es, was ich fühlte, Unbeschwertheit, und ich dachte heiter: Jaaa! – Es darf auch einmal leicht gehen!

Hügel und Berge hatte ich nie wirklich leiden können. Bergauf, ich hatte es stets gehasst, dieses Stapfen und Keuchen, das Schwitzen und die Anstrengung. Es kam mir vor wie das Sinnbild für mein eigenes Leben, für die ganze Mühsal, die es mir immer wieder in den Flur gestellt hatte, einen Rucksack voller Wackersteine. Los, auf den Buckel damit! Der ganze Lebensklumpatsch auf mich draufgestapelt und dann bergauf und kein Ende in Sicht.

Als mir Paul vors Rad lief, war Minnas Motor, gottlob, nicht an. Ich war auch gerade erst angefahren und konnte rechtzeitig bremsen. Nur Pauls linkes Hosenbein wurde von unserer plötzlichen Begegnung in Mitleidenschaft gezogen und wir selber hatten uns beide erschrocken. Das brachte uns dazu, uns erst einmal auf die Bank zu setzen, die auf der anderen Straßenseite stand, weiß der Kuckuck, warum.

Paul sagte nicht: »Können Sie nicht aufpassen?«, oder so etwas Ähnliches. Er schaute nur etwas überrascht aus seinen großen dunkelgrauen Augen heraus. Ich schob Minna zwischen uns her, während wir die Bank ansteuerten. Er war ein wenig größer als ich.

»Geht's? Es tut mir so leid. Entschuldigen Sie bitte!«, sagte ich.

»Geht schon. Macht nichts. Nicht so schlimm. Ich hätte ja auch den Zebrastreifen nehmen können.«

Pauls Stimme irrlichterte sich durch meine Gehörgänge direkt unters Brustbein und breitete sich dort wohlig aus. In dieser Stimme schwang eine zarte Wärme und gleichzeitig ein herzhafter Kern.

Apfel, Nuss und Mandelkern haben alle Kinder gern, bemerkte mein Stirnlappen.

Der denkt, spricht, singt ständig so vor sich hin und spuckt aus einem prallen Vorratsbeutel Bilder, Reime, Sätze, Fetzen von Musik.

Zebrastreifen. Er hatte die beiden R gerollt.

»Sie kommen nicht aus dieser Gegend«, stellte ich fest, und es klang dennoch wie eine Frage.

Wir nahmen Platz.

»Hört man das?«, wollte er wissen und wirkte überrascht.

»Freilich«, erwiderte ich amüsiert und rollte das R.

Er lächelte, zog ein gebügeltes Stofftaschentuch aus der Brusttasche seines irgendwie altmodischen Popelinemäntelchens und tupfte sich damit die ziemlich hohe Stirn ab. Ohne Hast, sehr sorgfältig, sehr für sich, und etwas Gütiges, Fürsorgliches ging dabei von ihm aus.

»Sie haben gute Ohren«, sagte er.

Dann bückte er sich zu seinem Hosenbein und rieb mit dem Taschentuch an einem schwarzbräunlichen Fleck herum. Minnas Vorderrad hatte dort eine Art Schmauchspur hinterlassen. Die Hose hatte eine Bügelfalte, es war eine ›gute Hose‹, für den Sonntag oder den Konzertbesuch. Anthrazitfarbene Socken kamen zum Vorschein. Die dunkelbraunen Schuhe glänzten.

»Hm«, murmelte er, »so kann ich mich da ja nicht sehen lassen.«

Fahle Haarsträhnen waren ihm von den Schläfen in Richtung Stirn gefallen. Das Haar war fein, glatt, erstaunlich lang, fast bis zum Kragen, auf der Schädeldecke ein wenig schütter und sah doch auf einnehmende Weise nicht aus wie das eines älteren Mannes. Seine Hände schmal und fein. Nur ganz wenige, winzige Flecken hatten sich darauf angesiedelt. Es waren junge Hände.

»Haben Sie noch etwas Wichtiges vor?«

»Ich bin eingeladen«, kam es von unten herauf zu mir, während er die Schmauchspur zu einem länglichen Fleck verrieb. Verschlimmbessern nannte das der Stirnlappen.

»Na ja, so wird's schon gehen.« Er richtete sich auf und steckte das Taschentuch in die Manteltasche.

»Es tut mir wirklich sehr leid. Wollen Sie einen Schluck?«

Ich hielt ihm meine Wasserflasche entgegen.

»Nein, vielen Dank. Das ist sehr lieb«, dankte er höflich mit diesem wohltemperierten Timbre und winkte ab. Diese Stimme machte, dass ich mich sofort bei ihm zu Hause fühlte. Dabei saßen wir nur zusammen auf dieser Bank, an der ich schon so oft vorbeigefahren war und gedacht hatte, was macht diese Bank da, wieso steht die da. Es hatte nie jemand darauf gesessen. Bänke stehen doch sonst immer nur dort, wo es sich lohnt.

Nachdem wir uns gegenseitig ein paarmal versichert hatten, dass es uns leid täte und dass es ja Gott sei Dank nicht schlimm sei und weitaus schlimmer hätte kommen können, und dass wir alles in allem beide doch ziemliches Glück gehabt hätten, zog Paul aus seiner hellbraunen Ledergeldbörse einen kleinen Adressaufkleber hervor. Einen mit dunkelgrüner Glitzerleistenumrandung. Einen, den man von einer Rolle abreißen kann. Liebhaber ihrer Bücher kleben solche gerne vorne auf die Innenseite des Buchdeckels, bevor sie diese verleihen.

»Kommen Sie mich doch mal besuchen«, sagte er und reichte mir das kleine Stückchen Papier wie jemand, der einem ein Taschentuch gibt, wenn er sieht, dass die Nase läuft und dezent Abhilfe schaffen will.

»Sehr gern«, erwiderte ich und wusste zu meinem Erstaunen sofort, dass dies nicht nur eine Floskel war.

»Ich muss los, bin schon spät dran.«

Er stand auf, leicht und anmutig, als hätte er einen Lift im Rückgrat, und verabschiedete sich mit einer leichten Verneigung. »Es war mir ein Vergnügen«, ließ er mich wissen und ging rasch seines Wegs in Richtung S-Bahnhof.

»Mir auch«, sagte ich leise, denn er war schon außer Hörweite.

Ich sah ihm noch eine Weile nach. Er hatte einen ganz hellen Schein um sich herum und ich fand, dass das nicht von der Farbe seines beigen Mäntelchens herrührte.

Paul sah aus wie eine ranke Laterne, die eine unsichtbare Hand von dannen trug. Sein Leuchten war bei weitem stärker als sein leichtes Hinken.

3

Ich hatte gut geschlafen in meinem Bett an der Wand. Ich schlafe immer gut, es sei denn, ich höre Autoverkehr, Maschinengeräusche oder Musik, die mir einen starren, raschen Herzschlag aufzwingt. Wir waren zu zweit im Zimmer. Hinter einem hellgrauen Plastikvorhang hatte eine zierliche, ältere Frau ihren Platz. Sie wirkte vornehm, trug einen zartlila Turban. Einen, der auf eine Kappe draufgeschneidert ist, damit man ihn ohne Weiteres auf- und absetzen kann. Ich vermutete sofort, dass sie unter diesem altmodischen Gebilde kahlköpfig sein musste. Wie eine Stummfilm-Diva durchmaß sie energischen Schrittes mit fuchtelnden Armen, doch ohne erkennbaren Plan das Zimmer, umflattert von einem silbrig seidenen Morgenmantel. Ungefragt versorgte sie mich mit zahlreichen Details zu ihrem Leiden. »Lungenkrebs«, verriet sie gedämpft mit vorgerecktem Hals in meine Richtung. Ich meinte, eine gewisse Lust an Grusel und Geheimniskrämerei herauszuhören, als berichte sie von einer dritten Person, deren Schicksal ihr jüngst erst zu Ohren gekommen war. Immer wieder erklang ein kurzes Melodiemotiv aus ihrem Mobiltelefon. Ein über allem irrsinnig gewordener Vogel kündigte emsig neue Nachrichten für sie an. Er machte mich nervös, sein Gezwitscher klang perfid.

»Würde es Ihnen etwas ausmachen, den Ton Ihres Handys abzustellen«, bat ich sie schließlich.

»Ich weiß nicht, wie das geht«, entgegnete sie wie jemand, der gewöhnt ist, sich bedienen zu lassen und schwieg eine Weile pikiert, um wenig später umso raumgreifender ein Telefongespräch zu führen, das peinigend lange dauerte. Immerhin erfuhr ich dabei, dass sie am Nachmittag entlassen werden würde, denn sie schrieb jemandem in allen Einzelheiten vor, wie ihre Abholung vonstatten zu gehen hätte.

Ich saß in Jeans und Pulli an der Hälfte des Tisches, die mir zugedacht war und schaute aus dem Fenster des Erdgeschosszimmers. Es schneite und der Park des St. Anna Spitals war schon leicht überzuckert. Bäume schauten mich an, eine Tannenfamilie, Vater, Mutter, Kind und zwei alte Buchen. Ich war sofort getrost. Auf das Schweigen der Bäume war seit jeher Verlass.

Vor mir lag ein Klarsichtmäppchen aus Plastik. War das gestern, dass die freundliche, dicke Frau es mir am Empfang ausgehändigt hatte? Mein Zeitgefühl war verwaschen. Eine andere, ebenfalls füllige Frau hatte mich über lange Korridore hierher gebracht, ins Zimmer 16. Ich fand es wohltuend, begleitet und eingewiesen zu werden. Geschäftige Fürsorge, wie im Hotel.

Auf dem Deckblatt las ich oben links meinen Namen, meine Adresse und das Wort ›Patientenfallnummer‹.

»Jetzt bin ich also ein Fall«, dachte ich, befremdet und belustigt in einem und rechnete sogleich die Quersumme der Ziffern aus, die mich zum Fall machten: Elf. ›Kraft, Stärke, Lust.‹ Die Bedeutung der Karte Elf aus der großen Arkana des Tarots. Ich war beruhigt und lächelte über meine kleine, geheime Marotte. Ich rechne nämlich gern Quersummen aus. Hauptsächlich die von Geburtsdaten. Manchmal auch nur die eines gewöhnlichen Tages, und das Ergebnis lässt mich glauben, ich wüsste nun ein wenig besser, woran ich bin. Mit den Menschen oder mit dem Tag, an dem etwas Seltsames vorgefallen war oder an dem ich noch etwas Bestimmtes vorhatte.

Die Fallnummer-Quersumme war schon mal ermutigend. Deshalb schob ich gleich die Berechnung des aktuellen Tagesdatums hinterher. Es war der 21. Dezember.

Ein Glückstag. Ab heute nähme die Sonne wieder Fahrt auf, würde aus ihrem Tiefpunkt Tag für Tag herauskrabbeln, unaufhörlich steigen, uns mit ihrer wachsenden Kraft und Wärme beschenken, und ich würde es machen wie sie, beschloss ich. Quersumme Sieben, ›Der Wagen‹, ermuntert dazu, die Angelegenheit sofort und gezielt in Angriff zu nehmen. Na bitte.

Frau Dr. F. Kellermann holte mich aus meinen Zahlenspielen heraus.

»Guten Morgen«, hörte ich es in meinem Rücken.

Der elektronische Vogel schien sich zu freuen, in dreifacher Ausführung entsorgte er seine enervierenden Laute.

»Guten Morgen«, flötete der Turban.

Frau Dr. F. Kellermann trat zu mir heran.

»Guten Morgen, Frau Bundschuh, wie geht es Ihnen heute?«

Sie stützte die Knöchel einer Hand auf der Tischplatte ab und sah müde aus.

»Eigentlich ganz gut.«

»Haben Sie Fieber?«

»Nicht wirklich, nur dieses Rauschen.«

Seit ein paar Wochen vernahm ich in den Ohren ein starkes Zischen und Pulsieren, im Rhythmus meines eigenen Herzschlages. Es hörte sich an wie die Aufnahmen aus dem Bauch von Schwangeren, mit denen man demonstrieren möchte, in welch unromantischem Ambiente ein Embryo heranwächst. Dieses rhythmische Rauschen und Schäumen dröhnte von innen gegen meine Trommelfelle. Mein Kopf war zu einem Uterus geworden.

»Ihr Hämoglobin ist einfach sehr, sehr tief«, ließ Frau Dr. F. Kellermann mich wissen. »Wir werden heute Nachmittag eine Knochenmarkpunktion bei Ihnen vornehmen. Ich denke mal, Sie werden so gegen sechzehn Uhr abgeholt, ist das in Ordnung für Sie?«

»Ja, ja, natürlich«, sagte ich reflexhaft höflich, wohl wissend, dass es keinerlei Rolle spielt, ob das für mich tatsächlich in Ordnung ist oder nicht, dass es gar keinen Zweck hätte, etwas anderes zu sagen als das, was ich gesagt hatte, und dass diese Frage ganz einfach nur Frau Dr. Kellermanns sympathischem Bemühen geschuldet war, mich in die Entscheidung ihrer Abteilung einzubeziehen. Natürlich erst im Nachhinein.

»Also dann«, sagte sie, »alles Gute und noch einen schönen Tag.«

Sie gab mir die Hand und schwebte in ihren Mokassins lautlos der Tür entgegen.

Das Schloss klickte, der Vogel setzte punktgenau danach seinen Zwitscherakzent, dann war es still, und ich dachte an so genannte Klipp-Klapp-Komödien.Da müssen die Auftritte und Abtritte der Schauspieler auf die Sekunde genau getimt sein, weil es sonst eben nicht mehr komisch ist. Komik ist Rhythmus. – In meinem Kopf gab mit Macht mein Herzblut jetzt den Rhythmus vor. Das hatte für mich seine ganz eigene Komik.

Ich hätte nämlich Stein und Bein schwören können, dass ich niemals in eine solche Situation geraten würde. Plötzlich ›Patientin‹. In einem Krankenhaus. Mir waren mal die Polypen und eine Zyste entfernt worden und ich hatte Ella und Mabel in einer Klinik auf die Welt gebracht. Das war es auch schon gewesen.

Nach Bobbis Tod hatte ich mit großer Bestimmtheit für mich entschieden: Ich nicht! Ich denke nicht daran, so zu enden. Ich bin anders. Ich denke anders, lebe anders, ich bin mir gut, ich sterbe ganz gewiss nicht an so etwas.

Alle meine Vorfahren mütterlicherseits hatten nämlich irgendwann ein Gewächs in ihrem Körper, das ihnen den Lebensfaden schließlich kappte, viel zu früh und vor der Zeit, so wie bei Bobbi. Außer Oma Else. Die wurde mit ihrem Nierentumor immerhin noch sechsundneunzig. Ich wollte diese Kette auf alle Fälle sprengen, gab mich vor mir selbst und anderen furchtlos und gefeit.

Und jetzt war die Reihe wohl doch auch an mir. Ich konnte es nicht ganz verstehen. Was war da los?

Ella rief an. »Hallo, Mama, wollte mich nur mal kurz melden und fragen, wie's dir geht.«

»Ella, mein Herz, ich bin im St. Anna Spital«, sagte ich und schlug einen fröhlichen Tonfall an.

»Was machst du denn da?« Ella klang besorgt.

»Ach, meine Zahnwunde will nicht richtig heilen. Ich war am Montag bei Dr. Strietzel und der fand, mein Blut müsse mal etwas genauer angeschaut werden. Das geht halt nur hier. Es geht mir gut. Ist Mabel schon bei dir?«

»Sie kommt erst um fünf, ich hol sie vom Bahnhof ab.«

»Wie schön. Ich freu mich für euch. Habt's gut zusammen.«

»Ja, du auch, Mama. Du bist Heiligabend ja bei Gitte, oder? Hast du schon zugesagt?«

»Ja, das habe ich. Ich freue mich. Am ersten Feiertag bin ich dann bei Serge. Wir wollen zusammen kochen und Musik machen. Wann fährt Alex denn hier runter?«

»Morgen.«

»Lustig, dass ich mit ihm zusammen feiere, in seiner Familie und du dort ohne ihn, mit Mabel und Jo.«

»Ja, lustig. So ist das halt, Familienmischmasch. Ich muss Schluss machen, ich bin auf der Post und gleich dran. Tschüss, Mama.«

»Tschüss, Ella, mein Herz.«

»Love you!« Ella schickte durch den Lautsprecher einen schmatzenden Kuss.

Ich tat dasselbe. »Love you more!«

Für einen Moment krampfte sich in mir alles zusammen.

Ella und Mabel hatten mich immer beflügelt, als kleine Kinder schon. Meine Engelsschwingen hatte ich sie genannt. Eine rechts, eine links, eine große Segnung, ein stärkendes Gefieder in meinem Rücken.

In ihrer Gegenwart war immer alles gut, und ich empfand mich auf natürliche Weise als heil und vollkommen. In ihren Augen und Seelen kann ich mich untrüglich spiegeln und mich vergewissern, wer ich in Wahrheit bin. Jenseits meiner Geschichte, meiner Siege und Verluste und allem Erreichten, Erträumten oder Verpassten.

Gut und richtig, dass sie mit Schwung und Freude nun auf ihren eigenen Lebenspfaden tanzen. Und doch trug ich manchmal so schrecklich schwer daran, dass sie nicht mehr um mich waren. Es gab Tage, da war ich ein einziges Bündel aus schmerzlichem Vermissen, das ich nur mit allergrößter Disziplin wieder aufzuschnüren vermochte. Ich zeihte mir dann und schämte mich und wusste nur zu gut, dass der Kern dieser Sehnsucht in Wahrheit in einer viel tiefer liegenden Schicht von mir vergraben lag.

Ich legte mich auf das schmale Bett und fingerte rechts neben mir nach dem Ding, das wie eine Fernbedienung aussah. Aufs Geratewohl drückte ich einen der Knöpfe, ich sah nicht wirklich hin. Ein dezentes Motorengeräusch sprang an, ein langgezogenes Quäken, der Fußteil bewegte sich samt meiner Beine nach oben. Panisch suchte ich die Stopptaste, drückte hier, drückte dort. Schließlich waren Kopf und Oberkörper angenehm gelagert. Ich schloss die Augen, lauschte dem rhythmischen Rauschen in meinem Kopf, meinen Herztönen. Sie schubsten und schoben mich raus aus dem Raum – hinein in eine andere Zeit.

Damals war es Februar gewesen. Ich glaube, es lag auch ein wenig Schnee. Mein schwarzes Klavier war alt, sah liebenswert schäbig aus, doch es hatte Elfenbeintasten und einen prächtigen, beseelten Klang. Wir hatten es über eine Zeitungsannonce gefunden, und die alte Dame, bei der es im Schlafzimmer stand, war froh, dass sie es loswerden konnte. Für fünfzig Mark. Herr Ptok, der Klavierstimmer, war mit uns gefahren zur Besichtigung. Fachmännisch schaute er überall rein. Zum Schluss nahm er unter der Tastatur die große Holzplatte weg und kroch mit seiner Taschenlampe soweit er konnte in den Korpus hinein. Als er wieder auftauchte, hielt er einen kleinen Haufen aus Stoff und Wollresten zwischen den Fingern.

»Ein Mäusenest«, sagte er und fuhr, immer noch kniend, mit dem Daumen über die Taste des eingestrichenen Ds, die an der Vorderkante kleine Zacken aufwies.

»Denen hat es wohl richtig gut geschmeckt«, lachte er und stand auf. »Ich würde es nehmen. Ist ein guter Kasten. Alles picobello soweit.«

Herr Ptok baute dann bei uns zu Hause einen Dämpfer in das Klavier. Der erinnerte mich an meine Zahnspange, die war auch zum Rein- und Rausnehmen. Wenn der Dämpfer drin war, trafen die Hämmer auf einen schmalen Filzstreifen, der vor den Saiten hing und dann klang die Musik, als ob jemand mit geschlossenem Mund spricht oder heiße Kartoffeln in ihm wendet.

Das Dämpfen war hauptsächlich wegen Hartmut, denn mein Vater arbeitete oft zu Hause an seinem riesigen Schreibtisch im Wohnzimmer. Hilla war immer peinlich darum bemüht, dafür zu sorgen, dass er seine Ruhe hat. Ein einziges »Pscht, Hartmut arbeitet!«, ihr an die Lippen gehobener Zeigefinger und das Haus erstarb in völliger Lautlosigkeit. Stimmen, Schritte und Geräusche wurden vom Teppichboden noch tiefer eingesogen als ohnehin schon.

Hartmut manikürte sich manchmal aber auch einfach nur genüsslich die Nägel. Das hatte ich mal vom Garten aus gesehen, beim Blick durch die große Fensterfront.

Hilla und Hartmut mochten Musik. Hilla konnte selber recht gut Klavier spielen, aber beide waren sehr geräuschempfindlich, das hatte mit dem Krieg zu tun, und mein ständiges Üben setzte ihnen zu.

An jenem Nachmittag im Februar hatte ich freie Bahn, und der Dämpfer kam raus.

Hartmut war verreist, auf einen Kongress. Hilla war mit Bobbi in der Kinderklinik. Bobbi sollte untersucht werden, es war ihm nicht so gut gegangen in den Wochen zuvor. Mir war das gar nicht aufgefallen. Ich war beschäftigt. Mit der Schule, mit dem Klavier. Ich übte und vergaß die Welt um mich her, sie war mir ohnehin suspekt.

Ich hatte nur bemerkt, dass Bobbi am Esstisch öfter mal den Kopf auf den Tisch gelegt und geseufzt hatte: »Mann, ich bin heute aber wieder ganz schön müde.«

Und ich hatte es seltsam gefunden, dass er im Hallenbad nur kurz im Wasser war, gar nicht wieder rein wollte und ganz blaue Lippen hatte. Ich war siebzehn und von der Unbedingtheit einer Frühlingsblumenzwiebel, die aus dem winterlichen Dunkel mit Macht ans Licht drängt. Die alle Erdkrumen nach oben buckelt, rücksichtslos beiseite schiebt und unaufhaltsam sattes Blattgrün entfaltet. Die der Welt eine pralle Knospe darbieten will und zur Entfaltung bringen muss, wie bunt und prächtig sie doch von Natur aus ist.

Mein Dünger war zu dieser Zeit Chopin. In den Weihnachtsferien hatte ich mit dem h-Moll Scherzo angefangen und mehreren Mazurkas. Wenn das Klavier vom Dämpfer befreit war und die Saiten endlich frei schwingen konnten, dann war ich berauscht vom Duft, den Farben, der Sämigkeit dieser zärtlichen, wilden Musik, die unter meinen Händen entstand, meine Sinne betörte, meine Seele erschütterte und sie wieder dorthin zurückfinden ließ, von wo sie einst gekommen war: aus dem Reich der Gleichzeitigkeit und einer alles umspannenden Liebe.

Jede Tonart hat für mich eine Farbe. An jenem Nachmittag hing in meinem Zimmer eine fliederfarbene Schwade aus a-Moll. Meine Finger und ich waren gerade dabei, uns auf die Reise ins Tomatenrot des A-Dur-Mittelteils einer Mazurka zu machen, da hörte ich unten im Flur die Haustür und Hillas Wir sind wieder da!. Ich freute mich darüber und auch darauf, dass es nun gleich etwas zu essen geben würde und wir uns einen lustigen Abend zu dritt machten. Ich lief zum Geländer des Flures und beugte mich hinunter, um die beiden zu begrüßen. Das a-Moll blieb allein in meinem Zimmer zurück.

»Und?«, fragte ich in der Erwartung, dass alles in Ordnung sei mit Bobbi.

Hilla hatte das Flurlicht angemacht. Es war gegen sechs Uhr schon dunkel draußen. Sie schaute von unten zu mir herauf. Bobbi war nicht zu sehen. Ihr Gesicht aschfahl, es wirkte entgleist, wie aus der Spur geraten. Sie sagte nichts.

»Wo ist Bobbi?«

Hilla deutete stumm auf die Toilette direkt neben der Haustür.

Ich lief die Treppe hinab. Sie zog sich den Mantel aus, ich folgte ihr zur Garderobe in der Nische ums Eck. Ihre Bewegungen waren wie in Zeitlupe. Der Kleiderbügel, den sie vom Haken nahm, stieß ein paarmal ans Holz der Garderobenvorrichtung. Es hallte in meinen Ohren so stark, als stünden wir in einem Kirchenschiff. Ein kurzes Kleppern und Klacken, wie vom Schlagwerk eines Orchestermusikers, der unerwartet aus dem Takt geraten ist. Der immer präzise im Rhythmus war und jetzt, von unsichtbarer Hand geführt, gegen seinen Willen den Auftakt geben muss zu einer Kakophonie aus lauter misslingenden Tönen.

Hilla hängte den Mantel auf, die Toilettenspülung rauschte, wir hörten den Wasserhahn, Bobbi wusch sich die Hände.

Hilla raunte hastig: »Wir müssen fröhlich sein, er darf nichts merken.«

Dann kam Bobbi aus dem Klo.

»So, Frau Bundschuh, mir fahre dann jetzt zusamme nunnä zur Punktion.«

Erschrocken fuhr ich hoch, mir wurde schwindelig. Eine kleine, dralle Pflegefachfrau mit unnatürlich dunkellockigem Kurzhaar und einer schwarzgerandeten Brille stand am Bett.

»Alles okay bei Ihnen?«, fragte sie, beugte sich prüfend ein wenig vor und ohne meine Antwort abzuwarten, verkündete sie mit hessischem Einschlag: »Sie müssten sisch allädings noch den Patientenkittel anziehe.«

Ich richtete mich zum Sitzen auf. Die Pflegefachfrau hantierte in dem schmalen Schrank in der Ecke herum, ihre weiße Hose spannte gefährlich. Schweinchen Eberhard, bemerkte der Stirnlappen.

Schweinchen Eberhard aus dem drolligen Pixi-Buch aß für sein Leben gern Pfannkuchen, und eines Tages machte seine Leibesfülle der hübschen Jacke den Garaus, die er so liebte. Sie war einfach geplatzt.

Die Frau steuerte dann gottlob mit unversehrter Hose wieder auf mich zu und hielt mir eine in Plastik verschweißte, weiße Textilie entgegen.

»So, bitte schön, isch bin dann gleisch wiedä da. Die Unnähos könne Sie anbehalte.«

Ich riss das Päckchen auf, zog mich aus und schlüpfte in die gestärkten Ärmel des Kittels hinein. Vor meinem Bauch und meinen bloßen Brüsten hingen schlaffe Stoffbändel. Ich wusste erst nicht, was das soll, bis mir klar wurde, dass sie auf den Rücken gehören, die Bändel, doch ich konnte sie nicht alleine zubinden. Also kauerte ich mit entblößtem Rücken fröstelnd auf dem schmalen Bett und wartete, dass die Hessin wie versprochen bald zurück wäre.

Der lila Turban hatte damit begonnen, seine Habseligkeiten in einem Koffer zu verstauen. Inzwischen glitt er in einem teuren Hosenanzug durch den Raum. Verrückt, dachte ich, die Frau mit dem hämischen Vogel hat a-Moll auf dem Kopf. Es dauerte lange, bis die Hessin wieder auftauchte.

»Da bin isch wiedä. Tut mer leid. Wir haben momentan rescht viel zu tun hier«, erklärte sie.

»Macht doch nix«, sagte ich ergeben.

»Jetzt mache mer da noch ein paar schicke Schleifsche.« Sie fummelte in meinem Rücken herum.

»Und jetzt dürfen Sie sich ins Bettsche lege. Zudecken nisch vergessen«, mahnte sie kregel, löste die Bremsen und bugsierte das Bett geschickt aus dem Zimmer heraus bis zum Lift. Ich äugte aus meinen Laken und kam mir vor wie der kleine Häwelmann. Mehr, mehr! Leuchte, guter Mond, leuchte!

Eine alte Frau mit Infusionsständer schlurfte vorbei. An ihrer Nase klemmte ein durchsichtiger Plastikschlauch. Die Tür des Liftes sprang auf mit einem glockenhellen Pling!

Die Hessin schob das Bett hinein. Ein Moment von stickigem Schweigen türmte sich zwischen uns auf. Der Lift fuhr in den Keller. Pling! Die Tür schob sich wieder auf und das Bett rollte über einen Korridor.

An der hellgrauen Wand, auf zwei endlos langen Zeilen, stand in filigranen Lettern: Von guten Mächten wunderbar geborgen, erwarten wir getrost, was kommen mag. Dass Gott am Abend und am Morgen und ganz gewiss an jedem neuen Tag mit uns ist, hätte ich auch noch sehr gerne gelesen, aber die kleine, dralle Fachfrau schlug jäh nach rechts ein und manövrierte mich gekonnt in einen schmalen Raum.

»Soooo, Frau Bundschuh, da wäre mer dann«, verkündete sie zufrieden.

Mit dem Fuß rastete sie die Bremsvorrichtung des Bettes ein, das kurze metallische Klicken glich einem Ausrufezeichen.

»Der Herr Doktor kommt dann gleisch«, versprach sie, huschte hinaus und schloss die Tür.

Semikolon, diktierte der Stirnlappen in die jähe Stille hinein. Es war gleißend hell. Die weißen Wände und lackierten Schrankoberflächen reflektierten das grelle Licht der Deckenlampe, ich schloss die Augen.

Jetzt ist die Reihe an mir, Bobbi, so haben sie damals auch in dir herumgestochert, so viel Schmerz, du warst so tapfer. Mein Mark. Sie wollen mein Mark herausziehen und schauen, was los ist mit ihm, meinem Mark.

»Frau Bundschuh, guten Tag, ich bin Doktor …«, ich konnte den Namen nicht verstehen, die Tür war plötzlich lärmig aufgegangen, ich erschrak, dann dieser angegraute Mediziner vor mir, flankiert von zwei Helferinnen mit Pferdeschwänzen, die ich nicht auseinanderhalten konnte in ihrer mädchenhaften Uniformität.

»Guten Tag«, begrüßte ich die Truppe in Weiß.

»Dann wollen wir mal.«

Der Arzt streckte mir seine knochige Hand entgegen, ich ergriff und schüttelte sie entschlossen, als wäre sie ein Geländer. »Tja, da kommen wir wohl nicht drumrum, wie's aussieht«, sagte ich und wollte forsch und mutig klingen.

»Nein, leider nicht«, sagte der Doktor sachlich. »Wir entnehmen aus Ihrem Beckenkamm etwas Knochenmark, es kann für einen Moment recht schmerzhaft werden, wenn ich ziehe.«

Er bewegte den Kolben einer großen Spritze mit furchterregend langer, dicker Nadel langsam zu sich hin.

»Vakuum«, demonstrierte er, »das gibt dann ein Vakuum.«

»Dann legen Sie mal los mit Ihrem Vakuum«, sagte ich und drehte mich auf den Bauch. Kalte Finger streiften meine Flanken, als der Kittel über meinem Rücken wie ein Vorhang beiseite gezogen wurde.

»Wir werden die Einstichstelle jetzt lokal anästhesieren«, kündigte über mir der Arzt an.

»Liegen Sie gut so?«, piepste einer der Pferdeschwänze.

Ich schob mir das Kissen unter den Brustkorb, mein Kopf hing leicht vornüber, die Stirn auf dem kühlen Laken. Jemand verteilte mit zwei, drei Wischbewegungen auf der Haut über meinem rechten Beckenkamm eine Flüssigkeit.

»Es gibt jetzt einen kurzen Pieks – Achtung ... so!« Der Arzt richtete sich wieder auf.

Hinter mir wurde hantiert und gemurmelt, dann spürte ich wieder jemanden direkt hinter mir und mir zur Seite.

»So, dann wollen wir mal.«

Ein dumpfes Ruckeln und Vibrieren bewegte von innen meinen rechten unteren Rücken. Ich spürte eine stumpfe Kraft sich gewaltsam vorarbeiten in meine tiefsten Tiefen, es tat nicht weh. Es war nur eine mir bislang völlig unbekannte Empfindung von Invasion, von Bemächtigung, und noch ehe ich sie recht einordnen konnte, setzte der Mediziner zum Zug mit dem Kolben an.

Es schmerzte entsetzlich. So sehr und so unvermutet, dass mir ein heftiges Aufjaulen entfuhr und sich dann ein hemmungsloses Schluchzen Bahn brach, in das Laken, in mich hinein.

»Gut machen Sie das«, beruhigte mich die eine Helferin.

»Wir haben es gleich«, sagte der Arzt.

Im Zeitraffer tauchten all das Leid, der Schmerz, die Schocks und Erschütterungen meines Lebens vor mir auf. Alles passierte Revue, was mich bis in dieses tiefste Mark, in dem die dicke Nadel steckte, je getroffen und erschüttert hatte, und ich stellte mir inbrünstig betend vor, dass dies alles nun nach oben gezogen und aus mir herausbefördert werden würde.

Das Schluchzen schüttelte mich. Es war vorbei.

»Sie waren so tapfer«, lobte die Helferin und gab sich alle Mühe, mir so sachte wie möglich die Punktionswunde zu verpflastern.

»So, das war's«, sagte der Arzt. Gegenstände klapperten.

Ich drehte mich um und richtete mich auf den Ellbogen gestützt auf.

»Bitte, darf ich es sehen? Wo ist es?«

Mein Gesicht war nass, aus der Nase lief Schnodder.

Die eine Helferin reichte mir ein Papiertuch, die andere nahm von einem Wägelchen ein zylindrisches Glas und hielt es mir vor die Augen. In klarer Flüssigkeit, grell ausgeleuchtet, schwebte etwas Zerfetztes, ein blutiges, längliches Wesen.

Ich nahm ihr das Glas aus der Hand.

»Vorsicht!«, rief sie entsetzt. Ich drückte dem Glas einen Kuss auf und segnete den schwerelosen Fetzen, mein Stückchen Knochenmark, das losgelöst und abgetrennt von mir, genauso einsam und allein wie ich, sich nun würde auf den Weg machen müssen – in ein Labor.

Dann gab ich ihr das Glas wieder und sank zurück auf das fahrbare Bett.

4

Als das helle Mäntelchen verschwunden war, saß ich noch immer auf der Bank, den giftgrün glitzernden Adressaufkleber zwischen Daumen und Zeigefinger.

›Paul Soczek‹ las ich. Darunter eine Mobilfunknummer. Keine Adresse.

Wozu lässt sich jemand eine ganze Rolle Aufkleber drucken und verrät nicht, wo er wohnt? Ist doch seltsam, dachte ich. Ob er vielleicht ohne Obdach ist oder auf der Flucht. Aber danach sah er gar nicht aus. Er sagte doch, er sei wo eingeladen. Was weiß ich, ist ja auch egal.

Ich holte mein Notizbuch aus der Tasche, steckte den Schnipsel zwischen die Seiten und schwang mich wieder aufs Rad.

Die ganze Woche über ging mir immer wieder diese eigenartige Begegnung durch den Sinn. ›Es war mir ein Vergnügen‹. Doch das, was sie für einen kurzen Moment damals in mir bewirkt hatte, wollte sich nicht wieder zeigen.

Wozu soll ich ihn anrufen, besuchen. Wer weiß, in was ich da hineingerate, jetzt, wo ich gerade angefangen habe, mein neues Leben zu schmecken, Bissen für Bissen. Ganz nach meinem Gusto, in Freiheit. Alles neu, alles nie gekannt lecker, alles köstlich. – Nein.

Wieder war es Dienstag, ungefähr dieselbe Uhrzeit wie zwei Wochen zuvor, als Minna mit Pauls Hosenbein und ich mit dem Rest von Herrn Soczek Bekanntschaft geschlossen hatte.

Es regnete wie aus Kübeln. Soeben hatte ich Sekundenkleber auf die Ränder der Tülle meiner Teekanne aufgetragen, die am Abend zuvor entzweigebrochen war. Während der Leim antrocknete, sinnierte ich über das urige Wort ›Tülle‹. Sprach es ein paarmal vor mich hin. Tülle. Tülle. Tülle. Eindeutig ein Wort für die Liste, befand ich. Ich sammle nämlich wundersame Wörter. So etwas wie Durststrecke zum Beispiel, Kapuze, Rinnsal, Labsal, Fittich oder Schindmähre.

Der pure Klang solcher Wörter erheitert mich, und wie alle Sammler habe ich das Gefühl, dass ich meine schönen Fundstücke früher oder später noch einmal sehr gut gebrauchen kann.

Ich ging mein Notizbuch suchen, um die neue Errungenschaft dingfest zu machen. Wie so oft fand ich es an einem Platz, von dem ich absolut keine Ahnung mehr hatte, wie es dahin gekommen sein könnte. Diesmal lag es im Bad, im Regal neben der Flasche mit der Aufschrift ›Effektive Mikroorganismen‹.

Als ich es aufschlug, fiel ein Stückchen Papier heraus und segelte zu Boden. Ich hob es auf und ließ mich auf dem Rand der Badewanne nieder. ›Paul Soczek‹ glitzerte es mir wieder entgegen. Plötzlich begann eine leichte Nervosität an mir emporzuklettern, wie das chinesische Unsterblichkeitskraut auf dem Fensterbrett, das an seinem Stöckchen aufwärts wuchert. Das wollte ich mir nicht gefallen lassen, Nervosität, und startete sofort eine Portion Missmut auf.

Was soll das. Soweit kommt's noch. Besuchen.

Die Tülle fiel mir wieder ein, der Sekundenkleber auf ihren schmalen Rändern, er war inzwischen knochenhart. Alles für die Katz. Das Einzige, was klebte, war der dämliche Aufkleber. Er hatte sich größtenteils von dem Fettpapierschnipsel losgesagt und sich an meinen Handballen gehängt. Ärgerlich riss ich ihn ab, pappte ihn mit dem Daumen an die Kühlschranktür, als wollte ich ihn kreuzigen und begrub ihn mit Wucht und Nachdruck unter dem grellbunten Magneten, den mir meine Freundin Lotte aus Maui mitgebracht hatte. Er hatte die Form eines Flip-Flops.

Es verging eine weitere Woche. Ich nahm den Flip-Flop vom Kühlschrank, wollte mal schauen, ob der Aufkleber noch lebt. Er schien geschrumpft und sah eigentlich sehr nett und zuvorkommend aus, trotz einer Woche Dunkelhaft.

Also gut. Warum nicht jetzt sofort.

Ich holte das Telefon aus dem Wohnzimmer, tippte die Ziffern ein und rückte mich kerzengerade in Positur, wie früher, wenn ich bei der Kindergeldkasse Widerspruch einlegen wollte. Nach dreimal Klingeln sprang die Mailbox an. Gott sei's gelobt, befand mein Stirnlappen.

»Grüß Gott, hier ist Paul Soczek.« Apfel, Nuss und Mandelkern versammelten sich augenblicklich wieder unter meinem Brustbein.

»Gute Nachrichten nach dem Pfeifton, schlechte behalten Sie bitte für sich, danke sehr, auf Wiederhören.«

Der Pfeifton bekam keine Chance, ich drückte sofort die Auflegetaste und fühlte mich wie damals, als wir Kinder an den Haustüren unseres Viertels Klingelstreiche gemacht hatten.

Diese Stimme, diese rollenden Rs und die originelle Ansage. Ich rannte aus der Küche, richtig kindisch. Doch wie von weit her angereist, stand es plötzlich vor der Badezimmertür, das wohlige Gefühl von damals, als ich mit diesem mir gänzlich unbekannten Menschen auf der Bank gesessen hatte.

Mein Herz begann zu pulsieren, als ob es in einen See gefallen wäre und sich nun Kreise bilden, die nach außen schwärmen müssen, ans andere Ufer drängen. Es bestand darauf, dass ich diese Nummer sofort noch einmal anwähle und gefälligst eine gute Nachricht hinterlasse auf dem Band – wie immer sie auch lauten mochte.

Schon nach dem ersten Freizeichen ein freundliches »Soczek«.

Saftige Silben, im Hintergrund Klaviermusik.

»Hallo«, sagte ich überrascht.

»Haben Sie gerade schon einmal angeklingelt?«

»Ja – ich…«

»Ich wollte gerade zurückrufen.«

»Ich hab' doch gar nichts auf Band gesprochen.«

»Aber Sie haben doch angerufen.«

»Ja, schon. Wissen Sie denn noch, wer ich bin?«

»Freilich«, kam es so bestimmt aus dem Hörer, als wäre meine Frage eine Unterstellung. Ich lachte. Paul lachte auch.

»Wie geht es Ihrer Hose?«, fragte ich.

»Danke der Nachfrage, ganz ausgezeichnet. Wann kommen Sie mich besuchen?«

»Wann Sie möchten. Ich habe viel Zeit.«

»Das ist schön. Morgen Nachmittag um vier?«

»Gerne.«

»Fein. Bis dann.«

»Bis dann.«

Ich ließ den Hörer sinken, riss ihn aber sofort wieder ans Ohr.

»Moment!«, rief ich, »ich habe gar keine Adresse von Ihnen! Wo soll ich denn hinkommen?«

»Ach ja, richtig, entschuldigen Sie bitte«, sagte Paul und nannte mir Straße, Hausnummer und die Tramhaltestelle.

»Klingeln Sie bitte bei Herzog«, fügte er noch an.

»Herzog«, wiederholte ich und wir verabschiedeten uns.

Das Telefon und ich tänzelten zurück ins Wohnzimmer.

Ich war auf die Minute pünktlich. Aus dem Lautsprecher der goldglänzenden Klingelanlage schnarrte es leicht verzerrt, doch unverkennbar, das Soczeksche Timbre, »Herzlich willkommen, 2. Stock bitte!«

»Danke sehr«, sagte ich und lehnte mich an die schwere, schwarze Holztür mit den schmiedeeisernen Ziergittern. Ein quäkiger Summton. Behäbig fiel die Tür mit mir nach innen und ich erklomm auf einem roten Kokosläufer neugierig die Treppen des schönen Altbauhauses.

Paul empfing mich an der weit geöffneten Tür, die linke Hand oben am Türrahmen aufgestützt. Er sah anders aus. Das lag nicht nur daran, dass Mittwoch war und er in einer schwarzen Jeans, dicken Socken, einem bunten Hemd und einer grauen Wolljacke vor mir stand, die ungemein gemütlich aussah.

Jünger traf es nicht. Er hatte eine andere Konsistenz, war irgendwie flüssiger. Vielleicht kam mir das aber auch nur so vor, weil ich ihn zum ersten Mal wirklich von vorne sah.

Seine Augen waren sehr klar und wie von innen her angeleuchtet. Der Blick ein freimütiges Angebot, ohne Schlagbaum. Ohne ein Abmessen, Abschätzen, ohne jegliche Zudringlichkeit. Er hielt mir die Hand hin.

»Paul Soczek – nur hereinspaziert.«

»Emilie Bundschuh«, sagte ich in diesen Blick und in den warmen, festen Händedruck hinein. Aus einem der Zimmer erklang von fern Klaviermusik. Schumann.

»Mit T oder mit D?«, wollte er wissen.

»Was?«

»Bundschuh.«

»Mit D«, sagte ich, »wie Schlüsselbund.«

»T wäre auch schön«, sagte er, »ich hab's mit Farben.«

Er nahm mir den Mantel ab.

»Mit Schlüsseln nicht so?«, fragte ich.

Er sah mich ganz kurz an, als ob er an mir die Antwort ablesen könnte, dann lächelte er. »Doch, doch. Mit Schlüsseln auch. Vor allem mit Himmelsschlüsseln.«

Himmelsschlüssel. Wie lange hatte ich an die nicht mehr gedacht, geschweige denn welche gesehen. Bei uns hießen sie Schlüsselblumen. Als ich klein war, hatte ich Hilla zum Muttertag immer frühmorgens einen großen Strauß davon gepflückt. So viele, dass meine Händchen die riesige Menge an Stängeln kaum noch umspannen konnten.

»Apropos«, ich riss mich von dieser Erinnerung los und kramte ein kleines Päckchen aus der Tasche. »Ich habe Ihnen etwas mitgebracht. Statt Schlüsselblumen und als Entschuldigung für neulich.«

»Oh. Vielen Dank, das ist ja reizend.«

Er nahm das rotweißgestreifte Päckchen erfreut in beide Hände, schaute es aufmerksam an und schüttelte es leicht.

»Was ist denn da drin?«

Ich zog mir derweil die Schuhe aus.

»Nur eine Kleinigkeit.«

»Möchten Sie etwas an die Füße?«, fragte Paul und stellte das Geschenk sachte auf ein antikes Tischchen mit Intarsien.

»Ja, sehr gerne. Vielen Dank.«

»Ich packe es dann später ganz in Ruhe aus«, sagte Paul und fischte in einem Korb hinter der Tür herum. »Die sollten passen.«

Er reichte mir bunt gemusterte Wollsocken herüber, und ich beneidete meinen Mantel um die Fürsorglichkeit, mit der Paul ihn anschließend über den Bügel legte und behutsam an die drahtige Designergarderobe hängte, direkt neben das helle Mäntelchen aus Popeline.

Der Flur war geräumig, die Räume hoch. Schöne Holzdielen. Alte, weiße Türen mit verschnörkelten Klinken aus Messing. Paul bat mich, vorausgehend, den einen Arm ausgestreckt, in ein helles, großzügiges Wohnzimmer. Dort empfing uns der Schumann.

»Oh, Kreisleriana«, sagte ich, »mit wem?«

»Alfred Cortot«, sagte Paul.

Prächtige Holzfenster in einem erkerähnlichen Halbrund, Blick auf die Straße. Auf dem Fensterbrett eine zauberhafte Lampe, die warmen Schein verbreitete. Rotes und weißes Papier spannten sich rund um fünf getrocknete, hoch aufgereckte Mohnblumenstängel, deren Kapseln wie ganz besonders hochherrschaftliche Kronenzacken wirkten.

Die Decken mit Stuck verziert. Eine Wand voll mit Büchern bis obenhin, davor ein großer, alter Holztisch, der schon viel erlebt zu haben schien. Ringsherum sechs verschiedene Stühle. An der anderen Wand eine einladende, beige Sofalandschaft, über Eck in den Erker ragend, davor ein flauschiger Teppich. Ein niedriger Couchtisch mit Glasplatte. Eine moderne Stehleuchte. Ein alter Ohrensessel, hellgrün bezogen mit kleinen gelben Tupfen. Ich war beeindruckt. Am meisten von Cortot, den kaum noch jemand kennt. Dass Paul ihn offensichtlich zu schätzten weiß, war für mich so kostbar wie ein offenes Tütchen voller Goldstaub.

Den wollte ich auf keinen Fall mit einer Floskel aufwirbeln, zerpusten, mit einem »Wunderbare Aufnahme!« oder etwas Ähnlichem, und darum sagte ich erst einmal nichts. Etwas machte mich augenblicklich scheu und ehrfürchtig, als stünde ich vor einer unberührten Neuschneefläche.

»Schauen Sie sich nur um«, sagte Paul. »Es ist nicht meine Wohnung, nur meine Sachen. Also, was hier so rumliegt. – Ich hol mal den Tee.«

Paul verschwand, und ich war froh, einen Moment allein zu sein. Vorsichtig trat ich zum Tisch. Viele Zeichnungen, die mir sofort gefielen. Cartoons. Blätter, Blöcke, Stifte, Pinsel, ein Wasserglas, ein Aquarellkasten. Cortot kreiselte sich gerade mit seinem unverwechselbaren Klavierklang durch den emphatischen Schlussteil von Schumanns Opus 16. Auf dem Boden beim Sofa verschiedene CDs. Thelonius Monk, Errol Garner, Sarah Vaughn, Chet Baker, Furtwängler mit Bruckners Achter, mir Unbekanntes, Skizzenblöcke, Bücher und Zeitungen.

Eine Fontäne aus Schluchzern wollte sich in Zeitlupe nach oben bewegen. Ich konnte sie gerade noch rechtzeitig in mein plötzlich sehr ergriffenes Inneres zurückstopfen.

»Ich hoffe, Tee ist Ihnen recht«, Paul bugsierte ein volles Tablett zum Couchtisch.

»Mein Neffe ist für zwei Jahre in den Staaten. Und ich wollte mal raus. Woanders sein für ein Weilchen. Das traf sich gut.«

»Ja, Tee ist wunderbar, danke. Wo wohnen Sie denn sonst?«

»Am Ammersee.«

»Oh!«, rief ich begeistert, »ich liebe den Ammersee! Was hat Sie denn hierher verschlagen?« Meine Frage klang fast vorwurfsvoll.

»Hier ist es auch schön. Für den Moment jedenfalls. Bitte, nehmen Sie doch Platz.«

Ich ließ mich in der Sofaecke beim Erker nieder, neben der königlichen Papierlampe mit ihrem zauberhaften Licht. Die Teekanne mutete mich hingegen sehr seltsam an, sie sah unappetitlich aus. Ein dickbauchiges, lavafarbenes Fabelwesen. Was sollte das sein, ein verzauberter Prinz? Auf der Tülle wölbten sich hinterlistig blitzende Krokodilsaugen, vorne ragte ein obszön wirkender Schnabel mit winzigen Zacken heraus. Der Tee würde an diesen ekligen kleinen

Zähnen vorbeimüssen. Normalerweise habe ich durchaus Sinn für Kuriositäten, doch dieses monströse Etwas machte mir Unbehagen. Mein Herz meldete sich. Immer wenn es sich an etwas erinnert fühlt, von dem ich selbst nicht mehr weiß, was es ist, habe ich die Empfindung, dass jemand es auswringt wie einen Spüllappen.

Die Becher waren genauso schlimm wie die Kanne, in derselben finsteren Farbe, unförmige Hohlkörper mit Henkeln, die sich als Gürteltierschwänze um sie herum wanden. Wer denkt sich so etwas aus?

Ich begann zu fremdeln. Das ist eine Spezialität von mir. Ich war als kleines Kind zu oft in der Obhut älterer Damen, sogenannter Trümmerfrauen. Wahrscheinlich hatten die etwas von der Teekanne gehabt oder den Bechern oder von beidem.

Als hätte Paul meine Gedanken erraten, sagte er, »Die Freundin meines Neffen ist Keramikerin – es gibt hier leider keine andere gescheite Kanne. Ich habe mich inzwischen daran gewöhnt.«

Er griff sich die verkohlte Unke und wollte gerade einen der Becher mit Tee befüllen, da hielt er inne: »Wollen Sie vielleicht auch lieber ein Glas? Mir sind die Becher einfach nicht geheuer.«

»Ja, bitte, das wäre sehr nett«, sagte ich. Paul setzte die hässliche Lehmkreation wieder aufs Tablett und machte sich sofort auf den Weg in die Küche.

Was machst du hier, Cortot hin oder her, meldete sich mein Stirnlappen. Du kennst diesen Mann doch überhaupt nicht. Das mit den Bechern ist vielleicht nur ein Trick. Wer weiß, was in dem Tee drin ist, wenn der in so einem idiotischen Ding gemacht wurde. Du holst dir hier am Ende noch eine Bleivergiftung. Das passt doch alles überhaupt nicht zusammen. Wie kann man sich an eine so geschmacklose Teekanne gewöhnen. Du solltest jetzt lieber sofort nach Hause gehen.

Ich blieb sitzen.

Paul kam mit zwei dickwandigen Gläsern zurück. Ich hatte zu Hause genau dieselben. Das beruhigte mich sofort. Hellgelbe Flüssigkeit sickerte in sie hinein. Cortot schwappte sanft in die erste von Schumanns Kinderszenen: ›Von fremden Ländern und Menschen‹. Ich kenne jeden einzelnen Ton.

Paul bot mir von den Nüssen und Trockenfrüchten an, die in einer Glasschale auf dem Tablett lagen. Artig nahm ich mir eine Handvoll und blieb erstmal noch schweigsam.

Der Tee war heiß, das Glas schwer zu halten. Ich setzte es wieder auf dem Couchtisch ab, mümmelte die Nüsse, verschluckte mich, auch das noch, hustete eine halbe Minute heftig.

»Soll ich klopfen?«

»Nein, nein, geht schon, vielen Dank.«

Schließlich winkelte ich die Beine an und legte sie seitlich aufs Sofa. Paul saß unten auf dem flauschigen Teppich, zwischen uns der Couchtisch mit dem dunklen Kannenmonster und den Gläsern. Ich beobachtete ihn beim Trinken des ersten Schlucks, und mir war, als hätte ich ihn schon tausende Male diesen ersten Schluck nehmen sehen, so konzentriert und behutsam. Erstaunlich. Als er das Glas absetzte und zu mir hochsah, hoffte ich inständig, es käme jetzt keine Frage von der Sorte »Und? Was machen Sie so im Leben?«.

Solche Fragen kann ich seit jeher nicht leiden, von denen fühle ich mich immer so aufgespießt. Aber Paul sagte nichts, lauschte nur einen Moment den anmutigen Klavierklängen.

»Sie machen auch Musik, gell?«, fragte er plötzlich.

Ich war verdutzt. »Wie kommen Sie darauf?«

»Ihre Ohren«, sagte Paul, »und Ihre Hände.«

»Was ist mit meinen Händen?«

»Die sind mir damals schon aufgefallen, die sind, ich weiß nicht, wie ich das sagen soll...«

Ich sah mir meine eigenen Hände an, drehte sie verwundert vor meinen Augen hin und her und lachte.

»Ja. Ich bin Pianistin. Unter anderem.«

Ich kann bis heute nicht genau in Worte fassen, wie Paul es fertigbrachte, an diesem Nachmittag mein spezifisches Gewicht zu verändern. Wir saßen als einander wildfremde Menschen beim Tee gegenüber, beide zu Gast in der Wohnung eines Mannes, der in den USA war, und ich bestand nach einer Weile, ohne mich selbst aufzulösen, nur noch aus fluoreszierenden Lichtpartikeln.

Cortot und Pauls ruhiges ›Ihre Ohren und Ihre Hände‹. Das war der Anfang, war der Schlüssel. Der Himmelsschlüssel. Er passte genau zu einer Tür, die eine sehr lange Zeit meines Lebens verriegelt gewesen war oder immer wieder ins Schloss gefallen.

Auf der Tür stand ›zu Hause‹ und darunter in kleineren Lettern: ›Bitte ohne Anklopfen vertrauensvoll eintreten.‹

Wir erzählten uns viel. Als wir damit begonnen hatten, konnte ich mich beim Zuhören erst gar nicht recht konzentrieren. Ich musste dauernd darüber nachdenken, was an Paul so anders war.

Er war gerade bei seiner Ausbildung zum Illustrator an der Akademie der bildenden Künste in München, da fiel der Groschen: Er hat sie nicht, mitten im Gesicht, wie fast alle Männer seines Alters! – Er trägt keine Brille und vor allem keinen Harm, keinen eingefrästen Frust. Er leidet nicht an sich selbst. Er ist mit sich im Reinen. Pauls Züge waren weich, zugleich hellwach und von einem ansteckenden Interesse am Leben durchdrungen. Ich erfuhr von ihm, wo er aufgewachsen ist, dass er viele Kinderbücher illustriert und auch einige selbst geschrieben hat. Dass er Cello spielt und noch Glasharfe lernen will. Dass seine Frau vor etwa einem Jahr ganz plötzlich gestorben ist, dass sie Ruth heißt, Ärztin war, dass sie über dreißig Jahre zusammen gewesen waren, und dass er sich, genau wie ich, nun in ein neues Leben tastet.

Irgendwann saßen wir dann in der Küche bei Brot und Käse.

»Ich könnte Ihnen noch ein wenig Stangensellerie anbieten«, lachte Paul vor dem leeren Kühlschrank, »oder ein Dunkelbier?«

»Stangensellerie«, lachte ich und rollte zur Abwechslung mal wieder das R, »gern beides.«

Wir machten halbe-halbe. Bei beidem. Die Uhr über der Küchentür tickte. Unterdessen war es später Abend geworden.

Ich erzählte Paul von meiner Familie. Dass ich Klavier studiert hatte, als ich sehr jung war, danach Schauspielerin wurde, viel herumgekommen bin in dem Beruf. Von Ella, Mabel und Jo. Dass ich mich als

Lebensgesamtkünstlerin empfinde, und warum ich von einem Tag auf den anderen ›Privatistin‹ wurde und eine Art Scheherazade, die sich die Geschichte ihres Lebens nun täglich weitererzählt, in der Hoffnung, sie sei so spannend, dass sie nicht geköpft würde.

Wir sagten ›Paul‹ und ›Emilie‹ zueinander, und ich mochte sehr, dass wir uns dennoch weiterhin siezten.

Das Sie war wie ein luftiges Stück Seidenpapier, mit dem das Geschenk unserer kostbaren Vertrautheit behutsam eingeschlagen war.

Kurz nach elf sagte ich: »Ich glaube, jetzt muss ich mal los, ich weiß gar nicht, wie oft die Bahn noch zu mir rausgeht, ich schau mal eben.«

Ich ging in den Flur, um meine Tasche zu holen. Paul begann, den Tisch abzuräumen.

Ich brachte das kleine Päckchen mit in die Küche.

»Hier, Sie müssen noch auspacken.«

»Ja, unbedingt«, sagte Paul, »das mache ich dann, wenn Sie gegangen sind.«

Er half mir in den Mantel, nahm mir die Wollsocken ab. »Auf Wiedersehen, Emilie, es war mir ein großes Vergnügen. Haben Sie Dank für den wunderbaren Besuch.«

»Ich habe zu danken, Paul, es war wirklich sehr schön.«

Wir umarmten uns zum Abschied.

Pauls warme Hände machten noch kurz Halt an meinen Oberarmen.

»Kommen Sie gut nach Hause«, sagte er und schaute mich warmherzig an.

»Danke, ich tu mein Bestes«, sagte ich.

Am Treppenabsatz drehte ich mich nochmal um. Er leuchtete und winkte aus dem Türspalt heraus.

»Bis demnächst mal wieder!«

»Ja! Bis bald.«

Ich winkte zurück.

Unten auf der Straße war noch ziemlich viel los. Ich warf einen kurzen Blick zum Himmel. Bauschige, tiefhängende Wolken, vom Licht der Stadt orange bestäubt, rasten über die Häuser.

»Danke«, sagte ich leise zu ihnen hinauf. »Danke für alles.«

5

Ich lag im Bett und hing am Tropf. Der wabbelige Beutel am Haken des Metallständers neben mir glich einer in Plastik verschweißten Leber. So einer, wie Hilla sie früher manchmal in die zischende Pfanne gelegt hatte. Mit Zwiebelringen und Apfelstücken.

Jemand hatte rote Blutkörperchen hingegeben für jemanden wie mich. Dankbar sah ich zu, wie eins ums andere von ihnen im Takt meines Herzschlages in einen dünnen Schlauch stürzte, um die Reise in meine Blutbahn anzutreten. Am Ende des Schlauches ein ›Schmetterling‹, eine Nadel für den häufigen Gebrauch. Sie war in meiner linken Ellbogenbeuge versenkt und mit zwei weißen Pflasterstreifen bekreuzigt. Es war die erste Transfusion meines Lebens.

Das Bürschelchen kündigte mir kurz vor dem Mittagessen an, Frau Dr. Kellermann und er kämen am späten Nachmittag nochmal bei mir vorbei.

»Wir würden dann gerne besprechen, wie es mit Ihnen weitergeht«, sagte er und schaute auf mich herab wie ein schmucker Jägersmann auf das erlegte Wild. »Läuft gut, die Infusion.«

Er zupfte den Schlauch zurecht, obwohl das nicht nötig schien. »Das Hämoglobin macht Sie wieder ein bisschen flott und dann hört das mit dem Rauschen in Ihrem Kopf auch auf. Einen schönen Tag noch. Bis später.«

Handschlag.

»Ja, vielen Dank, bis später.«

Wie es mit mir weitergeht, das kann ich mir schon denken, dachte ich, und wandte mich wieder den roten Tropfen zu. Der stete Rhythmus erinnerte mich an die lecke Regenrinne in dem verwilderten Garten, den ich nun nicht mehr hatte. Diese Regenrinne, aus der es nach kräftigen Schauern immer noch lange herausgetropft hatte. Hinein in eine dicke, blaue Tonne aus Plastik, der jedes Mal sehr bald das Wasser bis zum Halse stand.

Mein Leib hatte sich in die Kissen ergeben, lag zerflossen. Meine Lebensessenz aber war auf einen einzigen, hochkonzentrierten Punkt hin verdichtet. Ich kam mir selbst vor wie einer der prallen Blutstropfen, wie etwas, das ungeheure Sprengkraft in sich barg. So, stellte ich mir vor, muss es für den Kosmos direkt vor dem Urknall gewesen sein.

Eine neue Nachbarin wurde hereingefahren. Sie wand sich auf dem Bett wie ein Klops in der Pfanne, jammerte lautstark und stieß unflätige Flüche aus.

»Ich nehme die Scheißtabletten nicht, die können Sie sich sonst wohin stecken!«

»Frau Hefti«, insistierte die junge Pflegefachkraft mit dünnem Stimmchen, »die sind gegen die Entzündung und nehmen Ihnen die Schmerzen.«

»Ich nehm' den Scheißdreck nicht, da können Sie sich auf den Kopf stellen!«

Heftige, klumpige Laute rumpelten aus ihrem Hals hervor, in einem Schweizer Dialekt, der mich an das wuchtige Profil von Treckerreifen erinnerte, und damit planierte sie die beflissene Pflegerin erfolgreich aus dem Zimmer.

»Wie Sie wollen, der Doktor kommt dann noch.« Die Tür fiel etwas energischer ins Schloss als sonst.

Ich kicherte lautlos in mich hinein und bewunderte die schlecht blondierte Wuchtbrumme für ihre Widerspenstigkeit, ihre unverblümte, ordinäre Art, sich Luft zu machen. Raus mit allem, was einem nicht passt. Ich bin immer viel zu höflich.

Kaum hatte sie mir mit kehligem Jammern berichtet, sie hätte ein frisch operiertes Furunkel am Allerwertesten und das Liegen täte ihr weh wie Sau, flog die Tür auf, und drei kleine Kinder stürmten herein.

»Mami!«, schrien sie begeistert und erklommen wie Äffchen die schmale Bettstatt, dort, wo ihre massige Mutter noch Platz übrig ließ.

»Auaaaa! Passet doch uff!«, gellte es dramatisch aus den Laken, und die fetten, tätowierten Unterarme langten herzhaft hier und da nach den Körperteilchen dieser Brut. Wie in einem Fuchsbau, einer Bärenhöhle, dachte ich und beneidete sie um dieses wuselige Aufeinanderklumpen.

Nachmittags war es dann still in meinem Kopf, das Brausen hatte tatsächlich aufgehört. Ich stand auf und zog mich an. Mit mir würde, wenns sich vermeiden ließe, nie wieder einer von den Weißkitteln sprechen, wenn ich im Bett liege, schwor ich mir.

Die Kinder waren verschwunden und meine neue Zimmergenossin schnarchte. Ich schnappte mir den Infusionsständer, an dem nun eine Flasche Kochsalzlösung baumelte. Wir rollten uns gemeinsam auf den Flur. Ein wenig abseits, rechts der Tür, standen ein kleiner Tisch und zwei Stühle. Dort nahm ich Platz, wie am Tag zuvor auch schon. Das gab mir das Gefühl, mit meinem eigenen Leben vernetzt zu bleiben, wie ich es gewohnt war, und wie es mir Halt und Identität gab.

Gestern Abend, Anna und Patrick, ihr Besuch, sie waren so lieb gewesen, die schönen Blumen, und die zwei frischen T-Shirts von Patrick zum Schlafen, Gott sei Dank, meine waren alle schon total durchgeschwitzt.

Wir hatten es lustig gehabt hier an dem Tischchen, vertraut und tröstlich, es war fast wie eine kleine Party im Studentenwohnheim oder so etwas Ähnliches. Von wegen Patientenfallnummer. Plötzlich konnte ich völlig vergessen, warum ich eigentlich hier bin.

Immer wieder öffneten sich auch an diesem Nachmittag die Türen auf dem langen Korridor. Patienten schlurften heraus oder Menschen in Weiß eilten ein paar Schritte geschäftig über den grauen Kunststoffboden, um dann ein paar Türen weiter hinter diesen zu verschwinden und wenig später erneut über den Gang zu hasten.

Ich dachte an die Aufnahmeprüfung an der Schauspielschule. Da hatten wir auch alle auf den Fluren herumgelungert nach dem ersten Vorsprechen. Bald sollte verkündet werden, wer eine Runde weiterkommt. Die Prüfer gingen an uns vorüber. Schauten streng oder neutral oder an uns vorbei. Nur selten ein Lächeln, ein direkter Blickkontakt. Ist es schon entschieden? Hab' ich es geschafft? Bin ich schon aus dem Rennen? Fanden sie mich gut? All das versuchten wir bangen Herzens an ihnen abzulesen, schließlich ging es für uns junge Theaterbesessene auch um so etwas wie um Leben und Tod.

Ich würde heute Abend Genaueres erfahren. Hatte mein Knochenmark die Prüfer überzeugt? Komm' ich eine Runde weiter, darf ich wieder heim? Geht's um Leben oder Tod?

Eine Flasche Mineralwasser und Gläser standen auf dem Tisch. ›Nur für Besucher‹, behauptete ein kleines Schild aus Pappe. Scheiß was drauf, dachte ich, ich bin hier nur zu Besuch, schenkte mir ein Glas voll und nahm einen großen Schluck.

Ein paar Nachrichten auf dem Handy. Was soll ich antworten? Ich hatte niemandem erzählt, wo ich mich seit Montag aufhielt, außer Margrit und Priska.

Margrit wohnte ein paar Häuser um die Ecke und Priska bei mir im Erdgeschoss.

Ich hatte sie vorgestern morgen gefragt, ob sie mich hierherfahren könnten, aber Margrit war verreist und Priska hatte Dienst. Deshalb rief ich Serge an. Serge unterrichtet Holländisch und Geige, und wir musizieren manchmal zusammen. Priska, Margrit und Serge kannte ich noch nicht allzu lange. Es war noch ein kleiner Abstand zwischen uns. Gerade so viel, dass ich das jetzt als erleichternd empfand, denn ich wollte erstmal nicht, dass meine engen Freundinnen von meinem Ausflug ins Spital erführen und sich Sorgen machten.

»Viel Glück«, hatte mir Serge bei laufendem Motor gewünscht, als ich mich an der offenen Tür seines klapprigen Opels verabschiedete. Sein holländischer Akzent machte mich lächeln.

»Es ist bestimmt alles gut. Etwas anderes kann ich mich für dich gar nicht vorstelle.«

»Danke, Serge, vielen Dank, dass du mich gefahren hast.«

»Kein Ding«, sagte er, »so etwas sollte kein Mensch ganz allein durchstehe müsse.«

Ich hatte die Wagentür zugeschlagen, plötzlich an einer Träne geschluckt und mit meiner roten Stoffreisetasche den Empfangsbereich des St. Anna Spitals betreten.

Die meisten meiner vielen Freundinnen waren für mich seit dem Spätsommer, seit ich den Umzug unters Dach und Mabels Auszug bewältigt hatte, seltsam weit weg. Das lag nicht an ihnen. Damals fing das an, dass ich mich immer mehr zurückzog, auf gar niemanden aus meinem vertrauten Kreis noch wirklich Lust hatte. Ich wollte alleine sein und nichts mehr sagen müssen. Ich kam mir vor wie auserzählt.

Das Handy klingelte. Nina.

»Hallo«, sagte ich leise und wandte den Kopf kurz nach rechts und links, senkte ihn dann Richtung Brustbein.

»Hallo, wo bist du gerade, ich bin noch bis fünf in der Stadt, hast du Lust auf einen Kaffee?«

Ninas muntere Stimme richtete mich für einen Augenblick auf.

»Lust habe ich schon, aber ich bin im St. Anna Spital und mein Blut wird gerade durchgecheckt. Es sieht nicht so berühmt damit aus, glaube ich.«

»Ich versteh dich ganz schlecht, du klingst so leise.«

Ich wiederholte, was ich gesagt hatte.

»Was heißt das?«

»Dass es etwas Ernstes sein könnte. Ich kriege nachher endgültig Bescheid.«

»Oha.«

Nina schwieg ein paar Sekunden.

»Nina? Bist du noch dran?«

»Ich bin da, Emmi, das weißt du. Ruf mich bitte an, wenn du Bescheid weißt.«

Ihre Unternehmungslust war einer stillen Handfestigkeit gewichen, für die ich in diesem Moment unendlich dankbar war.

»Ja, mache ich, natürlich. Ich danke dir. Genieß du erstmal deinen Kaffee.«

»Ich denk an dich und trinke einen für dich mit.«

»Danke. Tschüss. Bis später.«

Nina ist Heilpraktikerin. Wir waren schon etwas länger befreundet.

Ich weiß nicht mehr, wie lange ich auf dem Flur gehockt hatte, als das Bürschelchen und Frau Dr. Kellermann zügigen Schrittes den Flur hochkamen, direkt auf mich zu. Ich wandte den Kopf wie von einer Windböe erfasst in die entgegengesetzte Richtung und ließ ihn hinter meiner linken Hand verschwinden. Aus den Augenwinkeln konnte ich schemenhaft sehen, wie das Bürschelchen an die Tür von Zimmer 16 klopfte. Mit dem Zeigefingerknöchel. Ein energisches, hartes Poch Poch, dem sofort das Öffnen der Türe folgt, ohne dass jemand ›Herein‹ gesagt hätte. Mehr eine Vorwarnung als ein Anfragen.

So sehen sie also aus, wenn sie kurz davor sind, jemandem eine Eröffnung zu machen, dachte ich und machte mich erst bemerkbar, als sie etwas erstaunt aus der Tür traten.

»Frau Bundschuh, hallo, da stecken Sie ja! Sie sind ja schon wieder recht munter, das ist erfreulich«, sagte das Bürschelchen. Frau Dr. F. Kellermann gab mir die Hand.

»Wir schauen morgen erneut mit dem Hämoglobin, wenn es wieder so weit unten ist, helfen wir wieder ein bisschen nach.«

»Vielen Dank.«

Ich stand auf.

»So, wollen wir dann mal...?«, fragte sie und legte die Hand auf die Türklinke.

»Haben Sie vielleicht ein Besprechungszimmer?«, fragte ich.

»Ja, natürlich«, sagte sie irritiert, verstand aber im nächsten Augenblick und wies zuvorkommend den Gang hinunter: »Da drüben.«

»Gehen wir doch hier hinein.«

Sie schloss die Tür auf.

Der Raum war winzig. Die Decke mit der Neonleuchtröhre kam mir ungewöhnlich tiefgelegen vor. Das Fenster sah aus wie zugemauert, als wäre hier nie auch nur ein Quäntchen Tageslicht jemals hereingequollen. Zwei aneinander geschobene quadratische Tische mit weißer Oberfläche, die typischen, schmucklosen Stühle, an der Wand ein hohes Regal, darin verschiedene Utensilien, die ich nicht zuordnen konnte, außer der Box für die Einweghandschuhe. Fachzeitschriften und ein paar Aktenordner.

Die beiden Mediziner nahmen mir gegenüber Platz. Frau Dr. F. Kellermann holte aus einem Klarsichtmäppchen einen dünnen Stapel DIN A4-Blätter und legte ihn vor sich hin.

»Also.«

Sie ließ ihre Fingerspitzen sternförmig auf der Tischplatte auseinandergleiten, lehnte ihren Oberkörper dabei leicht nach vorn und holte sich und die Hände dann sofort wieder zurück. Ich musste an Seesterne denken.

»Es ist so.«

Sie schaute auf die Blätter. Ich webte mich in ihre fahlen Gesichtszüge ein, als wäre das ein Netz, indem ich später vielleicht Halt finden könnte bei Bedarf.

»Wir haben bei Ihnen eine akute myelotische Leukämie festgestellt.«

»Mh«, ließ ich bedächtig bei geschlossenen Lippen verlauten. Es klang sachlich und interessiert, als bekäme ich neueste Ergebnisse einer Studie eröffnet, aus der hervorgeht, dass jede dritte Kindernase wider Erwarten aus Marzipan besteht.

Frau Dr. Kellermann setzte mit einer Menge von lateinischen Begriffen zu weiteren Ausführungen an. Zum Teil waren sie mir geläufig, ich hatte neun Jahre Latein in der Schule gehabt, und ich kannte mich ganz gut aus mit allem, was auf -itis, -titis, -ie und -om endet. Hartmut und Hilla, beide aus der Medizinerzunft, hatten oft genug mit solchen Worten bei uns zuhause herumhantiert. Doch jetzt konnte ich mir das meiste davon einfach nicht merken.

Weil ich es nicht wollte.

Und auch auf den Berichten und Befunden, die ich später immer wieder in die Hand gedrückt bekommen sollte, glitt mein Auge an der Flut der diagnostischen Fachwörter ab. Etwas in mir hielt es für vollkommen irrelevant, was genau da zu lesen war. – Für mein Empfinden hätte dort genauso gut stehen können: »Frau Bundschuh hat an jeder Hand sieben Finger und ihre Darmschlingen sind in einem Zopfmuster angeordnet.« Das Einzige, was sich jetzt für einen kurzen Moment in der stickigen Luft des Raumes halten konnte, waren sechs Silben: a-ku-te Leu-kä-mie.

Und diese Silben wurden im Nu von unsichtbarer Hand zu einer feinen Nadelspitze geschmiedet. Ein kurzer, gut gezielter Pieks damit brachte den geballten Tropfen, der sich seit Tagen in meinem Brustraum befand, diesen mit schierem Licht gefüllten kleinen Ballon in mir zum Platzen.

Augenblicklich wurde es so hell vor meinen Augen, in mir drin und um mich her, als wäre ich die Hauptdarstellerin in einem komplett überbelichteten Film. Die Silhouetten der beiden Ärzte vor mir versprengten sich zu gleißenden Schnipseln, ich selbst nahm mich als stehend wahr, zu enormer Größe aufgerichtet. Die Stimme von Frau Dr. Kellermann drang wie durch Wasser zu mir, wie damals, wenn ich mit beiden Ohren tief ins heiße Nass der Badewanne eingetaucht war und Bobbi irgendetwas aus seinem Zimmer zu mir herüber blubberte.

Dennoch war ich vollkommen präsent, wie in meinen besten Momenten auf der Bühne, und über das Geblubber in diesem Besprechungszimmer legte sich plötzlich eine andere Stimme. Sie sprach in aller Deutlichkeit: »Emilie, mach dir keine Sorgen. Das müssen die jetzt so sagen, das ist ihr Beruf, das sind ihre Worte, aber sie kennen dich und deine Geschichte nicht. Was sie sprechen, hat mit dir nicht das Geringste zu tun.«

Dann lief über den Köpfen der beiden Weißkittel, wie an die Wand in ihrem Rücken projiziert, im Zeitraffer eine andere Szene ab, ebenso blendend grell und überbelichtet.

Diese irreale Helligkeit kam mir sofort bekannt vor. An jenem Abend nämlich, als Bobbi und Hilla aus der Kinderklinik heimgekommen waren und klar war, dass es gar nicht gut um Bobbi stand, damals, als der Kleiderbügel am Garderobenholz so gespenstisch gehallt hatte unter Hillas Händen und meine Mutter mir mit einem einzigen Satz die Zipfel eines Leichentuches anreichte, die verhängnisvolle Losung ›Wir müssen fröhlich sein, er darf nichts merken‹, an jenem Abend, als fortan das Schweigen und Verschweigen auf unser aller Leben lag, da war das grelle Licht für mich zum allerersten Male aufgeblitzt.

Hilla hatte nur mich gehabt. Ich war siebzehn, und fast auf den Tag genau vor dreißig Jahren waren die Bomben auf Hilla und Dresden gefallen. Sie war zweiundzwanzig.

Nun ging an diesem alles verändernden Abend im Februar ihr Lebenshaus erneut in Flammen auf.

»Frau Bundschuh, könnten Sie Ihren Mann anrufen und ihn bitten, herzukommen?«, hatten die Ärzte sie gefragt, weil sie ihr etwas sagen mussten, was ein Mensch besser verkraften kann, wenn er damit nicht alleine ist.

Hilla blieb damit allein, sie konnte Hartmut nicht anrufen. Sie musste gestehen, dass ihr Mann nicht erreichbar ist. Hartmut hatte ihr nicht hinterlassen, in welchem Hotel der Kongressstadt er untergebracht war. Und Hilla hatte nicht nachgefragt. Vermutlich ahnte sie damals schon, dass Hartmut mit seiner Assistentin weit über das Berufliche hinaus verbandelt war.

Hilla schwieg. Und ich stand ihr zur Seite, so gut ich es vermochte, tat alles, worum sie mich bat, machte das Essen, brachte Bobbi zu Bett.

Sehr spät erst sagten wir uns gute Nacht. In meinem Zimmer empfing mich das a-Moll der Mazurka mit seinem zarten Fliederduft.

Gleich, nachdem ich erschöpft ins Bett gesunken war und das Licht gelöscht hatte, erfüllte mein Zimmer mit einem Mal genau diese weißglühende Helligkeit. Ich war maßlos erstaunt und gleichzeitig erfasst von etwas Großem, Unbeschreiblichem, von etwas, das eine zwingende und zugleich sanfte Kraft besaß. Nach ein paar Sekunden verblasste alles und ich schlief ein.

Nun hockte ich in diesem kargen, unschönen Spital-Kabuff und war von einem ähnlich heiligen Staunen ergriffen.

Die Lichterscheinung verblasste und ließ dennoch ihre unbeschreibliche Kraft in den vier Wänden und in meinem Innenraum zurück. Aus der Fülle meiner Wahrnehmungen schälte sich allmählich die Stimme des Bürschelchens heraus.

»Wissen Sie, was uns erstaunt?«

Frau Dr. F. Kellermann nestelte sehr menschlich an ihren Kittelknöpfen.

»Nein«, antwortete ich wahrheitsgemäß, denn ich konnte mir nicht vorstellen, dass die beiden wackeren Ärzte von demselben Phänomen in Erstaunen versetzt worden waren wie ich.

»Sie haben eine Form von Leukämie, die eigentlich nur sehr junge und ganz gesunde Menschen haben.«

»Hm. Interessant«, gab ich höflich von mir. Wiederum erstaunt. Darüber, dass ich selbst das keineswegs erstaunlich fand.

»Außerdem haben wir bei Ihnen Zellen gefunden, die normalerweise nur bei älteren Patienten vorkommen, die lange mit Giften zu tun hatten, zum Beispiel mit Lösungsmitteln. Haben Sie je mit so etwas gearbeitet?«

»Nicht, dass ich wüsste«, antwortete ich und dachte aber an den langen Zaun unseres Nachbarn, einen Jägerzaun. Ich hatte als Kind Herrn Zündel gern aus nächster Nähe dabei zu gesehen, wie er ihn im Sommer sorgfältig bepinselte. Mit einer schwarzen Flüssigkeit, die herrlich roch. Auf dem Kanister im Gras neben seinem Campingstühlchen las ich ›Karbol‹ und fand es unwiderstehlich, genau wie Benzin oder Nagellackentferner. An mir ist vermutlich eine Schnüfflerin verloren gegangen.

Die Ärztin und ihr Kollege sahen teigig aus, fast ungesund in dem kalten Neonlicht.

Ich ließ sie an meinen Erinnerungen nicht teilhaben. Erst recht nicht an dem, was dann vor meinem inneren Auge auftauchte: Ein kleines Flugzeug mit einer sanft flatternden Werbefahne im Schlepptau. In großen Lettern vor dem stahlblauen Hintergrund des Himmels stand dort geschrieben: ›Seelisches Gift!‹

Das muss es gewesen sein. All die langen Jahre, die ich seit dem Februarabend damals in einem verseuchten Gebiet gelebt hatte. In einem seelischen Tschernobyl. Die Radioaktivität der Lüge, das Karbol meiner Ohnmacht. Das waren die Lösungsmittel – das Mittel zur Lösung.

»Haben Sie noch irgendwelche Fragen?«

»Wie bitte?«, ich schreckte hoch. »Nein, erst einmal nicht.«

»Wir haben für Sie bereits einen Termin auf der Isolierstation des Universitätsspitals gemacht. Sie werden dort am Siebenundzwanzigsten erwartet. Die werden sich aber nach Weihnachten noch selber bei Ihnen melden.«

»Vielen Dank«, sagte ich mechanisch. »Wie lange werde ich dort bleiben müssen?«

»Das kommt darauf an, wie die erste Chemotherapie anschlägt, und wie schnell Sie aus der Aplasie wieder draußen sind.«

»Was heißt das?«

»Bis Ihr Knochenmark wieder neue Blutzellen bildet und Sie eine solide Abwehr aufgebaut haben. Aplasie ist die Phase, in der alles Wüste ist, wenn man so will.«

Sie gaben sich Mühe, in ihren Erklärungen eine Note von persönlicher Sympathie für mich mitschwingen zu lassen. Das wollte ich honorieren und etwas Humor in unsere undankbare Situation bringen. Schließlich hatte ich jahrelang als Entertainerin gearbeitet.

»Aplasie, Aplasa, Aplasooon«, gab ich lakonisch von mir und intonierte dabei das Ob-La-Di, Ob-La-Da der Beatles. Sie lachten leise. Schwarzer Humor, haha.

Wir standen auf, die Stühle schabten hässlich metallisch über den Linoleumboden. Wir gaben uns die Hand.

»Also dann, alles Gute, viel Glück und frohe Festtage.«

»Danke gleichfalls, auf Wiedersehen.«

Auf dem Weg den Flur entlang wankte ich ein wenig. Mir fiel ein, wie Hartmut uns einmal nachts geweckt hatte, weil wir Kinder unbedingt den Boxkampf mitgucken wollten, der aus Amerika übertragen wurde. Joe Frazier gegen ich weiß nicht mehr wen. Joe Frazier bekam schon gleich zu Beginn heftig eine gelangt. Sein Kopf schnellte kurz nach hinten und wieder nach vorn, als sei der Nacken aus Gummi, er taumelte, hing in der Pause auf seinem Stühlchen in den Seilen. Doch in der nächsten Runde lief er zu Hochform auf, mit gespenstisch überwachem Blick.

So torkelte ich nach all den Eröffnungen zurück zu meinem Tischchen, in meine Ring-Ecke und fand es schade, dass mir dort niemand einen Zitronenschnitz zwischen die Zähne schob. Aber ich war ganz froh, wenigstens den scheppernden Infusionsständer bei mir zu haben.

Das Wort Leukämie gebrauchte ich im Folgenden noch etwa zehnmal und dann vorerst nie wieder. Nicht, weil ich meine Situation verdrängte. Ich brachte diesen Begriff, diese sogenannte Diagnose, bewusst nicht mit mir in Verbindung. Es würde jetzt dieses und jenes für mich bedeuten und mit mir geschehen, aber es blieb ein Wort aus dem Lehrbuch.

Ich habe sie nicht. Und sie wird mich niemals haben können: Eine sogenannte Krankheit.

Auch keine schwere.

Mein kluger, lieber Körper, du bist kein Kriegsgebiet. Du schickst mich jetzt in eine Auszeit der ganz besonderen Art. Meine müde Seele hat dir einen klaren Auftrag erteilt.

Auf einer tief liegenden Ebene war ich vollkommen einverstanden damit.

Das Furunkel schlief und schnarchte, als ich mir das Handy aus dem Zimmer holte.

Ich wollte Nina Bescheid sagen, wie versprochen.

»Ich habe soeben die Diagnose akute Leukämie bekommen«, schrieb ich ihr.

Sie rief sofort an.

»Emmi, du bist nicht allein. Wir sind alle für dich da«, sagte sie und hatte die geniale Idee, ich solle eine virtuelle Gruppe einrichten. So könne ich alle gleichzeitig informieren und um Hilfe bitten.

»Nenne sie ›Emilie braucht euch‹ oder ›Emilies Heilung‹.«

Ja, genau, dachte ich, niemand muss jemals mehr ›fröhlich sein‹. Alle dürfen es wissen. Müssen es erfahren. Alle haben schöpferische Kräfte und können dabei helfen, mich zu heilen.

Ich nahm mir vor, sobald wie möglich einen Text zu schreiben mit der Bitte, mich ab sofort nur als hell und strahlend, heil und vital zu sehen und jede Investition in den Zweifel zu meiden.

Ich würde eine ziemlich große Gruppe einrichten, eine weitläufige Gemeinschaft all der vielen, wunderbaren Menschen in meinem Leben. Ihre Energie und Liebe würde mich tragen helfen.

Ich informierte Lotte, meine Schwester im Herzen und Arne, meinen leiblichen Bruder.

Und dann trat ich den schwersten Gang meines Lebens an.

»Entschuldigen Sie bitte«, ich wandte mich an eine kleine Frau, die sich mit einem großen Wagen voller Essensportionen abmühte, »gibt es hier einen Aufenthaltsraum? Ich muss mal in Ruhe telefonieren.«

»Hinten«, zeigte die Frau abwesend aufs Ende des Flurs.

»Nach Glastür um Ecke, neben Wartezone.«

Ihr Deutsch war gebrochen, die Plastikteller klapperten.

»Vielen Dank.«

Ich machte mich mit dem behäbigen Infusionsgesellen samt seiner baumelnden Plastikflasche auf den Weg. Gott sei Dank war ich allein im Raum.

Ich öffnete das Fenster, kniete mich auf einen Stuhl und lehnte mich ein wenig in die kalte Luft hinaus. Der Himmel war sternklar. Mein Herz bleischwer. Jetzt musste ich es Ella und Mabel sagen, die sich hunderte Kilometer nordöstlich von mir in Ellas Wohnung gemütlich auf dem Sofa aneinander kuschelten, sich viel zu erzählen hatten, und die sich auf Weihnachten freuten. Ich tippte Ellas Nummer ein.

6

Paul und ich hatten uns am Nachmittag zum Spazierengehen verabredet und umrundeten einen der kleineren Seen hier in der Gegend bereits zum zweiten Mal. Außer uns war kaum jemand unterwegs. Auf dem Waldboden krochen blinzelnd die ersten Anemonen umher, und der eine oder andere Meistersänger aus der Vogelwelt hatte sich in schwindelnder Höhe auf noch kahlem Geäst schon in Positur gebracht.

»Frühling lässt sein blaues Band wieder flattern durch die Lüfte. – Weiter weiß ich immer nicht. Jedes Jahr dasselbe«, ließ Paul verlauten.

»Süße, wohlbekannte Düfte und dann irgendwas mit Land. Veilchen träumen schon«, ergänzte ich, »wollen balde kommen.«

»Richtig«, freute sich Paul und dann schwiegen wir wieder, und ich erfand für mich das Wort rollmundig anstatt vollmundig. Ich hatte wie einem edlen Tropfen Pauls ›Richtig‹ hinterher geschmeckt.

»Erzählen Sie mir ein wenig von Botho«, bat Paul plötzlich.

»Von Bobbi?«

»Ja. Wie war er?«

Ich hatte Paul bereits erzählt, dass ich zwei Brüder habe. Einen großen, der noch lebt, und einen kleinen, der gestorben ist.

»Warum wollen Sie das wissen?«

»Weil Frühling ist.«

»Was hat das mit Botho zu tun?«

»Er war doch noch ein Kind. Ein Frühling.«

Ich mochte an Paul, dass er oft Dinge sagte, die nur er so denken und sagen konnte, und die Art, wie er gerade ›Frühling‹ betont und auf meinen kleinen Bruder gemünzt hatte, gab diesem Wort eine unerwartete Doppelbedeutung.

»Ja«, sagte ich, »das war er. Ein Frühling, ein Liebling, ein Frischling.«

Unsere Schritte raschelten im knochentrockenen Eichenlaub.

»Übrigens, wenn Sie Frühling sagen, klingt das, als ob etwas aufplatzt, so nach Springkraut.«

Paul lächelte, und ich begann zu erzählen, dass der Frühling für mich über lange Jahre immer eine sehr zwiespältige Angelegenheit gewesen war.

Erst war Bobbi gestorben, zu Pfingsten. Zweieinviertel Jahre nachdem man festgestellt hatte, dass das Lymphsystem seines kleinen Körpers lebensgefährlich aus dem Gleis geraten war. Fast zwanzig Jahre später ging Hilla, kurz vor Muttertag. Alles grünte, blühte, wuchs und explodierte in die lang ersehnte Pracht hinein. Und ausgerechnet in dieser begnadeten Jahreszeit hatten sich die beiden geliebten Menschen einfach vom Acker gemacht. Im wahrsten Sinne des Wortes. Meine Seele wollte sich jedes Jahr freuen, es den Vögeln gleichtun, tirilieren, jubilieren – mein Herz war verklebt wie das Gefieder eines Seevogels, der in eine Ölpest geraten ist.

Frühling! Gute Laune allerorten – das Wetter, die Wärme, die Eisdielen, nackte Arme, Beine, Füße, Schmetterlinge, auch im Bauch. Ich hingegen hatte größtes Verständnis für all die geschundenen Gemüter, die sich aus dem Fenster stürzten, wenn alle Welt sie sperrangelweit aufriss, um den Sonnenschein herein- und den Wintermuff hinauszulassen. Ich verliebte mich grundsätzlich nur im Herbst, und im Frühling machte ich aus Prinzip wieder Schluss.

Paul sagte nie ›mh‹ oder ›ja‹ oder gab irgendwelche Laute von sich, mit denen er zu verstehen geben wollte, dass er zuhört. Paul zog meine Worte an wie ein sanfter Magnet. Meine Gedanken und Bilder flogen bereitwillig, wie von selbst aus meinem Mund zu ihm hinüber.

Manchmal sagte er: »Das ist verständlich«, und dann fühlte ich mich tatsächlich sehr verstanden und sehr wohl.

Wir fädelten uns hintereinander auf dem schmal werdenden Pfad ein. Der führte durch den langen Teil der Strecke, auf der uns von rechts und links ein wildes Gestrüpp befingern wollte.

Ich finde jedes Jahr, dass die Natur so richtig schön verlebt aussieht, wenn sie in den Braun- und Beigetönen vor sich hin schlummert. Wie ein alternder Filmstar oder ein ramponierter Festsaal im Morgengrauen.

»Mittlerweile kann ich mich wieder sehr darüber freuen, wenn draußen alles neu angepinselt und dekoriert wird«, rief ich über die Schulter in Pauls Richtung.

»Sie meinen, wenn es Frühling wird.« Pauls R rollte mir den Nacken hoch.

»Ja, genau«, sagte ich und das klang vergleichsweise flach und fad, wie mein Stirnlappen befand.

»Was hat er denn für ein Sternzeichen gehabt?«

»Löwe, Aszendent Waage«, warf ich blindlings hinter mich.

Paul fing all meine Silben und Laute auf, das wusste ich, und nichts von ihnen würde verloren gehen.

»In der Nacht, als Bobbi geboren wurde, hat es sehr stark gewittert, und mein Vater kam plötzlich ins Zimmer, ich war gerade aus einem Albtraum erwacht.«

»Oh!«

Dieser Laut hinter mir überraschte mich.

»Das war nichts Besonderes«, fuhr ich fort, »ich hatte oft solche Träume. Genau genommen zwei. Die kamen immer wieder, mein Leben lang, bis vor kurzem. Jetzt nicht mehr. Entweder brannte unser Haus und ich sollte die Feuerwehr anrufen oder der Doppeldecker erschien am Himmel. Beim Hausbrand wusste ich die Nummer von der Feuerwehr nicht mehr und blätterte wie wild im Telefonbuch herum, während die Flammen immer näherkamen. Im letzten Moment fand ich die Nummer, aber sie war verblichen und ich konnte sie nicht lesen. Der Doppeldecker tauchte immer erstmal als kleiner schwarzer Punkt am Horizont auf. Meistens saß ich entspannt auf einer Wiese oder an einem Ufer und war guter Dinge. Der schwarze Punkt kam unaufhaltsam näher und entpuppte sich dann als Doppeldecker. Komischerweise war der Traum immer ohne Ton, alles lief vor meinen Augen wie ein Stummfilm ab. Der Doppeldecker zog wie aus dem Nichts plötzlich eine starke

Rauchspur hinter sich her, fing an zu schwanken und schmierte dann in einer langgezogenen Kurve ab, wieder in die Richtung, aus der er gekommen war. Da kapierte ich dann, dass er abstürzen würde, sprang auf, schaute ihm nach und hoffte und betete, er würde nicht zurückkommen und direkt vor mir zu Boden gehen. Er kam aber wieder, genau auf mich zu, geriet ins Trudeln mit seiner schrecklichen Rauchfahne und schoss dann kopfüber auf die Erde zu, wo er zerschellte, explodierte, und ich rannte um mein Leben, um mich vor den herumfliegenden Trümmerteilen zu retten. Manchmal dachte ich im Traum, wenn der schwarze Punkt kam, nein, bitte nicht schon wieder der Doppeldecker.«

Unter unseren Füßen knackten kleine Äste.

Ein Amselmännchen beantwortete das Liedmotiv, das ihm ein anderes aus der Ferne herüber gezwitschert hatte, mit einem so betörenden Liebreiz, dass ich stehenbleiben musste und den Blick nach oben wandte.

»Da sitzt er, der kleine Pavarotti«, sagte Paul leise und hatte ebenfalls den Kopf im Nacken. Wir lauschten verzaubert dem Dialog der beiden Virtuosen.

Dann setzten wir unseren Weg fort.

»Und in der Nacht mit dem Gewitter, als Botho geboren wurde?«

»Was ich da geträumt habe?«

»Ja.«

»Keine Ahnung. Ich weiß nur noch, dass mein Vater plötzlich ins Zimmer kam, vielleicht weil ich geschrien habe. Vielleicht aber auch, weil er nicht für sich behalten konnte, was er soeben am Telefon erfahren hatte. Er setzte sich auf die Bettkante und sagte: ›Du hast einen kleinen Bruder bekommen‹. Ich konnte ihn dabei nur im Schattenriss sehen, denn durch die offene Tür fiel das Licht vom Flur herein. Ich war noch ganz verwirrt und verschwitzt und lallte: ›Einen Bruder?‹

›Ja, einen Bruder. Er ist gerade auf die Welt gekommen.‹

Ich fragte: ›Wie heißt er denn?‹

›Botho‹, sagte mein Vater.

›Das ist aber ein komischer Name‹, war das Einzige, was ich noch von mir geben konnte, dann bin ich wieder weggesackt, und am nächsten Tag wusste ich nichts mehr von alledem.«

Wir kamen zu der kleinen Bucht mit dem querliegenden Baumstamm, für den wir bei der ersten Umrundung noch zu bewegungslustig gewesen waren. Jetzt ließen wir uns dankbar, mit Blick aufs Wasser, auf ihm nieder. Ein Entenpärchen hatte im seichten Wasser mächtig zu tun. Immer wieder fielen beide Vögel nacheinander vornüber, als wäre in ihnen plötzlich der Schwerpunkt verrutscht. Sie streckten ihre spitzen Bürzel in die Höhe und ähnelten Synchronschwimmerinnen mit ihren orangenen Beinchen, die emsig in der Luft herumpaddelten.

»Haben Sie eigentlich auch Geschwister?«, fragte ich.

»Ja, eine jüngere Schwester.«

»Wie heißt sie denn?«

»Bettina. Wassermann, Aszendent Jungfrau, Mondknoten Ochsenfrosch.«

Ich lachte. Paul sah mich von der Seite an.

»Sie wollen es doch immer ganz genau wissen.«

Ich drehte ihm das Gesicht zu.

»Ochsenfrosch«, wiederholte ich belustigt. In seinem Blick lag der Humor eines Menschen, der, aus welchem Grund auch immer, eine Weisheit besitzt, die selten zu finden ist.

»Rollende Rs sind unwiderstehlich«, befand ich.

»So, so«, sagte Paul mit seinem feinen Lächeln.

»Meinen Sie meine rollenden Rs oder rollende Rs im Allgemeinen?«

Die blassen Schilfpuschel vor uns winkten planlos vor sich hin. Sie sahen aus wie Staubwedel, die gern etwas zu tun gehabt hätten.

Paul bestand nicht auf eine Antwort. Doch seine schlichte Anwesenheit bewirkte, dass ich ernsthaft darüber nachzudenken begann.

Nach einer Weile sagte ich: »Ihre Rs haben etwas Ansteckendes. Ich muss achtgeben, dass Sie mich nicht infizieren.«

»Es gäbe Schlimmeres«, sagte Paul belustigt.

»Rollt Ihre Schwester eigentlich auch das R?«

Jetzt lachte Paul. Lauthals. Sein Blick ging dabei gen Himmel.

»Ja, freilich!«

Wo ich vorher noch gemeint hatte, seine Stimme würde mir von innen die Brustraumwände mit einem köstlichen Balsam bestreichen, fühlte es sich jetzt so an, als hätte jemand mein Herz zu kleinen Jonglierbällen verarbeitet und würde sie übermütig spielerisch in mir herumwirbeln. Es kitzelte so sehr, dass auch ich mich nicht halten konnte.

Wir lachten noch eine ganze Weile. Einfach so. Die Enten drehten sich erstaunt zu uns herüber und traten schweigend die Weiterfahrt in die nächste Bucht an. Sie wirkten befremdet.

Dann blieb es lange still zwischen uns. Das Wasser schmatzte. Die Vögel hatten Konzertpause, und ich dachte darüber nach, wie mühelos mit Paul das Schwierigste gelang: Schweigen und Lachen.

»Und dann?«, kam es plötzlich von rechts wie der sanfte Gong, der eine Meditation beendet.

»Und dann was?«

»Wie war das, plötzlich einen kleinen Bruder zu haben?«

»Es war das Allerschönste, was sich nur denken lässt. Er war das süßeste Baby aller Zeiten. Alles an ihm hat mich entzückt. Ich liebte ihn abgöttisch, von der ersten Sekunde an. Ich hätte ihn am liebsten gefressen, gegrillt, ge-, ge-, ge-...«

Lustvoll ballte ich die Fäuste und knabberte in sie hinein, küsste sie abwechselnd und schwärmte mich in Rage.

»Diese winzigen Finger, die speckigen Beinchen, der weiche Bauch. Da habe ich beim Wickeln immer draufgeprustet und er hat gegluckst vor Freude. Seine Haut, sein Geruch, sein pfiffiges Gesichtchen, die lustige Knubbelnase und seine Augen! Sie waren aus Schokolade. Kennen Sie dieses Gedicht? Von Hilde Domin, das mit den Augen?«

»Nein.«

»›Dein Ort ist, wo Augen dich ansehen, wo sich Augen treffen, entstehst du. Es gibt dich, weil Augen dich wollen, dich ansehen und dir sagen, dass es dich gibt.‹ – So war das mit Bobbi. Wenn wir uns ansahen, wusste ich, dass es mich gibt.«

»Ein wunderschönes Gedicht», sagte Paul und erhob sich behänd.

»Wir haben ihn alle Bobbi genannt. Nur wenn meine Eltern streng sein wollten, hieß er Botho.«

»Bobbi«, sprach Paul den Namen aus, als ob er ihn soeben erfinden würde.

»Wollen wir weiter? Es wird kühl.«

Diesmal ging ich hinter Paul. Das leichte Hinken fiel mir wieder auf. Ich nahm mir vor, ihn bei Gelegenheit einmal danach zu fragen.

Hinter der nächsten Bucht mündete der schmale Pfad auf den Waldweg zur Straße ein. Dort konnten wir wieder nebeneinander gehen.

»Bobbi und ich waren eins. Wir haben tagelang miteinander gespielt, völlig versunken in die Welten, die wir uns erschufen. Ganze Fernsehserien haben wir zusammen nachgespielt. – Soll ich überhaupt noch weitererzählen?«

»Ja, bitte, ich höre Ihnen sehr gerne zu.«

»In den großen Ferien spielten wir am liebsten ›Daktari‹. Kennen Sie Daktari? – Sagen Sie jetzt bitte nicht ›freilich‹.«

»Natürlich, ich liebe den smarten Buschdoktor«, lachte Paul und sprach das Natürlich aus wie der Breitmaulfrosch beim Fotografen, der auf keinen Fall Marmelade sagen soll.

»Unsere Eltern fanden immer, wenn es um die Sommerferien ging, wir haben einen Garten, wir bleiben zu Hause. Der war wirklich riesig, unser Garten, fast wie ein Park.

Also, Bobbi war jedenfalls Daktari. Es gab einen langen, bemoosten Natursteinplattenweg, und auf dem fuhr er gleich morgens los in den Busch mit seinem

Tret-Go-Kart, das war der Jeep. Immer dabei unser rotes Kinderdoktor-Köfferchen, die verletzten Tiere mussten ja fachgerecht verarztet werden. Der Busch war der Teil des Gartens, der hinter vier Tannen lag und einer wunderschönen Hängebirke. Da waren auch die Schaukel und die Turnstange. Wenn wir Daktari spielten, war ich natürlich Paula, das wissen Sie ja auch noch, Daktaris Tochter, und ich kümmerte mich um die kranken Tiere in unserer Buschklinik. Die hatten wir vor dem Haus eingerichtet, neben dem Bruchsteinmäuerchen, vor dem länglichen Rosenbeet. Mit Stäben und Holzlatten aus dem Keller bauten wir Ställe und Boxen. Darin erholten sich unsere Steifftiere von den Wunden und Malaisen, die sie sich auf freier Wildbahn zugezogen hatten. Bobbi patrouillierte im Busch und ich mistete den ganzen Morgen die Ställe aus, wechselte Verbände und tröstete die armen Patienten.

Mittags saßen wir auf der Veranda und verspeisten große Portionen Buletten mit Nudelsalat. Ein nicht mehr ganz so gutes Leinentuch aus Oma Elses Erbe auf Bobbis Kinderschreibtisch, und schon war das eine hochherrschaftliche Kolonialvillatafel. Wir saßen unter dem üppig blühenden Glyzinienbusch. In dem summte und brummte es wie in einer Imkerei, und Hilla servierte uns immer wieder nach. Sie war das Hausmädchen, sagte ›Herr Daktari‹ und ›Fräulein Paula‹ zu uns und bediente wirklich erstklassig. – Manchmal spielten wir auch tagelang oben auf der Terrasse vor meinem Zim-mer. Aber jetzt mal genug davon.«

»Warum denn?«, fragte Paul und klang ein wenig enttäuscht.

»Ich rede viel zu viel.«

»Wie Sie meinen. Ich meinerseits bestehe darauf, noch zu erfahren, was auf der Terrasse los war.«

»Na gut, wie Sie wünschen. Die Terrasse war ringsum eingefasst mit einem schmiedeeisernen Gitter. An der Querseite gab es ein niedriges Backsteinmäuerchen, das trennte das Garagendach von dem des Nachbarn ab. Es ließ sich herrlich rittlings darauf sitzen und Karten spielen. Wir hatten richtig viel Platz auf der Terrasse. Vor ihr stand ein alter, hochgewachsener Birnbaum, und in seinem Schutz hatten wir eine eigene Welt, nur für uns allein.

Am liebsten spielten wir dort oben Schule, schleppten die Schreibtische hinaus, kleine Kisten, Stühle, Hocker, alles wurde Mobiliar im Klassenzimmer. Die Schülerschar bestand aus Teddys, Puppen und einem von uns. Der andere war jeweils Lehrer. Ich hatte für jeden Schüler eigens ein Schulheft gebastelt, mit Etikett vorne drauf. Da standen die Namen. Fanny Stöpsel zum Beispiel, Päule Liederlich oder Gertrud Andersrum, nach meiner Patentante. Die hieß eigentlich Andresen, mit Mädchennamen, hatten meine Eltern gesagt. Ich fand das komisch. Sie war doch eine Frau und kein Mädchen wie ich. Aber sie hatte keinen Mann gefundenen und meine Eltern dachten deshalb, sie sei vielleicht ›andersrum‹, was ich überhaupt nicht verstand. Ich fand sie ganz richtig rum, so wie sie war.

Also in diesen Schulheften gab es natürlich ganz unterschiedliche Schriftzüge und Leistungen. In den meisten wimmelte es von Fehlern, Klecksen, Eselsohren und meinen roten Markierungen. Ich hatte aber auch zwei Exemplare fabriziert, die fast ohne Fehl und Tadel waren. Sie gehörten Horst Klüger, das war Bobbis Teddy, und der Klassenbesten, Jenny Hechtsprung, meiner Lieblingspuppe aus Afrika. Eine sogenannte Negerpuppe, die waren damals groß in Mode. Damals gab es auch noch Negerküsse und, man soll's nicht glauben heutzutage, Paul, aber es gab tatsächlich auch die ›Judenfürze‹.«

»Ja, ich weiß«, sagte Paul langsam, »die haben wir auch angezündet und knallen lassen. Und niemand fand etwas dabei. Verrückt.«

»Wenn wir keine Lust auf Schule mehr hatten, spielten wir Zahnarzt mit derselben Belegschaft«, fuhr ich fort. »Oder wir ritten tagelang durch den Wilden Westen. Dass wir nicht einen Millimeter dabei vom Fleck kamen, hätte höchstens ein dummer Erwachsener bemerken können. Wir jedenfalls waren in der Prärie unterwegs, vorbei am Silbersee, guckten Sonnenuntergänge, sattelten auf, sattelten ab, versorgten die Pferde und richteten ein Biwak her, samt Lagerfeuer. Ohne Feuer versteht sich. Ich hatte mir das bequeme Backsteinmäuerchen gesattelt und Bobbi bestieg seinen Schreibtisch. Als Satteltaschen hatten wir zwei Wanderrucksäcke aus olivfarbenem Stoff mit dunkelbraunen Lederriemchen und Schnallen. Die sahen wirklich nach Pferdezeugs aus.

Hilla nannte die Rucksäcke ›Himbeeren‹. Wenn bei einem von uns Wandertag in der Schule anstand, machte sie am Abend vorher Hagebuttentee und rief: ›Ich geh mal eben in den Keller, die Himbeere holen!‹ Wir hatten nie wirklich verstanden, was diese grünen Stoffrucksäcke mit Himbeeren zu tun haben sollten. Aber wir vergaßen jedes Mal zu fragen, wir lagen dann schon im Bett. Irgendwann haben wir uns nicht mehr gewundert.

Jedenfalls nahmen wir als Zügel die Ledergürtel aus Hartmuts Kleiderschrank. Die hatten wir alle hintereinander geschnallt und irgendwie an die Pferde drangefriemelt. Die Steigbügel waren aus dickem Bindfaden. Unsere Pferde hatten Namen und ein sehr gutes Leben bei uns. Meine Stute hieß Nschotschi und Bobbis Hengst Pierre Brice. Die beiden wurden den ganzen Tag über gestriegelt, gefüttert, getränkt und immer sehr, sehr lange durch die herrlichsten Landstriche des Wilden Westens bewegt.

Bobbis Schreibtischhengst war ziemlich breit und die harten Kanten schnitten ihm in die Knie. Bald fing er an zu jammern, er könne nicht mehr sitzen und ob wir nicht mal tauschen könnten. ›Bitte, bitte, Emmi, büttäää, nur bis Colorado!!!‹. Ich bin dann einfach davongaloppiert und tat so, als ob ich nichts höre. Ich war die Chefin, die Häuptlingssquaw, und Bobbi musste sich fügen. Er war extrem gutmütig. Beim Absitzen hat er immer ziemlich theatralisch gestöhnt: »Mann, jetzt habe ich mir aber einen ganz schönen Wolf geritten.«

Wir hatten die Bushaltestelle erreicht. Paul stand vor der ramponierten Tafel mit dem Fahrplan, kniff ganz leicht die Augen zusammen und warf dann einen Blick auf seine altmodische goldene Armbanduhr.

»Jetzt habe ich aber ganz schön viel am Stück erzählt.«

»Wir haben noch elf Minuten«, sagte Paul und setzte sich auf das Holzbänkchen.

Ich blieb am Straßenrand stehen.

»Was war eigentlich mit Ihrem großen Bruder – wie hieß er noch gleich?«, kullerte Pauls Stimme aus dem schäbigen Wartehäuschen.

»Arne. Ich weiß gar nicht. Arne war ja schon elf, als Bobbi kam. Bobbi und ich waren immer ›die Kleinen‹ und er ›der Große‹, obwohl wir alle fast gleichviel Jahre auseinander waren. Fünf beziehungsweise sechs. Ich habe kaum Erinnerungen an ihn damals. Wir hatten ein schräges Verhältnis.«

»Wie meinen Sie das?«

»Wir haben unter einem Dach gelebt, gingen auf dasselbe Gymnasium und haben zuhause kein einziges Wort miteinander gesprochen. Meine Schulfreundinnen fanden Arne ganz toll. Er sah auch wirklich sehr gut aus und ich war immer ein bisschen stolz darauf, dass das mein Bruder ist. Ich wäre nie auf die Idee gekommen, ihn mal zu fragen, warum er mich meidet und nicht mit mir spricht. Für mich war das normal. Außerdem hatte ich Bobbi. Meine Eltern haben sich nicht weiter gewundert. Ich glaube, denen ist das gar nicht aufgefallen.«

»Was?«

»Dass wir nicht miteinander gesprochen haben. Jetzt reden wir übrigens oft miteinander. Wir holen vieles nach, seit unser Vater gestorben ist. Haben Sie ein gutes Verhältnis zu Ihrer Schwester?«

Ich setzte mich zu ihm auf das Bänkchen.

»Wir sind sehr verschieden.«

Ich wusste genau, was er meinte.

Zu unseren Füßen lag ein halbzerknülltes, plattgetretenes Stück Zeitungspapier.

Die Anzeige eines Möbelhauses war zum Teil noch erkennbar, die fett gedruckten Worte Polster, Zuhause und Kindeswohl. Letzteres hatte mit dem Möbelhaus wahrscheinlich nichts zu tun.

»Ich muss gerade daran denken, dass Arne bei der Auflösung unseres Elternhauses vor drei Jahren eine Art Gebrauchsanweisung für Bobbi gefunden hat. Im Schrank, wo die Fotoalben standen.«

»Wie?«, fragte Paul irritiert.

»Das war der Durchschlag von zwei DIN A4-Seiten. Hilla hatte sie mit der Maschine getippt und später mit Bleistift oben drangeschrieben ›Original für Beckers‹.«

»Waren das Verwandte?«

»Nein, das war ein Kollege aus dem Institut meines Vaters, dessen Frau und ihre kleine Tochter Monika. Die Beckers. Wir hatten ja keine Verwandten in derselben Stadt und mit Oma Else hatte es mal wieder Krach gegeben. Wir fuhren über Weihnachten in den Skiurlaub. Bobbi war anderthalb und unsere Eltern fanden, so kleine Kinder hätten nichts vom Reisen. Also wurde Bobbi zu Beckers gebracht.«

»Kannte er die denn?«

»Nein.«

»Wie lang ging denn der Urlaub im Schnee?«

»Knapp zwei Wochen.«

»Aber er war doch noch so klein und in einer völlig fremden Umgebung.«

»Tja. Damals war man eben der Meinung, Kinder kriegen sowieso nichts mit. Hauptsache, sie sind versorgt. Meine Eltern dachten da rein praktisch.«

»Und was stand in der Gebrauchsanweisung?«

»Da stand, wann Bobbi geboren und wogegen er geimpft ist, dass er weder lesen noch schreiben kann, was er für Worte und Laute benutzt, um sich verständlich zu machen. Wie in einem Fremdwörterlexikon war das aufgelistet. ›Laaf‹ war Fleisch und ›Mö‹ hieß Strümpfe. Was er isst, was er angezogen bekommt, seine kleinen Gewohnheiten, dass er von sieben bis halb acht schläft, und dass man ihn im Halbschlaf erfolgreich aufnehmen und zum Wasserlassen auffordern könne zwischen zehn und zwölf, und dass er nach dem Mittagessen schläft, bis zu zwei Stunden, wenn er, – wörtlich! – ›konsequent allein gelassen wird und auf sein Rufen keine Reaktion erfolgt‹.«

Paul schaute stumm auf den unappetitlichen Papierfetzen am Boden.

»Das Ganze war wie die Parodie auf eine wissenschaftliche Abhandlung verfasst, es sollte lustig sein. Mein Vater fand das originell. Es war unverkennbar sein Stil. Keine Ahnung, wie meine Mutter das fand. Sie hat vermutlich ohne Widerspruch getippt, was er diktiert hat. Es war sicher keine böse Absicht. Arne und ich waren entsetzt, als wir das lasen.«

Paul sah auf einmal seltsam in sich zusammengesunken aus. Er strich sich mit Daumen und Zeigefinger über die geschlossenen Lider in Richtung Nasenwurzel. Dann hörte ich ihn einatmen, als ob sein Zwerchfell sich drei-, viermal schütteln müsste.

»Paul?«, fragte ich, »ist Ihnen nicht gut?«

Er nahm wie in Zeitlupe die Finger von den Augen, richtete sich wieder auf und schaute mich an.

»Paul«, sagte ich und legte ihm meine Hände sachte auf den Arm.

Paul weinte.

Dann kam der Bus.

7

Zwischen den Jahren. Ein magischer Raum. Zwischen noch nicht und nicht mehr. Das alte Jahr, ein zerschlissenes Fähnchen, flattert hoch oben am Mast, von eisigen Winden gezaust, und es sehnt sich danach, nun endlich, endlich abgehisst zu werden. Ausgetauscht durch eine prächtige, neue Flagge in leuchtenden Farben.

Ich komm mit dir mit, gar keine Frage, hattest du am Telefon gesagt, ohne dass ich dich darum bat, weil auch du nicht wolltest, dass Ella und Mabel das tun müssen. Schwester im Herzen. Ich kann dir nicht genug danken dafür, dass du dich sofort in den Flieger gesetzt hast, um mich zu begleiten und mir beizustehen.

Das übliche Schmuddelwetter. Verfroren hatte ich ausgesehen. Ganz blaue Lippen und ganz schön blass, wie Lotte fand, als wir uns am Airport fest und lange in die Arme schlossen. Aber sonst hätte mir niemand ansehen können, dass ich vor fünf Tagen offiziell für sterbenskrank erklärt worden war.

»Du bist mir eine«, sagte Lotte und warf die Kofferraumklappe zu.

Die ganze Fahrt über hatten wir im Auto Quatsch gemacht und viel gelacht. Mit Lotte ist es einfach immer lustig. Sie hat mich mal vor vielen Jahren ›adoptiert‹, wie ich gern zum Spaß erkläre, wenn uns jemand danach fragt, woher wir uns kennen. Das war in einer Produktion am Theater. Sie, noch Schauspielschülerin, im Chor. Ich mit einer Hauptrolle.

»Hallo«, hatte sie eines Tages in der Kantine zu mir gesagt und sich zu mir gesetzt. »Ich bin Lotte, und ich finde dich toll.«

So wurden wir Schwestern, sehen uns sogar ein wenig ähnlich. Lotte ist jünger als ich, rothaarig, prall, den Lebensfreuden zugewandt, mit einem schönen Sinn fürs Praktische begabt. »Entschuldigen Sie bitte, was haben Sie zur Zeit für Marken-BHs im Angebot?« Das ist so eine typische Lotte-Frage. Zielstrebig hatte sie damit im Warenhaus einmal eine Fachkraft anlocken wollen. Ich muss heute noch lachen über ihren vornehm näselnden Versuch, mir zu einem Wäschestück der höheren Preisklasse zu verhelfen. Er scheiterte in Bausch und Bogen. Vielleicht auch, weil Lottes Stimme klingt, als seien Zarah Leander und Rod Stewart ihre Erzeuger. Die mollige Verkäuferin im schlichten Zweiteiler gab jedenfalls erschrocken vor, momentan keine Zeit zu haben, und ich krümmte mich kichernd hinter dem Rondell mit verführerischen Morgenmänteln.

Wir waren so froh, endlich wieder beieinander zu sein. Seit Lotte mit ihrer Familie in Kopenhagen wohnt, sehen wir uns nicht mehr so oft.

Erst einmal gab es bei mir ein gemütliches Frühstück. Lotte kannte meine neue Wohnung noch nicht. Vertrautheit, Geborgenheit, Aufgehobensein. Und immer wieder ein verstohlener Blick auf die Uhr. Es kam uns absurd vor, dass wir sehr bald schon diesen Termin hatten, und wir wurden immer stiller. Schließlich fuhren wir los.

Das Universitätsspital ist einschüchternd groß. Über eine eigene Ausfahrt ging es direkt von der Straße hinunter ins unterirdische Parkhaus. Wegweiser lotsten uns von dort aus weiter. Einer von vier Fahrstühlen mit knallroten Türen brachte uns wieder hoch, in die oberen Etagen. »Fünfter Stock«, erklang es aus einem Lautsprecher, quäkig akzentuiert wie beim Diktat für Rechtschreibschwächlinge. Ein kurzer Klingelton, die Tür schob sich auf. »Wiedersehen, einen schönen Tag noch«, wünschten wir dem alten Mann im Rollstuhl, der mit uns gefahren war. Er nickte stumm und schien weit weg zu sein.

Station 5, Hämatologie/Isolierstation. Das Schild zeigte nach links.

Wir fanden uns vor einer Glastür wieder. Ich spähte in den Flur hinein. Lotte schloss ihre Sachen und ihren Mantel in einen Spind. In meinem Kopf begann es wieder zu zischen.

Bitte klingeln. Lotte drückte mich noch einmal fest, ich drückte den Knopf rechts neben der Tür. Aus einem der Zimmer weiter hinten im Gang kam ein Frauenkopf zum Vorschein und verschwand sofort wieder. Wenige Sekunden später bewegte sich eine zierliche Gestalt in Weiß mit energisch schwingenden Armen auf uns zu. Sie war sehr jung und hatte diesen etwas achtlos zusammengewurschtelten Dutt auf dem Scheitel, den viele Mädchen dieses Alters derzeit tragen.

»Emilie Bundschuh«, stellte ich mich vor, »ich werde hier erwartet. Das ist meine Schwester, Frau Reichweg.«

»Ja«, intonierte die junge Frau gedehnt und freundlich. »Willkommen. Ich bringe Sie gleich auf Ihr Zimmer. Ist das alles, was Sie dabeihaben?«, fragte sie mit Blick auf meine Reisetasche. »Sie werden hier ja ein bisschen länger bleiben müssen.«

»Ja, das ist alles. Ich bleibe hier nur für eine Nacht und die Tests morgen früh. Nächste Woche komme ich wieder, mit Sack und Pack.«

»Ah ja?«, entfuhr es ihr ungläubig. »Ist das abgesprochen?«

»Ja«, sagte ich ruhig. »Ich habe mir noch ein wenig Zeit ausbedungen.«

Ich fand es nicht angebracht, der jungen Frau hier auf dem Flur zu sagen, warum und weshalb. Dass ich mich mit Nina beraten und danach mit einem Arzt der Station telefoniert hatte, um ihm zu erklären, dass es mir wichtig sei, mich mental gut auf eine Therapie vorzubereiten, die meinem Körper und meiner Seele derart schwer zusetzen würde.

»Frau Bundschuh, es besteht bei Ihnen dringender Handlungsbedarf«, hatte der Arzt im Tonfall eines Pädagogen weniger zu bedenken gegeben als eindringlich gewarnt. Wenn Sie in Mathe nicht sofort Nachhilfe nehmen, sind Sie versetzungsgefährdet.

»Ja, ich verstehe«, hatte ich erwidert, »aber keine Krankheit der Welt entwickelt sich in einer Woche so schnell weiter, als dass sie nicht auch dann noch behandelbar wäre. Ich brauche noch etwas Zeit.«

Darauf hatte er nichts mehr entgegnet. »Wie Sie wollen. Dann erwarten wir Sie zum Erstgespräch und den weiteren Untersuchungen am Siebenundzwanzigsten auf der Station fünf.«

»Na denn«, sagte die Frau mit dem Dutt und wir folgten ihr den Flur hinunter. Rechts und links lauter Zimmer ohne Türen. Ein Küchenbereich. Ein Magazin für Medikamente, Gerätschaften aller Art. In einer schummrigen Ecke eine ganze Armee von Infusionsständern. Hagere Gesellen aus Metall, mit Rollen und Haken an den dürren Leibern. Wie Streitkräfte im Waffenstillstand lungerten sie dicht zusammengedrängt herum, schienen gelangweilt und wussten wohl nicht so recht, wohin mit sich. Es fehlte nur noch, dass sie sich Zigaretten drehten oder Karten spielten.

Am Ende knickte der Flur neunzig Grad ab nach links. Dort waren die Türen zu unserer Rechten geschlossen. Schilder mit Nummern und den Initialen der Patienten in Großbuchstaben. Darunter entweder ein grüner oder ein roter Balken, eine Kennzeichnung, von der ich noch nicht wusste, was sie zu bedeuten hatte.

Etwas kam mir sofort sehr seltsam vor auf der Station, und erst nach einigen Schritten fiel mir ein, was es war: die Farben. Es fehlten die Farben. Außer dem Rot und dem Grün der Balken war alles weiß oder grau. Linker Hand Fenster aus Glas, dahinter Tische und Kommoden, Computer und Geräte, an ihnen vorwiegend Frauen, sitzend, stehend, gehend, alle in Weiß, und manche von ihnen hatten einen Streifen mitten im Gesicht. Einen türkisblauen Mundschutz.

Eine weitere Farbe, immerhin, dachte ich, wie in diesen Arztschmonzetten, wenn gutaussehende Chirurgen vor offenen Bäuchen sonor ins Vlies mümmeln:

»Tupfer! Schere! Skalpell!«, und emsige Schwestern deren Kommandos subito ausführen.

»Bitte sehr, das wäre dann Ihr Zimmer.«

Am Ende des Ganges standen wir vor Zimmer 2555, Patientin E.B., und einen grünen Balken konnte ich noch rasch auf dem Schild neben der Tür ausmachen, bevor die junge Frau sie öffnete und wir eintraten.

E.B., das war ich. Seltsam. Befremdlich. Und doch auch freundlich, vertrauenerweckend. Ja, ich wurde hier erwartet. Man würde sich meiner annehmen. Wir passierten einen engen, schummrigen Korridor.

»Ooooh!«, entfuhr es mir begeistert, als würde ich gerade in einem Hotel mit Meerblick einchecken. »Das ist ja eine Aussicht!«

»Ja, es ist unser schönstes Zimmer«, sagte der kleine Dutt.

Eine zimmerhohe, breite Fensterfront an der Stirnseite des Raumes ließ für einen schönen Willkommensmoment Drinnen und Draußen verschmelzen. Ich setzte die Tasche ab und ging sofort mit ausgebreiteten Armen dem Licht entgegen, bereit zum Rundflug über die ganze Stadt, die sich weitläufig vor mir auftat. All die Gebäude, die ich nur von unten kannte, das hügelige Umland und dort – mein lieber, sanft geschwungener Berg, zu dessen Füßen, jenseits der deutschen Grenze, das Winzerstädtchen liegt, in dem ich damals wohnte. Jeden Quadratmeter seines bewaldeten Rückens kannten meine Füße persönlich. Wie oft hatte ich mich in seine Flanken geschmiegt, hinein in die Streuobstwiesen, war an seinen beruhigend linientreuen Weinstockzeilen entlangspaziert. Stets hatte er mir Kraft und Trost gespendet, der Berg, wann immer ich es nötig hatte, und manchmal war es bitter nötig gewesen. Jetzt auch. Ich schluckte.

Im nächsten Moment fiel mir auf, wie starr und sperrig sich die Luft des Raumes beim Einatmen anfühlte, und ich suchte vergeblich nach einem Fenstergriff.

»Kann man das Fenster nirgends aufmachen?«, fragte ich.

»Nein, das geht nicht zu öffnen«, sagte die junge Pflegerin vom Fach, »frische Luft wäre viel zu gefährlich für die Patienten.«

»Wieso?«, wollte ich wissen und schluckte erneut. »Ich brauche frische Luft, ich schlafe immer bei offenem Fenster.«

»Ja«, sagte sie zerstreut, »jetzt kommen Sie erstmal hier an. Ich sag' Bescheid, dass Sie da sind. – Noch etwas!« Sie drehte sich noch einmal um und zeigte auf das Telefon neben dem Bett. »Wenn Sie etwas trinken wollen oder sonst einen Wunsch haben, können Sie einfach auf den gelben Knopf rechts unten drücken. Sie sind dann direkt mit dem Catering verbunden. Und die Getränke im Kühlschrank stehen Ihnen natürlich auch zur Verfügung.«

Ich bedankte mich, und sie verschwand auf leisen Sohlen. Das Türschloss klickte taktvoll sachte.

Lotte und ich sahen uns um. Es war vollkommen still. Das bunte Dächermeer der Altstadt schwappte durch das riesige Fenster zu uns herein. Auch das nüchterne Mobiliar im Zimmer schien vom Panorama überwältigt. Das schmale Bett mit leicht hochgestelltem Kopfende, frisch bezogen, in blütenreinem Weiß, darüber eine nach vorn gebogene Stange, an der eine dicke Triangel hing, ein Haltegriff.

Das muss unbedingt weg, dachte ich. So ein Ding direkt überm Kopf ist fengshuimäßig das allerletzte, da kann ich nicht schlafen. Dieser Galgen auf keinen Fall. Wenn schon Bett, dann schaffe ich es auch ohne ihn hinaus.

Neben dem Bett ein länglicher Tisch, einer Anrichte ähnlich, mit allerlei Utensilien, wohl für die Pflege. Zum Bad hin ein Wandschrank, dem Bett vis à vis an der Wand ein kleiner, weißer Kunststofftisch und zwei graue Plastikstühle. Darüber ein wuchtiger Flachbildschirm in erschlagendem Schwarz. Am Fenster in der Ecke ein komfortabel wirkender Sessel aus hellgrauem Kunstleder mit Metall-Armlehnen. Ein gekacheltes Badezimmer, eine Kloschüssel. Das Schild draußen an der Schiebetür bestand darauf, dass die Toilette nur von Patienten benutzt werden dürfe.

Eine Dusche, ihr Abfluss ein vergittertes Viereck direkt im planen Boden aus kleinen, weißen Keramikquadraten. Ein milchiger Plastikvorhang, ein Waschbecken, darüber ein Spiegel, daneben eine Ablage für persönliche Dinge.

In einer Linie mit dem Tisch Richtung Tür ein klobiger Hometrainer. Am Fenster in der Ecke links der Kühlschrank. Aufscheinende Farbtupfer hinter dem abgedunkelten Glas. Die blauen und roten Etiketten auf den Flaschen eines Erfrischungsgetränkes. Eine Minibar. Luxuriös. Wie in einem Fünf-Sterne-Hotel. Wenn nur das ganze Interieur nicht diese herzlose Funktionalität ausdünsten würde.

Mir wurde plötzlich sehr ungemütlich zu Mute. Lotte legte den Arm um mich.

»Du machst es dir hier so persönlich wie möglich«, sagte sie leise.

»Es muss ganz bunt werden hier drinnen. Bilder, Fotos, alles, was schön ist und dir etwas bedeutet, das hängst du hier auf und stellst es dir hin. Guck mal, hier ist auch noch ganz viel Platz für deine Sachen.«

Sie zeigte auf das lange, breite Fensterbrett. Es würde sich sogar darauf sitzen lassen. Es kaschierte zwei dicke Heizungsrohre über dem Boden.

»Ja«, sagte ich still, spürte, wie Lottes Wärme sich beruhigend in mir verteilte und wünschte, wir könnten ewig so stehenbleiben vor dem Fenster.

»Komm, wir bestellen dir jetzt erstmal einen Cappuccino!«

Ich raffte mich auf, nahm den Telefonhörer ab und drückte den gelben Knopf auf dem schwarzen, flachen Kunststoffapparat. Er stand auf einem brusthohen Container mit zahlreichen Schubladen.

Wenige Minuten später klopfte es an der Tür, und eine liebenswürdige ältere Frau, auch sie in einem weißen Kittel, stellte das Tablett auf den Tisch. »Wohl bekomm's«, wünschte sie freundlich in ihren Mundschutz hinein. Allmählich dämmerte mir, dass ich es in der nächsten Zeit hier immer nur mit Menschen zu tun bekäme, deren Gesichter ich nicht würde lesen können, oder eben nur zu einem Drittel. Mir wurde heiß. Ich zog die Wolljacke aus und wünschte, an meinem Bauchnabel befände sich ein Zipper, ein Reißverschluss, den ich aufziehen könnte, um aus meiner Pelle herauszusteigen, raus aus diesem Ganzkörperoverall, mit dem ich peinvoll verklebt war. Lotte ließ sich den Cappuccino schmecken.

»Ausgezeichnet!«, lobte sie. Ich war beeindruckt. Tischlein deck dich. Tischlein deck dich wieder ab.

Das war seit jeher ein Wunsch von mir. Hier schien er sich zu erfüllen. Ein bisschen anders als gedacht, aber immerhin. Interessant, wie es so kommen kann im Leben, merkte der Stirnlappen an, und ich rechnete mal eben die Quersumme der Zimmernummer aus. Siebzehn. Der Stern – mein guter Stern. Mein Leitstern. Ich folge dir nach, komme, was wolle.

Poch-poch. Ärzte haben diese unverkennbare Art, an die Tür zu klopfen. Zwischen Klopfen und Öffnen gibt's keine Andacht, keinen stillen Prolog. Poch-poch ist ein Warnzeichen, der Druck auf die Klinke lässt die Gestalten in Weiß sofort mit der Türe ins Haus fallen. Dein Haus, das sie zum Einsturz bringen werden auf kurz oder lang, es sei denn, du stellst vorsorglich ein paar Pfeiler zum Abstützen auf.

Zwei Männer betraten das Zimmer. Der eine sehr groß. Der andere sehr klein. Wie hießen die nochmal, die beiden, diese Komiker, nicht Dick und Doof, überlegte ich fieberhaft.

Der Hüne stellte sich mit Dr. Herd vor. Sein schlaksiger Körper steckte in einer schwarzen Röhrenjeans und einem weißen Kurzarm-Poloshirt. Leicht gebräunte, überlange Arme ragten jungenhaft daraus hervor. Mein Stirnlappen summte sofort los: Mitten im kalten Winter, eine Zeile aus dem Lied über den Ros', der vor drei Tagen erst entsprungen war. Dunkelbraune, vom Zahn der Zeit zernagte Locken. Um die rehbraunen, durchaus warmen Augen zirkulierte etwas Müdes, etwas, das dringend Aufmunterung hätte vertragen können, wie ich fand. Der Rest des Gesichtes erschloss sich mir nicht, er war durch ein türkisblaues Rechteck vor Mund und Nase von mir getrennt. Den sichtlich jüngeren Mann neben sich stellte Dr. Herd uns mit Assistenzarzt Dr. Ju vor.

Wir gaben uns alle die Hand. Die von Dr. Herd war ein bisschen feucht. Meine sehr kalt. Pat und Patachon. Endlich fiel es mir ein.

Dr. Tim Ju las ich auf dem Schild am Kittel. Er sah asiatisch aus, soweit ich das erkennen konnte. Ob Tim sein Vorname ist? Ich kenne mich mit asiatischer Namensgebung nicht aus. Sein »Guten Tag« klang tadellos, und ich schämte mich für einen Bruchteil von Sekunden. Mein Stirnlappen meint nämlich immer noch, dass aus einem asiatischen Gesicht nichts anderes herauskommen könne als Gutten Tak, ibin Tim Ju. I stuldiele Klaviel bei Pofesselol Held. Das hat er noch gespeichert aus meinen Zeiten an der Musikhochschule, wo es vor Asiaten nur so wimmelte.

Dr. Herd nahm auf dem Fensterbrett Platz und schlug seine langen Beine übereinander. Die spitz zugeschnittenen Wildlederschuhe von italienischem Chic zeigten wie Abwehrraketen in den Raum. Geschätzte Größe 46. Der eine am Boden. Der andere bereits in der Luft, direkt auf mich ausgerichtet.

Lotte hat Schuhgröße 42. Sie saß mit ihrem Cappuccino im Sessel. Der junge Ju holte die beiden Stühle vom Tisch und rückte sie für uns zurecht.

»Schreib mit«, sagte ich zu Lotte, und zu den Doktoren: »Ich werde mir nicht alles merken können.«

Mit Dr. Herd hätte ich unter anderen Umständen vielleicht sofort begonnen, ein wenig zu flirten, er gefiel mir im Prinzip. Doch er faltete plötzlich die Hände im Schoß und krallte im Folgenden seine Finger immer wieder so fest zusammen, dass die Knöchel ganz weiß wurden. Das fand ich unsexy, es sah aus, als ob seine Hände herumdrucksten. Herumgedruckst würden. Überhaupt kam mir der ganze, lange Mann grundsätzlich sehr verdruckst vor, mit seinem mageren, gekrümmten Oberkörper. Er musste mir nun erklären, was genau ich hätte und was sie jetzt aus medizinischer Sicht dagegen zu unternehmen gedächten. Dabei schien er sich innerlich zu winden wie ein Aal.

Ogottogott, der arme Mann, der hat die Hosen voll. Wahrscheinlich will er mir nicht sagen, dass eh alles gar keinen Zweck mehr hat, dachte ich. Dass es ganz, ganz übel um die nette Frau bestellt ist, die ihm gegenübersitzt, leider, leider, jammerschade. Die Knöchel platzen gleich. Wie Eiterbeulen. Sie hielten stand. Dafür platzte es aus mir heraus: »Wie sind denn meine Überlebenschancen?«

»Tja«, sagte Dr. Herd und knetete sich einen ab. »Ich würde mal sagen: fünfzig zu fünfzig.«

Lotte kritzelte auf den kleinen Notizblock mit dem Kliniklogo. Ich kritzelte mit meiner Zungenspitze im Mundraum auf allem herum, was sich ihr in den Weg stellte.

»Es kommt darauf an, ob die Therapie überhaupt anschlägt und wenn, wie viel Prozent wir erreichen. Wenn es gut läuft, sind das meistens so um die siebenundneunzig Prozent«, erläuterte der dünne Doktor. Ich bekäme am ersten Januar einen zentralen Venenkatheter in die Halsvene gelegt, das sei nur ein kleiner chirurgischer Eingriff, und dann würden mir mit der sogenannten Induktionstherapie sieben Tage lang, jeweils in einundzwanzig Stunden, verschiedene Zytostatika verabreicht. Hochgiftige Substanzen. Bei den Nebenwirkungen hörte ich nicht so genau hin.

Dr. Jus Mandelaugen, umrahmt von einer topmodischen Designerbrille, zu der wir früher Kassengestell gesagt hätten, blickten verhangen auf den Boden. Ich hob ab und zu den Kopf und warf meinen Blick, wie weiland Liesel Westermann ihren Diskus, mit aller Kraft durch das große Schaufenster, hinaus in die wirkliche Welt. Am Himmel wurden voluminöse Wolkengebilde vor graublauem Hintergrund von rechts nach links geschoben. Der riesige pyramidenförmige Hochhausturm eines führenden Pharmakonzerns, der in den letzten drei Jahren aus der betulichen Altstadtkulisse herausgewuchert war und nun das Stadtbild dominierte, winkte wie eine überdimensionale Haifischflosse zu mir herüber.

»Würden Sie das eigentlich auch alles mit sich selber machen lassen?«, fragte ich den Mann auf dem Fensterbrett, dessen Schuhspitzen in der Stille, die plötzlich eingetreten war, ein Eigenleben entwickelt hatten. Ich meinte, in seinen Augen ein leicht panisches Flackern zu entdecken und hatte Vic Dorn vor Augen. Loriot. Den international gefeierten Horrorfilmdarsteller im Interview mit der begnadeten Evelyn Hamann. Sein durch die schiefen Zähne gemampftes ›Nun, mein Vater war Kirchendiener in Westfalen, meine Mutter ist unbekannt‹. Den einsetzenden Lachreflex lenkte ich gerade noch rechtzeitig in ein Hüsteln um. Ich wurde dieses Bild nicht los. Wie Evelyn Hamann ihren ganzen schrägen Siebzigerjahre-Charme aufbot, um Vic Dorn zu bitten, wenigstens einmal, ein einziges Mal für die Fans seine berühmte Horrormaske abzusetzen. Und Vic Dorn fragt irritiert: ›Wie? Was? Was für eine Maske?!‹, und sieht dabei genauso aus wie Dr. Herd.

»Das weiß ich nicht. Ich bin doch nicht in dieser Situation«, erklang es hinter Dr. Herds sterilem Mundschutz, als würde er nicht nur herumgedruckst, sondern als würde ihm auch von irgendwoher souffliert. Ich ließ nicht locker.

»Aber wie sähen Sie aus, wenn Sie nach den acht Tagen hier ins Zimmer kämen, um mir zu sagen: ›Herzlichen Glückwunsch, Frau Bundschuh, die Therapie hat zu hundert Prozent angeschlagen?‹«

Lotte hatte aufgehört zu kritzeln, Dr. Ju saß plötzlich kerzengerade an der Stuhlkante. Dr. Herd schaute mich mit seinen rehbraunen Augen so entgeistert an, als hätte ich ihm gerade ein unmoralisches Angebot gemacht. Als hätte ich gesagt, komm Junge, wir lassen das hier alles sein und fliegen morgen zusammen nach Honolulu.

»Keine Ahnung.«

»Aber wenn die Therapie optimal anschlagen würde, würden Sie sich dann für mich freuen?«

Ein entwaffnendes Lächeln ging plötzlich auf Reisen, Sonnenstrahlfalten um seine Augenwinkel erhellten den Raum und zerschnitten das Netz, in dem wir alle gefangen waren.

»Sehen Sie!«, sagte ich, »das wollte ich sehen! Das fotografiere ich jetzt.«

Ich schnalzte kurz mit der Zunge und tat, als ob ich eine kleine Kamera bediene.

»Genau dieses Lächeln merke ich mir. Daran werde ich ab jetzt immer denken. Ich brauche nämlich positive Bilder, mit denen ich arbeiten kann.«

Ich weiß nicht mehr genau, was er daraufhin sagte. Vermutlich nichts. Sonst wüsste ich's noch. Dr. Ju sah allerdings mit einem Male überwach aus.

Als die beiden Spezialisten sich verabschiedet und die Tür ins Schloss gedrückt hatten, brachen Lotte und ich in schallendes Gelächter aus. Was hätten wir auch tun sollen. Manchmal hilft einfach nur noch die Kunst, von sich selbst abzusehen. Humor.

8

Frühmorgens hatte ich Lotte zum Flughafen gebracht. »Ich komm bald wieder«, versprach sie. Das war tröstlich, und am Nachmittag durfte ich dann meine beiden Herzblätter genau dort in die Arme schließen, wo ich Lotte verabschiedet hatte, am Terminal 2.

Überglücklich nestelte ich vor der Haustür das Schlüsselbund aus der Tasche, Ella und Mabel im Rücken mit ihren Rollköfferchen und ihrer Freude auf unsere Stunden zu dritt. Wir hatten es kaum erwarten können, endlich beieinander zu sein und uns gegenseitig Kraft und Halt zu geben. Gemeinsam wollten wir dem neuen Jahr die Türe öffnen. Es würde gleich an seinem ersten Tag mit meiner Reise ins Ungewisse beginnen.

Gespendetes Hämoglobin in meiner Blutbahn. Mein Segen, mein Auftrieb. Ich fuhr mit dem Auto durch die Gegend – doch, doch, durchaus – und ich fühlte mich fast wie sonst auch. In meinem Wagen und meinen eigenen vier Wänden gab's keine Bedrohung.

Das Schlüsselbund rasselte, mein Keuchen war stark. Dabei waren es nur etwa vierzig Stufen bis unters Dach. Im ersten Stock ein kurzer Stopp, die

Hände auf die Oberschenkel gestützt. Geht's Mama, sollen wir dich schieben, nein, nein, ihr Süßen, danke, geht, ich schaffe es schon. Aber sonst, was sollte sein? Hinter mir lagen zwei Tage auf der Station 5 des Universitätsspitals, und ich war heilfroh, dieser furchterregend eindimensionalen Welt fürs Erste entkommen zu sein.

»Oh Mama, so schön! Deine Wohnung ist einfach toll, so viel Platz!« Mabel ließ ihre Handtasche fallen und kreiselte mit ausgebreiteten Armen durch den hellen, freundlichen Raum, vorbei an der Kochinsel, hinüber zum Sofa.

Ella fasste ihre kleine Schwester bei den Händen und tat es ihr gleich. Ich schob das Gepäck aus dem Weg und mein Herz frohlockte ›An der schönen blauen Donau‹. Da da da da dam da dam da dam.

»Schön, wieder hier zu sein, in deinem wunderbaren Wolkenkuckucksheim«, rief Ella.

»Ich freu mich auch so sehr, dass ihr wieder mal hier seid«, sagte ich und befüllte den Kocher mit Wasser. Teemachen ist für mich eine Klammer, die alle bröckelnden Lebensphasen bisher noch immer verlässlich zusammengehalten hat.

»Jo hat uns Stollen für dich mitgegeben.«

Ella kramte in ihrem Koffer und überreichte mir ein rundliches Paket in Alufolie, mit einer roten Schleife um den breiten Leib.

»Same procedure as every year «, lachte sie. »Er hat wie immer Ende Oktober mit dem Backen angefangen. Die Dinger müssen ja erstmal ein paar Wochen liegen.«

»Danke!«, sagte ich gerührt, »wie lieb, den gibt es gleich zum Tee.«

Ich sah den Jo von damals vor mir, als er noch mein Mann war und wir als Familie zusammenlebten. Wie er in den ersten Novembertagen die Küche in Beschlag nahm, mit den großen Schüsseln voller Teig und Spezereien. Er knetete und formte und verbrannte sich am offenen Ofen, fluchte, hegte, pflegte seine Stollen wie Babys und pinselte sie ganz zum Schluss mit ausgelassener Butter ein.

Alle einzeln eingewickelt in Oma Elses alte Leinenservietten kamen sie dann in ihr flaches Bettchen aus Karton. Bis Weihnachten lagen sie einsam im Flur vor der Waschküche, weil es dort schön kühl war. Einmal bin ich in einen hineingetreten. Mir war, als ob ich ihn aufschreien hörte, und beinahe hätte ich mich bei ihm entschuldigt. Doch ich schrie dann nur zurück und fluchte auf Jo. Auf das Chaos, die verdammte Backerei und unser trauriges Scheitern als Paar. Jetzt tat mir das leid. Alles.

Ella und Mabel richteten sich lachend neben dem Flügel ihre Schlafnische ein.

Fünfzig zu fünfzig. Es kam mir absurd vor. Leben – das ist das hier, und zwar hundert Prozent: Ella und Mabel, Gelächter, Freude, Liebe, Tee kochen, Stollen essen bei Kerzenschein.

Ich weigere mich. Ich weigere mich ganz einfach. Hauptdarstellerin in einem Hollywoodschinkendrehbuch über Krankheit, Tod, Verlust. Love Story. Soweit kommt es noch! La la la la laaa. Die abgenudelte Schicksalsmelodie mogelte sich vom Stirnlappen her in das wieder einsetzende Zischen hinter meinen Trommelfellen. Ali MacGraw musste das Zeitliche segnen, und alle um mich her heulten in der Nachmittagsvorstellung der Gloria-Lichtspiele Rotz und Wasser. Ich nicht. Ich habe damals nicht geweint, und ich würde auch jetzt keinen Anlass zum Weinen geben. Kommt nicht in die Tüte. Ich lehne das ganz einfach ab. Annahme verweigert. Paket zurück.

»Mama!«, Mabel kam auf mich zu. »Schau mal, für dich zu Weihnachten nachträglich.«

Sie überreichte mir ein kleines Päckchen.

»Oh, danke, mein Herz, ich bin gespannt«, sagte ich, »soll ich es jetzt schon auspacken?«

»Wie du willst.«

»Ich mache es gleich, wenn wir alle zusammen sind.« Behutsam legte ich das Päckchen auf den Tisch.

»Guck mal hier«, sagte ich und nahm ein winziges Heft aus Goldfolie von der Kühlschranktür, wo es unter einem Magneten gesteckt hatte.

»Kennst du das noch?«

Mabel nahm es in ihre schmalen, langen Finger.

»Für Mama. Bon Heft«, entzifferte sie ihre krakelige Kinderschrift.

»Das hatten wir mal in der ersten Klasse gemacht. Zum Muttertag. Guck mal, das schiefe Herz. Dass du das noch hast.«

»Klar. Ich habe die Bons ja nie eingelöst.«

»Einmal Spiegelputzen«, las Mabel versonnen vor, »einmal Wäsche waschen.«

Sie blätterte weiter. »Einmal Garten spritzen, Tisch decken, Tisch abräumen. Guck mal, wie ich damals noch geschrieben habe! Einmal Tischdecken – das kann ich ja jetzt gleich machen. Reiß den Bon raus.«

»Auf keinen Fall«, sagte ich mit zärtlichem Blick auf die Linie aus winzigen, handgestanzten Perforationslöchern am Innenrand der Seite.

»Dann musst du aber wenigstens mit Datum reinschreiben, dass ich das jetzt gemacht habe.«

»Aber sicher, mein Herz. Dann musst du es auf keinen Fall ein zweites Mal tun«, lachte ich und pinnte das Heft an die Dunstabzugshaube.

»Zeig mal den Magneten«, sagte Mabel.

»A dirty house is a sign for a brilliant party. – Den hast du mir doch mal geschenkt, und ich fand das damals so doof«, sagte sie belustigt.

«Ja? Weiß ich gar nicht mehr.« Ich kicherte.

»Mama?«

»Ja, mein Herzblatt?«

Mabel trat plötzlich auf mich zu, legte mir ihre feingliedrigen langen Arme über die Schultern, kreuzte sie hinter meinem Kopf und ließ die Hände baumeln. Mabel ist auf faszinierende Weise eine sehr lässige, schöne junge Frau geworden. Mein kleines Quecksilber.

Sie schaute mich sehr ernst aus ihren grünblauen Augen an. Ohne den Blick aus dem meinen zu lösen, spielte sie zärtlich mit meinem offenen, dunklen Haar und kraulte mir den Nacken. »Mama, I love you so much«, sagte sie leise.

»I know, my Baby, I love you more«, sagte ich und zog sie an mich und wiegte sie ganz leicht. Ihr Haar roch wie früher, als sie noch aussah wie ein kleiner Buddha und ihre blonden Löckchen hatte.

Ellas Arme legten sich plötzlich zärtlich um uns beide, als wollte sie uns beschützen, uns, die wir hin und her schwankten wie ineinander verhakelte Ähren im Sommerwind.

Ella, unsere Große. Schneeweißchens Rosenrot. Mit ihrem riesigen goldenen Herzen, stets darauf bedacht, dass es auch ja allen gut geht. So standen wir für eine kleine Weile ohne Zeit- und Raumgefühl, die Köpfe dicht an dicht, am vorletzten Tag dieses Jahres. Der Kühlschrank wummerte leise.

Wenn man das U vom Wummern durch ein I ersetzt, kommt Wimmern heraus, fiel dem Stirnlappen ein.

»Die Laterne sieht übrigens toll aus auf dem Flügel.«

»Ich freue mich, dass sie noch rechtzeitig angekommen ist.« Ella löste sich als Erste.

»Ja, mein Herz, sie ist wirklich wunderschön«, sagte ich, »ich habe mich riesig darüber gefreut. Sie ist jetzt mein Lebenslicht. Ich danke dir sehr.«

Mabels Geschenk war ein kleines Fotoalbum. Mit ihrer Spiegelreflexkamera hatte sie immer mal wieder Szenen aus unserem letzten gemeinsamen Urlaub eingefangen. Im späten September auf einer griechischen Insel, dort hatten wir meinen runden Geburtstag gefeiert. Rund, bunt, eckig, scheckig, getupft, kariert, gestreift, geringelt war er gewesen, wunderbar und meiner würdig. Ein Wendepunkt. Einer, der in Familien gern in großer Runde zelebriert wird. In gemieteten Sälen, mit Tanzkapelle und neckischen Darbietungen. Irgendwer macht, natürlich heimlich, einen Fotobilderbogen und wirft ihn dann zu später Stunde per Beamer an eine halbwegs kahle Wand. Angeschickerte Verwandte rufen heiter in die Runde »Kumma, kumma, ist dat herrlich«. Kindheit, Schulzeit, Studium, Hochzeit und die ersten Enkelkinder. »Mensch, da guckste aber ganz schön skeptisch, was hamse denn mit dir gemacht? Kumma Mensch, da hinten, Onkel Alfons, Ulla noch im Petticoat, du glaubst es nicht, ich schmeiß mich weg. Da warste aber auch noch frischer, hahaha, jünger werden wir wohl alle nicht.«

Ich hatte keine Lust auf diese Sinkflug-Rituale, war mit Ella und Mabel am Strand und sprang täglich kreischend von einer kleinen Brücke in das schockierend kalte Flüsschen, das sich neben unserer Bucht ins Meer schlängelte.

Mein Geburtstag war der letzte unserer paradiesischen Tage auf der Insel gewesen. Vormittags hatten wir einen Ausflug ins nächstgelegene Städtchen gemacht. Mabel hatte ein wenig gemault. Sie wäre lieber am späten Nachmittag oder am Abend dorthin gefahren, um sich tagsüber noch einmal genüsslich im heißen Sand zu räkeln und sich von der Sonne kosen zu lassen. Daran musste ich später oft denken. Dass sie sich nicht hatte durchsetzen können gegen Ella und mich, und dass deshalb nichts mehr hatte werden können aus unserem Strandvergnügen an diesem besonderen Tag. Kaum waren wir zurück aus dem Städtchen, zog sich der Himmel zu. Es wurde kühl und dicke Wolken hängten ihre bleigefüllten Bäuche in die Bucht. Wir fröstelten. Ich war verstört und konnte es nicht glauben. Warum verdüstert sich am ersten Tag meiner neuen Lebensdekade, am letzten gemeinsamen Strandnachmittag der Himmel vor unseren Augen? Es kam mir vor wie ein böses Omen.

Ella und Mabel ganz dicht auf dem Sofa an meinen sehr dünn gewordenen Körper geschmiegt, so beugten wir uns über die Bilder und krochen in sie hinein, zurück in all die schönen Momente.

Unsere nackten Füße auf den glitschigen Steinen der pittoresken Mole, die immerzu vom Meer besabbert wurde. Der Tisch mit Aussicht in unserer Lieblingstaverne, prall bestückt mit Köstlichkeiten, wir drei schon lüstern mit Messer und Gabel in den hochgereckten Fäusten, die Gesichter in Vorfreude getunkt, in das blinkende Licht der Kamera lachend, Selbstauslöser. Jaaaa – jetzt!! Retsinagläser, die aneinander stoßen. Jamas!

Ella und ich, andächtig an die rosig schimmernde Kalkwand der Kapelle gelehnt, schauen den Schafen zu, wie sie friedlich in der goldenen Abendsonne karge Grasbüschel rupfen.

Am dritten Tag war ich früh morgens wach geworden von diesen Schafen und von dem eifrigen Hund, der sie irgendwo in der Ferne in ihre Weidegründe trieb. Mäh, mäh. Der Herr ist mein Hirte, fiel mir da wieder ein. Der einzige Psalm, den ich vollständig auswendig kann, weil ich ihn vor vielen Jahren mal auf der Bühne hatte beten müssen. Ich begann, ihn mir vorzuflüstern in der Dämmerung. Archaische Kraft entströmte seinen Worten. Worte, von denen ich damals noch nicht wissen konnte, dass sie sehr bald eine große Bedeutung für mich bekommen würden.

Der Tee, der Stollen, ein paar Kerzen verbreiteten Wärme und Feierlichkeit. Wir schwelgten in unseren Erinnerungen.

»Schöne Frauen«, sagte Ella.

»Schöne Zeit«, sagte Mabel.

»Wunderschöne Fotos«, sagte ich, »tausend Dank, mein Herz.«

Dass ich beim Betrachten einer ganz bestimmten Aufnahme zutiefst erschrak, erwähnte ich nicht. Mir sah darauf eine noch immer schöne Frau entgegen, mit schulterlangen dunklen Haaren, den geschmeidigen Körper in einem luftigen Kleidchen mit übermütigen, hellen Tupfen. Ihre Augen von einer tiefen Schwermut durchdrungen. Zwei Tunnelöffnungen, die mich beim Betrachten unerbittlich einzusaugen begannen und meine Seele umstülpten wie einen Handschuh, der auf links gedreht wird. Sie kam ins Trudeln, geriet in einen Schacht, und schließlich fiel sie hintenüber in die Tiefe eines lichtlosen Containers, dessen Wände schaurig widerhallten von einem leisen Wehgesang, fiel hinunter zu den Geistern, die wie ausgemusterte Textilien den Boden bedeckten. Erschlafft, verblasst, erloschen.

»Essen ist fertig!«, Ella und Mabel hatten am Abend gekocht. Ein Blech voller Ofengemüse stand auf dem Tisch. Rapunzelsalat. Zum Nachtisch gab's Eis.

»Mama, du ruhst dich aus, wir machen das schon«, hatten sie bestimmt.

Ich folgte ihnen nur zu gern. Das Sofa, mein Logenplatz. Ich sah ihnen zu, wie sie sich zu schaffen machten, wie flink ihnen alles von der Hand ging. Bekocht werden. Mir wurde weich und wohlig zumut. Seit ich allein lebe, mache ich tatsächlich jeden Pups und jeden Handgriff völlig allein, von morgens bis zum Abend. Ich weiß gar nicht mehr, wie das ist, wenn mal jemand mit anpackt. Gemeinsam essen macht mich glücklich.

Es schmeckte himmlisch. Danach war ich auf einmal sehr müde.

»Ich geh in die Heia.«

»Sag', wenn du drin liegst, wir geben dir noch einen Kuss«, sagte Mabel.

»Und decken dich zu!«, rief Ella mir hinterher.

Ich fühlte mich wie ein Zierkissen. Die Daunen zärtlich aufgeschüttelt und beklopft und wieder an den angestammten Platz gesetzt. Ein wohliger Schauder kitzelte mir das Rückgrat entlang. Empfangene Liebe. Die Liebe meiner Töchter. Rein und pur und absichtslos. – Ich schloss die Badezimmertür und legte meine schwere Stirn an deren kühle, weiße Haut. Mit dieser Liebe einfach stehenbleiben dürfen. Von innen gekleidet, gewärmt und genährt. Bis jemand kommt und sagt, es ist vorbei. Du kannst wieder raus. Es war nur ein Traum.

Meine Augen. Ich fürchte mich. Ich finde mich vielleicht nicht wieder in ihnen.

Was, wenn ich mir fremd werde, wenn ich tatsächlich besetzt bin, unterwandert von etwas, das ich nicht kenne, von einer fremden Macht, die in mir haust und nach eigenen Gesetzen bestimmt, wohin und wie lange noch.

Es waren vier Schritte zum Spiegel. Eine sehr lange Strecke. Ich sah meine Socken, geringelter Frohsinn aus Wolle. Meine Hände ertasteten das Porzellan des Waschbeckens, umfassten seine Ränder, und ich stemmte mein ganzes Gewicht darauf ab, als sei es ein Rednerpult.

Ich hörte Ella kurz auflachen. So wie früher, wenn Mabel ihr plötzlich in die Rippen langte und anfing, sie durchzukitzeln. Eine blitzhelle Frequenz, die sich Bahn brach durch alles Pulsieren und Dröhnen im

Kopf, bis hin zu jenem Ort, an dem ich wie nirgends verwundbar bin, an diese Stelle, wo in mein Herz tätowiert ist: Mama. In altmodischem Schriftzug, um einen Anker gewunden, wie ihn früher die Seemänner am Unterarm hatten. Ewige Treue. Ich nehme es auf mich. Ich tue alles. Für sie. Ich will nicht, dass sie um mich trauern müssen. Das haben sie nicht verdient. Meine Herzblätter. Sie sollen glücklich sein und unbeschwert ihr Leben entfalten.

Der Ausguss mit dem silbrig glänzenden Stöpsel, alles noch so neu und keine Kalkflecken. Wieso hat er plötzlich schwarze Löcher. Eine Blume aus mattem Metall mit düsteren Blütenblätterchen. Das winzige Waschbecken im Klo neben der Haustür. Die bunten Gästehandtücher in der Halterung an der Wand. Ein Regenbogen aus gestapeltem Frottee. Welche Farbe hatte sich Bobbi damals gegriffen, um sich die kleinen Hände zu trocknen, an jenem Abend, als Hilla und ich noch im Flur standen?

Etwas fiel zu Boden, ging hörbar zu Bruch. Mabels Stimme mit schrillem Bedauern. »Oh nein!«

Ich hob den Blick. Meine Augen waren klar. Sie gehörten zu mir, Gott sei Dank.

Dann kam der Sog. Das Waschbecken wurde zu Wachs.

Meine Schuld. Meine entsetzliche Schuld. Ich habe dich im Stich gelassen. Ich habe geschwiegen und dann hab' ich weggeschaut, ich ließ dich grausam allein.

Dich auch, Mami. Ließ dich allein in deiner Not, deiner Qual. Ich konnte nicht anders. – Sie haben sich geduzt, Hartmut und die Assistentin. Haben sich geduzt, wenn du draußen warst, in der Küche etwas holen gingst, und wenn du wieder reinkamst, haben sie sich wieder gesiezt, als wenn nichts wäre. Und ich saß dabei. War stumme Zeugin. Ich hab' so genug. Ich will heim. Will nach Hause zu euch. Ich habe genug. Fleischfressende Pflanzen, die mich inwendig umschlingen. Ich werde bei lebendigem Leibe verdaut von ätzenden Säften, die in mir eingelagert sind. Ich löse mich auf, ich vergehe. Ich gehe.

»Mama, kann ich kurz reinkommen, ich muss dringend Pipi!«, Mabel rüttelte an der Klinke.

»Aber sicher, mein Herzblatt, einen kleinen Moment noch!«

Hastig drehte ich den Hahn auf, schaufelte mir Wasser ins Gesicht, hielt die Zahnbürste in den Strahl, drehte den Hahn wieder zu, schraubte die Tube auf, der Deckel entglitt mir und kullerte unter das Schränkchen im Eck. Ich setzte einen kruden Klecks auf die Borsten, fing an zu schrubben, schloss die Tür auf.

»Mama!«, rief Mabel, »Mama! Was machst du?«

»Nix«, nuschelte ich und kasperte ein wenig herum. »Zähne putzen.«

Ellas Pfirsichgesicht erschien hinter Mabel, sah besorgt aus.

»Alles klar bei dir, Mama, soweit?«

»Ja, ja.«

In Schaum ertränkte Beteuerung.

»Ich muss nur ganz dringend ins Bett.«

»Lottes Salatschüssel ist runtergefallen.«

Ich spuckte ins Becken, spülte den Mund aus und sagte so leichthin ich konnte: »Ist doch nicht schlimm. Scherben bringen Glück.« Etwas Besseres fiel mir nicht ein, und ich glaubte es sogar.

Die Krähen kamen am Morgen zu ihrer Zeit. Ich blieb liegen. Sie hatten mich aus tiefem Schlaf und einem wundersamen Traum geweckt.

Bobbi und Hilla waren auf einem Campingplatz an einem See. Die beiden hatten sich dort häuslich eingerichtet in unserem alten Dreieckszelt aus dickem, gelblichem Segeltuch. Hartmut, sagten sie, hätte einen Kongress ganz in der Nähe, er käme am Abend zurück. Ich war dort nur zu Besuch und freute mich sehr, die beiden wiederzusehen, und dass sie so heiter sind. Sie meinten, wenn ich hier auch übernachten wollte, müsste ich an der Rezeption nach einem Zelt fragen, falls ich keins dabei hätte. Sie hätten nur Platz für drei. Zu viert sei es dann doch zu eng auf die Dauer. Sie würden mich kennen. Ich fände es dann sicher so schön, dass ich bleiben wollte. Das sah ich ein und machte mich auf den Weg zum Empfang. Doch ich konnte ihn nicht finden, verlief mich und kam schließlich wieder bei Hilla und Bobbi raus. Hilla sagte: »Aber ich war doch auch gerade dort und habe uns Wurstsalat geholt.« Sie stellte drei dickwandige, weiße Teebecher ins Gras. In ihnen kringelten sich dünne, blassrosa Streifen und glasige Zwiebelringe. »Gabeln haben wir leider keine mehr«, sagte sie, »es geht aber gut nur mit Fingern.« Bobbi kam aus dem Zelt, leicht gebückt. Er hielt vor der Brust in beiden Händen einen großen Uhu, der das linke Auge ständig auf und zu klappte. Das andere Auge blickte stier und quittegelb aus dem gefiederten Kopf. »Das ist Hermann«, sagte Bobbi, »ich habe ihn vor zwei Wochen ausgebrütet.«

Weil er sah, dass mir das Tier nicht ganz geheuer war, fügte er an: »Hermann ist ganz lieb.« Dann warf er ihn hoch und der Uhu flog eine Runde am Himmel über den See und ich dachte an meinen Doppeldecker.

Als der Uhu zurückkam zum Ufer, rief Bobbi: »Streck' die Hand aus, schnell, er muss landen!«

Ich hielt meine rechte Hand in seine Richtung.

»Nein, nimm die Linke, es muss die Linke sein!«, sagte Bobbi.

Hilla machte es mir vor und lächelte dabei aufmunternd.

Das gewaltige, mir unheimliche Tier steuerte mit letzten Flügelschlägen direkt auf mich zu, schwankte, bevor es mit seinen Krallen auf meiner Faust Halt fand und diese umschloss. Erst kratzte es nur ein wenig. Doch dann brannte sich in meine Hand ein nie gekannter Schmerz ein, als kämen die Füße des Vogels frisch geschmiedet direkt aus dem Hochofen. Ich wollte schreien. Es entfuhr mir kein Laut. Bobbi strich Herrmann über den Kopf und sagte zu mir, als ob er auch mich streicheln wollte: »Das muss jetzt sein. Danach bist du klüger.«

Die Krähen tobten durch den lila Himmel, und ich spürte das Glühen in meiner linken Hand auf der Bettdecke. Es verteilte sich unter der Haut, in meinem ganzen Körper, verwandelte sich in flüssiges Gold, ergoss sich in jede Zelle. Ich fühlte mich restlos ausgefüllt von etwas Besonderem. Etwas unglaublich Wohlmeinendem. Als hätte das Tier mich geimpft mit Hilfe seiner Krallen und mir seine Weisheit übertragen. Dann kam das Verstehen. Es dämmerte mir. Langsam, allmählich entschlüsselten sich die Bilder und wurden zu Gewissheit. – Im Zelt war kein Platz für mich, auch wenn sich Hilla und Bobbi freuten, dass ich bei ihnen vorbeigeschaut hatte. Ich bin noch nicht reif für das

Camping am See. Es gäbe noch etwas zu tun und zwar dort, wo ich bin. Hier und jetzt. Für mich, für uns alle, für Arne, und ganz besonders für Ella und Mabel. Ich hätte noch Einiges vor, würde handeln, mich wehren lernen und alles daransetzen aufzuräumen, nicht nur in meinem Knochenmark.

Ich kam erstaunlich leicht aus den Federn, lehnte mich aus dem Fenster. Die Luft war kühl, es roch nach Schnee. Auf den Hochspannungsleitungen in der Ferne war, kein Zweifel, die Ode an die Freude notiert. Jede einzelne Krähe einer der schönen Götterfunken.

Jemand schoss eine erste Rakete in den Himmel, in aller Herrgottsfrühe. Sie kam mir vor wie ein Gruß von Hilla. Ihre Christbäume, von denen sie mir beim Bügeln erzählt hatte. Die Bombennacht von Dresden. Eine magere, rötliche Fontäne erschien, ihre Rauchspuren hingen wie Wollfäden eines aufgeribbelten Pullovers für einen kurzen Moment in der Luft, und dann vergingen sie.

Ella und Mabel hatten mich in den Schlaf geküsst und zugedeckt und wollten, dass ich dasselbe mit ihnen am Morgen machen solle. Die Zeit sei zu kostbar, um bis in die Puppen zu pennen, hatten sie gesagt. Und die Zeit flog nur so dahin, seit ich ihnen guten Morgen gewünscht und zur Begrüßung die Füße gekrault hatte. Wir genossen jeden Moment dieses allerletzten Tages im alten Jahr.

Kurz vor Mitternacht zogen wir die Mäntel an, befüllten drei Sektgläser mit Wasser und traten auf die große Dachterrasse. Ringsumher knallte und zischte es bereits vorlaut. Silvester! Überall auf der nördlichen Halbkugel konzentrieren sich Millionen von Menschen auf diese eine Sekunde, wenn der große Zeiger auf Zwölf springt, mit dem kleinen kopuliert, wenn auf sämtlichen Displays vier stolze Nullen in Reih und Glied zum Appell antreten, gute Vorsätze stützen, Hoffnungen wecken. Glockenläuten, Johlen, Jubeln, sich Umarmen, Gläserklingen, Happy New Year! Und ein Lärmen wie im Krieg.

Wir zündeten Wunderkerzen an. Unsere kältesteifen, hohlen Hände hatten viel damit zu tun, den Wind in Schach zu halten, der sich immer wieder an dem zitternden Flämmchen vergriff. Schließlich das ersehnte Zuzzeln, die ersten hellen Sterne, die sich von den dünnen grauen Stängeln trennen wollten, Freude bringen, Licht und Wunder wirken! Wir schwenkten sie uns zu wie Schiffbrüchige, stießen mit den Gläsern an, und ich gab meinen Töchtern das kühne Versprechen, dass wir in genau einem Jahr wieder hier stünden. Hier oder anderswo. Dass dies keineswegs unser letztes Silvester sei, dass ich gesund werden würde.

»Es geht nicht ums Sterben«, rief ich in den ohrenbetäubenden Krach, »hört ihr? Es geht um eine riesige Transformation, für uns alle, die ganze Familie!«

Ella und Mabel verstanden mich wortlos. Wie Fußballer vor einem entscheidenden Elfmeterschuss, bildeten wir einen Kranz, legten einander die Arme über die Schultern, die Köpfe nach unten, den Blick beschwörend auf einen Punkt in der Mitte gerichtet. So bündelten wir alle Kräfte, die wir brauchen würden. Selbst die rauchgeschwängerte Luft schien sich mit uns zu verbünden. Ich stimmte einen tiefen Summton an,

Ella und Mabel fielen mit ein. Den letzten Rest unseres Atems entluden wir mit einem Schrei, schleuderten dabei Arme und Ansporn gen Himmel wie Zeus seine Blitze. Der Klang der Bejahung, Beschwörung war mit einer Spur von Verzweiflung vermischt.

9

»Jedes Jahr strecken die Kastanien ihre Händchen aus und halten sie über uns wie zum abertausendfachen Segen«, sagte Paul und berührte ganz sacht einen der gerippten Finger, die sich ihm zuneigten. »Ist das nicht fantastisch?«

»Ja«, sagte ich leise, als stünden wir in einer Kirche, und von mir aus hätten wir noch ein Weilchen stehenbleiben können im Schutz dieser prächtigen, zartgrünen Baumkathedrale. Aber es war kühl und regnerisch, und so stiegen wir zügig die geschwungene Steintreppe des alten Schulgebäudes hinauf. Dort in der Aula stand mein Flügel, als Leihgabe. Wenn kein Unterricht war, konnte ich üben und spielen, so laut und so lange ich wollte. Manchmal tat ich das sogar bis weit nach Mitternacht.

»Sie sehen aus wie Kafkas Käfer«, sagte ich belustigt und klopfte mit der flachen Hand auf den dunkel glänzenden Cellokasten, den Paul auf dem Rücken trug.

»Als Gregor Samsa eines Morgens aufwachte, fand er sich in einen riesigen Hartschalenkoffer verwandelt«, lachte Paul, und ich war erstaunt, wie sehr ich den Klang dieser Stimme vermisst hatte.

Paul war drei Wochen verreist gewesen. Am Ammersee. Er musste dort Dinge erledigen und wollte sein Cello holen. Ich hatte ihn überredet, mit mir zusammen Musik zu machen, und an diesem Spätnachmittag war es endlich soweit.

»Ich bin nur Laie«, sagte er vorbeugend. »Ich hoffe, Sie sind nicht enttäuscht.«

Er spannte den Bogen und fuhr mit einem Stück Kolophonium auf dem haarigen Saitenstrang hin und her.

»Es geht um die Freude, um die Musik und das Miteinander«, sagte ich entschieden und klappte den Deckel des Steinways auf. »Alles andere interessiert mich nicht mehr.«

»Na, denn. Schauen wir mal. – Krieg ich ein A?«

Paul setzte den Stachel des Cellos in die Lasche vor sich am Boden, die er mit dem Stuhlbein verbunden hatte und begann, das schimmernde Holzwesen zwischen seinen Knien zu stimmen. Es hatte die Farbe von getoastetem Brot.

Er spielte erstaunlich gut und setzte mir immer wieder neue Noten aufs Pult. Beethoven. Schumann. De Falla. Telemann. Händel. Fauré. Wir hatten wirklich große Freude und die Zeit keine Chance, mit ihrem quengeligen ›Schon!‹ dazwischen zu funken. Wir spielten und lachten, wenn etwas schiefging, wir auseinander gerieten, fanden uns wieder, wiederholten misslungene Takte und jauchzten am Ende, weil es so schön war.

»Was sagt die Uhr?«, wollte Paul dann doch irgendwann einmal wissen. »Ich werd' langsam müde.«

»Ich auch«, sagte ich, was gar nicht stimmte, während Paul von dem Stuhl neben sich nach seiner Armbanduhr fischte.

»Viertel vor zehn. Kaum zu glauben! Wollen wir noch eines, zum Abschluss? Dann muss ich los.«

»Unbedingt«, sagte ich glücklich und hoffte auf eine lange Sonate.

Paul kramte in seiner Mappe und reichte mir einen flachen Stapel mit Fotokopien.

»Das würde ich sehr gerne mal wieder spielen. Kennen Sie das?«

»Ja«, sagte ich, als würde ich auf etwas lauschen.

Natürlich kenne ich das. Ich habe sie tatsächlich nie wieder angefasst seitdem, die Louange à l'Eternité de Jesus. Römisch Fünf des Quatuor pour la fin du temps.

»Messiaen...«, sagte ich und legte mir die Blätter sehr langsam zurecht. »Dieser Satz hier ist aber so schön, dass ich nicht weiß, ob ich es aushalte.«

»Ach«, sagte Paul wie ein Arzt, der einem klarmacht, dass die blutende Wunde nur ein Wehwehchen und morgen alles wieder weg ist. »Zuviel des Guten kann wundervoll sein. Auf geht's. Krieg ich nochmal ein A?«

Quatuor pour la fin de temps. Das Ende der Zeiten.

Das Cello begann alleine. Acht lange Takte. Die Süße der Melodie und wie Paul sie Strich für Strich entstehen ließ, mit seinem zarten Vibrato und der suchenden, tastenden Intonation, schnitt mir noch tiefer ins Herz, als befürchtet. Dann begannen meine Hände diese schwebende Linie einzubetten in das Kontinuum himmlischer Akkordfolgen. Seine Melodie und meine Harmonien wurden zu einem Kaleidoskop. Jede Wendung eröffnete neue Ausblicke in überirdische Farben und Muster, immer tiefer, immer weiter. Ein endlos anmutendes Gebet entfaltete sich, eine Reise in den süßen Kern der Ewigkeit. Die Noten verschwammen vor meinen Augen, denn sie gingen mir über. Ich erblickte nur noch ein Gewirr aus schwarzen Klecksen und Strichen, doch meine Hände wurden vom nächsten Akkord stetig angesogen. Meine Ohren mit den vor vier Jahrzehnten eingravierten Klängen wiesen ihnen den Weg. Am Schluss die riesige Fermate. Paul ließ den Bogen sinken, ich nahm unendlich langsam den Fuß vom Pedal und legte das Gesicht in die Hände. Stille. Eine Ewigkeit lang. L'eternité de Jesus und die kurzen, kaum hörbaren Schniefer meiner Nase.

»Emilie«, sagte Paul. »Emilie«, weiter nichts, und es klang so trostreich, wie ich noch nie jemanden hatte meinen Namen aussprechen hören. Seine leicht arrhythmischen Schritte kamen näher, ich rückte, das tränennasse Gesicht weiterhin verborgen, ein Stück nach links auf der Klavierbank. Wortlos nahm Paul neben mir Platz und strich mir sanft über den struppigen, grauen Kurzhaarschopf. Als ich die Hände sinken ließ, sah ich neben mir ein Stofftaschentuch aufleuchten, wie damals den Aufkleber. Ein scheues, liebes Angebot. Ich schaute zu, wie meine Finger es annahmen und den Stoff fahrig entfalteten. Ein lilaroter Rand säumte das weiße Karree. Übertrieben laut, wie der dumme August in der Manege, schnäuzte ich meinen Kummer hinein und wollte so gerne, dass wir wieder etwas zu lachen hätten. Doch mein Kopf, der das Gewicht der vielen unhörbaren Schluchzer nicht mehr tragen mochte, knickte seitlich nach vorn auf die Schulter dieses wundersamen Mannes, den ich gar nicht richtig kannte.

Paul sagte nichts. Er hielt mich einfach nur so lange, bis ich ausgeweint hatte und dann leicht trotzig hervorstieß: »So, jetzt sind wir quitt.«

»Wieso?«, fragte er sanft.

»Sie haben ja auch schon geweint.«

»Ja, richtig«, sagte Paul bedächtig und das R kullerte unters Pedal.

»Warum haben Sie damals geweint, an der Bushaltestelle?«

»Soll ich das jetzt erzählen?«

»Ja. Ich würde es sehr gerne wissen.«

»Es ist aber sehr traurig.«

»Deshalb ja. Ich bin Spezialistin für traurige Angelegenheiten.«

Paul entfuhr ein kehliger Laut.

»Sie sind mir eine.«

Abrupt stand er auf und ging Noten und Cello einpacken. Vielleicht hätte ich ihn nicht fragen sollen.

»Paul?«

»Ja?«

»Es war wunderbar, mit Ihnen zu spielen. Vielen Dank.«

»Ich danke auch. Es war mir ein Vergnügen und vor allem eine Ehre.«

Paul klang plötzlich befremdlich korrekt.

»Wieso?«

»Sie sind ein Profi.«

»Ach«, sagte ich, klappte den Flügel zu und schloss ihn ab.

Wir gingen schweigend aus dem Saal.

Draußen vor der Schule ließen wir uns noch einmal von der alten Kastanie mit ihren zarten Händchen segnen. Bei der S-Bahn sagten wir uns Lebwohl.

»Wenn Sie wollen, kommen Sie doch morgen Nachmittag zu mir«, sagte er plötzlich, nachdem wir uns umarmt hatten, wobei mir der Cellokasten im Weg war.

»Ich mache wieder Tee in der schaurigen Kanne, und dann erzählen wir uns gegenseitig, warum wir geweint haben.«

»Ja, warum nicht«, sagte ich. »Wieder um vier?«

»Passt.«

Wir fassten einander bei den Schultern und sahen uns an. Mein Lächeln geriet etwas schief. Seine Stirn leuchtete sehr hell, an der Brandmauer eines Hauses erschienen riesige Kastanienblätterhände als Schattenriss. Plötzlich zog Paul meinen Kopf an seine Brust, als wolle er mich vor etwas beschützen. Das gelang ohne Schwanken und Stolpern. Ich war ohnehin schon auf dem Weg zu ihm hin. So tat ich ganz einfach einen Schritt nach vorn und meine Nase landete in seinem Mäntelchen. Es roch sehr gut. So wie im Sommer, wenns am Abend geregnet hat.

»Emilie, wollen wir nicht lieber zum See heute?« Paul rief mich am nächsten Vormittag an. »Das Wetter wird prächtig, ich bring eine Brotzeit mit.«

»Sie lassen mir gar keine Wahl.« Ich musste schmunzeln. »Wenn Sie Brotzeit sagen, klingt das wie Manna.«

»Meine Brotzeit fällt nicht vom Himmel. Sie kommt aus dem Rucksack.«

»Paul, wollen Sie nicht lieber Picknick sagen und Tasche und schön anstatt prächtig?«, fragte ich launig.

»Nein«, sagte Paul und klang frech. »Es gäbe Radieschen, rote Rüben, Kohlrabi und jede Menge Brot. Möchten Sie sonst noch was mit R?«

»Grünkohl, Reiswaffeln, Brezeln.«

Ein kurzes Auflachen. »Also um zwei auf der Wiese im Schlosspark, rechts neben dem Bootssteg?«

»Nein, lieber links bei der Weide und auch nur, wenn Sie nichts mehr mit R von sich geben.« Ich betonte das L und das R, als wäre ich Sprachpädagogin.

»Das lässt sich einrichten.«

»Paul?«, warnte ich.

»Ja, Emilie?«, fragte er scheinheilig.

»Ich freu' mich.«

»Ich mich auch.«

Der Himmel war blau, die Sonne voll Kraft, das Wasser sehr kalt. Wir hatten die Hosenbeine hochgekrempelt und wateten in Ufernähe ein bisschen darin herum, zur Begrüßung des Sees.

Danach legte Paul ein Tuch auf meine alte Picknickdecke und packte die Brotzeit aus. Wir schmatzten und kauten und schlürften im Schneidersitz einander gegenüber und bekräftigten bei jedem Bissen voller Inbrunst, wie köstlich, lecker, wunderbar es doch schmecken würde, und dass es einfach nichts Besseres gäbe, als draußen zu essen, am Wasser, in der Natur, und zwar auf dem Boden.

Ein Schwan kam vorbei.

»Möchte der Brot oder Zeit? Oder beides?«, fragte ich.

»Brot«, sagte Paul und warf ihm einen Brocken zu, »Zeit hat der genug.«

Anmutig reckte der Vogel den absurd langen Hals nach vorn und tauchte den Schnabel leicht verdreht ins Wasser. Ein paar ruckartige Würgebewegungen. Es sah aus, als schwämme er rückwärts, dann glitt er näher ans Ufer, in Erwartung von mehr.

»Wollen wir uns im Ernst heute traurige Sachen erzählen?«, fragte ich.

»Muss nicht sein«, sagte Paul und schraubte das Glas mit dem Mandelmus zu. »Sind Sie satt?«

»Ja. Vielen Dank. Es war köstlich. Eine schöne Idee.«

»Na, bei dem Wetter kann man ja nicht in der Bude hocken«, sagte Paul und begann, eins ums andere den Proviant in seinem Rucksack zu verstauen.

»Darf ich Sie etwas fragen?«

»Nach dem Rezept von dem Rote-Rüben-Salat? Stangensellerie ist da mit drin, Pinienkerne und Pfirsichstückchen,Dijon-Senf-Honig-Vinaigrette«, erklärte Paul wie ein Fernsehkoch.

»Nein, Sie Witzbold. Danke trotzdem. Es war himmlisch.«

»Sondern?«

»Was?«

»Was Sie mich fragen wollten.«

»Ach, ist nicht so wichtig.«

»Lassen Sie mich raten. Sie wollen sicher wissen, warum ich mit den Ohren wackeln kann.«

»Können Sie das denn?«

»Nein.«

Ich lachte. Paul streckte sich auf der Decke aus, legte den Rucksack unter den Kopf und den rechten Unterschenkel aufs Knie des anderen Beines. Er war durchfurcht von einem blassen, länglichen Narbengebilde, das sich auf der Innenseite des Fußes verjüngte.

»Ich wollte Sie nach der Narbe fragen.«

»Sie meinen, warum ich hinke?«

Paul zog das gekrempelte Hosenbein noch ein Stück Richtung Knie. Das Bein sah verwüstet aus. »Trümmerbruch. Fahrradunfall. Ich war elf. Es wurde zweimal operiert. Zweimal gepfuscht. So war das damals halt. Jetzt ist das Bein ein bissel kürzer. Ich find's nicht schlimm.«

»Ich auch nicht«, sagte ich und hätte mir sofort auf die Zunge beißen können.

»Na, da bin ich aber froh«, sagte Paul belustigt und drehte den Kopf in meine Richtung, und ich war einmal mehr entzückt, weil er so friedlich aussah, ganz ohne Spuren von Bitternis.

»Emilie?«

»Ja?«

Ein bunter Ball flog zwischen uns hindurch ins Wasser.

»Entschuldigung!«, rief die Mutter eines kleinen Jungen in Latzhosen, der quietschend vor Freude auf der Stelle trippelte.

»Macht doch nix«, sagte ich. Die Mutter wirkte bekümmert in ihrer Beflissenheit, alles richtig zu machen.

»Guter Schuss«, lobte ich ihren Sohn mit einem Augenzwinkern, watete dem Ball hinterher und schoss ihn zurück auf die Wiese. »Peng!« Es spritzte. Das Kind jauchzte.

»Was wollten Sie mich fragen, Paul?«

Ich ließ mich rücklings auf die Decke fallen und schob mir meine Jacke in den Nacken.

»Ob Sie auch Narben haben.«

»Klar. Aber nur kleine. Hier zum Beispiel.« Ich tippte mir auf die Stirn.

»Autounfall. Ich war dreizehn. Hier: Da hatte ich mal eine Warze.« Ich zeigte ihm eine Stelle auf dem linken Handrücken, nahe dem Knöchel des Mittelfingers.

»Und hier, das sind die jüngsten Exemplare.« Ich tippte rechts am Hals auf eine Stelle und auf eine weitere unterhalb des Schlüsselbeines.

»Vampire?«

»So ähnlich«, sagte ich. »Nur andersherum. Da saßen die beiden Venenkatheter. Da wurde mir das ganze Gift-und Galle-Programm reingeschleust. Blutkonserven, Antibiotika, Schmerzmittel und literweise Kochsalzlösung. Der erste Katheter kam hier in den Hals, weil es schnell gehen musste. Ich war ja schon voll bis unter die Hutschnur mit diesen verrückten, weißen Blutkörperchen. Am Hals ist es riskanter, aber die Vene besser zu treffen. Bei der zweiten Runde war ich dann schon stabil, da hatten sie mehr Zeit.«

Ich legte mir wie schützend zwei Finger auf die Stelle. »Der Schlauch wird mit einer Nadel richtig tief in die Vene versenkt, fast bis vors Herz.«

Paul zog Luft durch die Zähne. »Tut das nicht weh?«

»Nein, du wirst örtlich betäubt. Mir tat nur die Vorstellung weh, dass das ganze Gift direkt in meinem wehrlosen Herzen landen würde.«

»Und dann?«

»Dann bekam ich meinen ständigen Begleiter. Wir wurden verbunden mit mehreren Schläuchen. Ich nannte ihn Jamie Jacob.«

»Einen Pfleger?«

»Nein, den Infusionsständer. Er hatte fünf Rollen und viele Haken und an der Stange oben zwei kleine Kästchen mit Knöpfen und blinkenden Anzeigen. Damit machte er seltsame Gesänge. Tag und Nacht. Melodien wie Seenot-Botschaften, leise fiepende Tonfolgen, die ich heute noch im Ohr habe.« Ich imitierte für Paul eine kurze Sequenz. Es klang ziemlich echt.

»Und weil er ständig sang, bekam er diesen Namen von mir. Nach Jamie Cullum. Und nach Jacob Collier. Ich finde beide toll und konnte mich nicht entscheiden. Kennen Sie die beiden?«

»Nein, leider nicht.«

»Das sind zwei junge englische Jazz-Musiker, Sänger. Jacob passte eben auch so gut, weil ich mich ja auf einen Weg machen musste. Einen Jacobs-Weg, wenn man so will. Nur, wenn ich duschen ging und anschließend spazieren, waren wir voneinander getrennt. Drei Stunden pro Tag nach dem Frühstück. Dann wurden wir wieder zwangsverheiratet, damit die Leitung nicht zugeht. Er stand immer neben mir. Auch wenn ich selbst mal neben mir stand. Wir hatten uns sehr aneinander gewöhnt, wir haben manchmal sogar zusammen getanzt. Irgendwie hing ich zum Schluss an ihm. Ich meine nicht nur wegen der Schläuche.«

Über uns zerfranste der Kondensstreifen eines Flugzeuges in weiße Flocken. Ein Windstoß griff der jungen Weide neben uns unter das zartgelbe Plisseeröckchen. Sie schüttelte sich kokett und erregt. Ich fröstelte und rollte mir die Hosenbeine wieder über die Knöchel.

Paul drehte sich, als wäre er noch immer elf, wie selbstverständlich auf die Seite, winkelte die Beine an, legte die Wange in die aufgestützte Hand und sah mir dabei zu, als hätte ich eine besondere Technik, die er sich unbedingt merken müsste.

Wie gelenkig er ist, dachte ich, wie eins mit seinem Körper, wie jung. Die meisten Männer seines Alters, die ich kenne, haben Rücken, Bäuche, Atemnot. Herzen mit Klappen aus Plastik oder künstliche Hüften oder planen, sich bald welche einbauen zu lassen.

»Ich glaube, Jamie Jacob war sehr betrübt, als Sie ihn schließlich abhängen durften, kann das sein?«

»Keine Ahnung. Warum?«

»Weil es schön ist, mit Ihnen verbunden zu sein.«

Ich schluckte. Der bunte Ball landete wieder im Wasser. Diesmal ein paar Meter weiter rechts. Ich blieb sitzen.

»Sie könnten ja mal ein Kinderbuch machen, über einen Infusionsständer«, sagte ich.

»Wenn Sie den Text liefern. Gute Idee.«

Ich biss das Nagelhäutchen am Zeigefinger ab, an dem ich herumgeknibbelt hatte.

»Ich bin nicht so gut darin.«

»Im Schreiben?«

»Nein. Im Verbunden-Sein.«

»Verbunden-Sein ist keine Sportart«, entgegnete Paul ruhig. »Es ist eine Tatsache, ein Zustand. Der Himmel ist auch nicht gut oder schlecht im Blau-Sein.«

»Der Himmel hat auch keine Angst.«

»Angst wovor?«

»Vor Verlust.«

Alles mit ›Ver-‹ ist beschissen, hatte mir mal jemand gesagt, der in mich verliebt war. Ich gab ihm recht. Alles mit ›Ver-‹ ist eine Verirrung, ein Seitenweg. Irgendwann geht es zurück auf die Hauptstraße. Zwangsläufig.

Ich legte mich wieder auf den Rücken, Paul tat es mir gleich und wir schauten schweigend nach oben. Meine rechte Hand hatte sich nah neben der seinen fallen lassen.

»Angst hat der Himmel vielleicht nicht, aber Verluste kennt er schon. Und schwarze Löcher«, sinnierte Paul.

»Millionen, Billionen, Trillionen Verluste!«, imitierte ich künstlich aufgedreht eine Börsenreporterin. »Was kommt eigentlich nach Trillionen?«

»Das Quatuor pour la fin du temps – ohne R.«

Ich lächelte. Eine Schwalbe turnte übermütig durchs Azur über uns.

»Was war Ihr größter Verlust?«, fragte ich.

»Gibt's eine Verlust-Olympiade?«

»Nein. Ich meine, welcher Verlust hatte die größten Folgen für Sie.«

»Elisabeth«, sagte Paul ohne zu zögern.

Die Schwingung dieses Namens, den Paul mit seiner Stimme zum Leben erweckte, erschuf sofort das buchstäblich weite Feld, in das sich mir verbot, auch nur den kleinsten Zeh hineinzusetzen, ehe Paul nicht von selbst erzählen würde, wer Elisabeth war.

»Sie wurde nur achtzehn Monate alt, unsere kleine Tochter. So alt, wie Ihr kleiner Bruder damals war, als Ihre Eltern ihn samt Gebrauchsanweisung bei den fremden Leuten abgaben.«

Auf meiner Brust setzte jemand einen großen Sack mit Wackersteinen ab. Ich musste mich aufrichten.

»Ich fand das so grausam. Ein so kleines Kind. Das lässt man doch nicht einfach so lange bei Menschen, die es gar nicht kennt. Erst recht kein gesundes. Uns hatte es immer das Herz zerrissen, wenn wir Lizzy dann doch mal alleine lassen mussten.«

Die Wackersteine rutschten mir in den Schoß.

Schräg hinter uns wurden kurz nacheinander zwei Fahrradständer nach unten geklackt. Ein Junge und ein Mädchen, Teenager, spähten scheu nach einem geeigneten Plätzchen für ihre frühlingsfrische Zweisamkeit.

»Wir haben jeden Tag mit ihr genossen. Sie war eine Sonne, ein Himmelsgeschenk, ein sehr spätes. Wir hatten die Hoffnung schon aufgegeben, da wurde Ruth schwanger. Lizzy kam mit einem Herzfehler zur Welt. Während der letzten von den drei OPs ist sie gestorben. Wir saßen im Flur. Der Chirurg war am Ende. ›So eine große Seele‹, weinte er hemmungslos, und mit den Fingern zeigte er: ›Und so ein kleines, kleines Herz.‹ Wir haben ihn getröstet und ihm gedankt, und alle haben sie mit uns mitgeweint. Die ganze Belegschaft.«

Einatmen. Ausatmen. Weiteratmen. Paul setzte sich ebenfalls auf und schaute über den See. Der Wind hatte gedreht und scheuchte kleine Wellen ans Ufer. Sie schwappten und schmatzten. Wellen aus Mitgefühl. Ein Meer aus Leid. Warum. Warum. Was mutet dieses Leben manchen Menschen zu. Ungefragt und unbedingt.

»Wollen wir gehen?«, fragte ich leise.

Paul schaute mich an. Mir kam es so vor, als ob in den Pupillen seiner steingrauen Augen winzige Herzen aufschienen.

»Ja. Gehen wir noch ein bisschen.«

Der helle Sandweg blendete im Sonnenlicht, ab und zu strampelte ein Fahrradfahrer an uns vorbei.

Mancher auf teurem Gefährt, in dieser völlig humorfreien Plastikmontur, die mich sofort an schlecht gelaunte Insekten denken lässt.

»Paul.«

Ich blieb stehen.

Er drehte sich zu mir.

»Ich...«

Wortlos schlossen wir einander in die Arme, mitten auf dem Weg, blieben einfach stehen, wie Ponys im Regen, die Stirn aneinander gelegt. Ein Fahrrad klingelte. Ein Jogger keuchte.

Als wir uns voneinander lösten, sagte Paul: »Du bist jetzt dran«, und legte den Arm um meine linke Schulter. Meine Hand fand ihren Platz auf seiner Taille und fühlte sich dort wohl und daheim. Wir gingen weiter.

»Muss ich?«

»Müssen müssen wir bekanntlich nix.«

»Außer Sterben.«

»Sagt Lessing.«

»Genau.«

»Also?«

»Was?«

»Zwei Fliegen mit einer Klappe. Dein Verlust und das Weinen.« Paul ließ nicht locker.

»Gut. Ich erzähle, wenn ich dich beim Bootshaus auf einen Kaffee einladen darf.«

Der Blick aufs Wasser hebt für mich alles, was ist und was war auf eine mildere Ebene, macht ein Aquarell daraus. Auch das Warten auf zwei Cappuccino ist dann etwas Flüssiges, Durchgängiges.

Ich strich mir über den aufgestützten rechten Unterarm, drehte und streckte ihn, knetete den Ballen meiner Hand und die Finger, als würde ich das alles kaufen wollen und vorher gründlich prüfen.

»Bis vor zwei Jahren war mir hier drin überall kalt«, sagte ich. »Ich konnte alles damit machen, das war nicht der Punkt, aber dieser ganze Teil hier fühlte sich an wie von mir abgeschnitten. Als Bobbi starb, habe ich ihm die Hand gehalten und wahrscheinlich all die Jahrzehnte danach nicht mehr losgelassen.

Warum ich geweint habe. Das war so. Ich kam zurück aus Österreich von einem Kammermusikkurs. Dort hatten wir eine Woche lang den Messiaen gearbeitet. Das ganze Quartett, alle Sätze. Es war eine tolle Zeit. Ich hatte gewünscht, sie würde nie zu Ende gehen. All die begabten Leute, die fantastischen Lehrer. Zusammen spielen, lernen, lachen, abends feiern, flirten. Am letzten Abend hatten wir ein wunderbares Konzert in der Dorfkirche. Seitdem habe ich den Messiaen nie wieder angehört oder gespielt. Das saß einfach nicht drin.«

»So, zweimal Cappuccino. Bitte sehr.« Auf dem Milchschaum waren zwei anmutig geschwungene Blätter aus Kakao appliziert.

»Vielen Dank«, sagte Paul.

»Wohl bekomm's«, wünschte die Bedienung, ein junger Mann mit langen Rastazöpfen und einem Tattoo auf dem Handrücken. Seitlich zwischen Daumen und Zeigefinger. Ein chinesisches Schriftzeichen.

Ich nahm mir vor, ihn später zu fragen, was es bedeutet.

»Ich war über Nacht mit dem Zug unterwegs und mittags vom Bahnhof mit dem Bus nach Hause gefahren. Meine Eltern wussten nicht genau, wann ich wieder zurückkommen würde. Ich hatte keine Lust gehabt, mich bei ihnen zu melden, die ganze Woche nicht. Als ich um die Ecke in unsere Straße einbog, sah ich vor dem Haus einen Krankenwagen mit offenen Türen. Auch die Haustür stand offen. Und die Tür zum Schlafzimmer meiner Eltern im Erdgeschoss. Es ging ein warmer, linder Luftzug durchs Haus. Ein strahlender Maientag. Ich rief: »Hallo!«. Niemand antwortete, ich hörte Geräusche aus dem Schlafzimmer. Noch ehe ich hineingehen konnte, wand sich ein Sanitäter rückwärts durch den schmalen Flur, an der Garderobe vorbei. Er hielt das eine Ende einer Trage in beiden Fäusten. Sein Kollege, der vorwärts ging, das andere. Ich drückte mich an die Wand, damit sie vorbeikämen. Auf der Trage lag Bobbi. Sein verhangener Blick streifte mich kurz, als wäre ich eine Unbekannte, eine Passantin, die zufällig Zeugin eines Verkehrsunfalls geworden war. Er sah gespenstisch aus. Sein Hals war entsetzlich angeschwollen, hatte jegliche Kontur verloren. Sein kahler Kopf und der monströse Hals sahen aus wie einer von diesen alten Tiefseetaucherhelmen. Die aufgeblähte Kopfmasse saß ganz klobig und sperrig auf seinem schmächtigen Rumpf, er spuckte dunkelbraunes Sekret in ein Vliestuch. Das hielt er mit seinen zarten Fingern umklammert. Er tat es behutsam und bedacht darauf, nichts zu verschmutzen, und das inmitten der grässlichen Panik, die an allen Wänden rüttelte wie der Wind, das himmlische Kind, bei Hänsel und Gretel. Ich glaube, das hat mich am meisten erschüttert, dass er so würdevoll war, so artig. Er hatte nie Umstände machen wollen.

Sie gingen an mir vorbei. Es dauerte, bis ich aus meiner Starre herausfand, meine Füße in Gang setzen konnte, in Richtung Straße, Bobbi und Hilla hinterher. Ich kam zu spät. Die Türen des Wagens wurden gerade zugeworfen, Hilla rief mir noch etwas zu, das ich nicht verstand, dann fuhren sie weg. Ich ging zurück ins Haus.«

»Warst du dann ganz alleine zu Hause?«, fragte Paul und nahm den ersten Schluck.

»Ja.«

»Wie alt warst du?«

»Neunzehn.«

»Und dann?«

»Dann weiß ich nicht mehr. Ich kann mich nicht mehr erinnern. Es war Anfang der Woche. Die Woche vor Pfingsten. Ich weiß auch nicht mehr, ob ich Bobbi dann noch besucht habe oder ob es tatsächlich das letzte Mal war, dass ich ihn bei Bewusstsein gesehen hatte. Ich weiß nur, dass ich am Pfingstsamstag, so gegen zehn Uhr morgens, aus meinem Zimmer kam und Arne und meinen Vater im Garten stehen sah. Sie hatten beide die Hände in den Hosentaschen und die Köpfe so komisch gesenkt. Die Vögel sangen wie gestört, wie alarmiert. Ich wollte wissen, was los ist. ›Es geht zu Ende‹, hatte Hartmut gesagt, ›Bobbi ist heute früh ins Koma gefallen.‹

Ich machte auf dem Absatz kehrt, rannte in die Garage, schnappte mir das Fahrrad und fuhr, so schnell ich konnte, in die Klinik. Die Rhododendronbüsche in den Vorgärten, das sehe ich heute noch vor mir, sie rauschten an mir vorüber, unnatürlich üppig und prächtig. Sie kamen mir vor wie himbeeräugige, lila Monster, die mich in meiner inneren Nacht verhöhnten. Ich hatte es so eilig, als wäre der Teufel hinter mir her, und meine irrwitzige Fahrt und Hetze fand erst ein Ende, als ich ins Zimmer gestürzt kam, nicht rechts, nicht links mehr schaute und mich an Bobbis Bett setzte, ganz nahe ans Kopfende und seine rechte Hand in diese hier nahm.«

Ich drehte ein paarmal das Handgelenk. Paul berührte ganz sanft meinen Unterarm, ich ließ ihn sinken.

»Wo waren denn deine Eltern, Emilie?«

»Das weiß ich nicht. Ich saß allein in einem Tunnel fest. Verbandelt und verschweißt mit meinem kleinen Bruder, um den ich mich so viele Wochen nicht geschert hatte. Ich war ja nie da gewesen, ich hatte nur das Klavier im Kopf, den Messiaen, ging früh aus dem Haus, war immer am Üben, in der Stadt, in einem angemieteten Souterrain-Zimmer. Da stand mein Flügel und ich störte keinen.

Ich weiß nicht. Ich weiß es nicht. Ich glaube, Hilla war auch im Zimmer, weiter hinten am Fenster und später auch Arne und Hartmut. Ich sah und hörte nichts außer Bobbi mit seinem geschwollenen Kopf, seinen zarten Fingern in meiner Hand, seinem Röcheln und Rasseln. Immer zwei-, dreimal dieses Ein und Aus, und dann Pause und immer denkst du, das war es jetzt, das war der letzte Atemzug. Draußen war das allerschönste Wetter, das sich denken lässt, das Fenster stand weit offen.

Und dann war es soweit. Ich konnte es ganz genau spüren, nicht nur, weil es auf einmal still war, kein Atmen mehr einsetzte. Bobbis Seele schälte sich raus

aus dem gemarterten Körper. Ich weiß jetzt, was das heißt, ›der Blick brach‹. Seine Lider gingen ganz langsam auf, wie ferngesteuert, und es war so ein Riss in den Augen, in diesem Sammetbraun, und da schlüpfte die Seele raus und flog aus dem Fenster. Es war Punkt zwölf, Pfingstsamstag, die Glocken läuteten überall.«

»Kann ich dann bitte abkassieren«, sagte der junge Mann mit dem Tattoo, »ich mache gleich Feierabend.«

»Ja, natürlich«, sagte ich, »alles zusammen bitte – machen Sie zehn.« Ich gab ihm einen Zwanziger-Schein.

»Besten Dank.«

Als er mir seinen Zehner anreichte, fragte ich: »Was steht eigentlich auf Ihrer Hand?«

Der junge Mann lachte und bewegte die Finger.

»Hier? – Das wollen Sie lieber nicht wissen. Ich hab' eine Wette verloren. Schönen Tag noch.«

»Gleichfalls«, wünschten Paul und ich unisono.

Ich steckte das Portemonnaie in die Tasche.

»Ich weiß beim besten Willen nicht mehr, wie ich aus dem Zimmer kam, wie wir alle nach Hause gefahren sind und was wir dann gemacht haben. Ich weiß nur noch, dass ich mich so seltsam ehrfürchtig fühlte und stark, nicht wirklich traurig. Das kam erst viel später. Und dann konnte ich auch weinen. Manchmal weine ich heute noch.«

10

»Was war genau an diesem ersten Januar vor zwei Jahren?«, hatte Paul wissen wollen.

Wir waren durch den Park gelaufen und schließlich die kleine Anhöhe hinauf. Dabei erzählte ich ihm, wie ich damals mit Sack und Pack auf der Isolierstation eingerückt war. Ella und Mabel hatten mich hingebracht. Ich erzählte, wie wir jeden einzelnen Gegenstand aus meinem großen Koffer desinfizierten, die Bücher, das Schreibzeug, die Malsachen, einfach alles, und dass wir gemeinsam das Zimmer dekorierten, mit Fotos, Postkarten, Gedichten und ausgedruckten Sprüchen, die mir wichtig waren. Dass ich als erstes mein kunterbuntes Strandlaken über den hässlichen, monströsen Fernseh-Flachbildschirm hängte, über diese grässliche Giftschleuder, die mich zu erschlagen drohte, und dass ich die Fernbedienung weit hinten im Wandschrank verstaute.

»Als wir mit allem fertig waren, haben wir den Raum beatmet«, sagte ich. »Es klingt vielleicht kitschig, aber wir haben eine Weile einfach nur dagesessen und alle Wände und die ganze Einrichtung beim Ausatmen mit Liebe bestäubt, imprägniert.«

»Das klingt überhaupt nicht kitschig«, entgegnete Paul, prüfte eins der Seile und zog es noch ein bisschen fester. »Es klingt nach Liebe. – So!«

Er hatte eine Hängematte mitgebracht und sie zwischen zwei alte Eichen gespannt.

»Das müsste halten«, befand er und setzte sich als Erster hinein, wie in eine Schaukel, mit baumelnden Beinen, die Schuhspitzen gerade noch genug am Boden, um sanften Schwung zu geben. »Bitte sehr, Frau Bundschuh, nehmen Sie doch Platz«, lud er mich ein und drückte mit der Hand die Matte neben sich ein wenig herunter.

»Danke sehr, Herr Soczek, sehr aufmerksam von Ihnen«, sagte ich und bugsierte mich vergnügt zu seiner Rechten in die grün-blau-gelb gestreifte Stoffbahn.

Wir machten uns einen Spaß daraus, ab und zu wieder zum Sie zu wechseln. Das war meine Idee. »Was ist paradox?«, hatte ich Paul vor einiger Zeit gefragt und die Antwort gleich mitgeliefert: »Jemanden zu siezen, der für einen im schönsten Sinne ein Du verkörpert.«

»Ja, durchaus«, hatte er belustigt entgegnet, »aber wissen Sie, liebe Emilie, was noch viel paradoxer ist? Wenn hübsch verkörperte Dus aus Gründen etwas darum gäben, sie wären beim Sie geblieben.«

»Meinst du, es ist bei uns auch schon soweit?«

»Beileibe nicht«, lachte Paul.

»Wir könnten uns ja zwischendurch immer mal wieder ein frisches Sie anbieten. Wie fänden Sie das, Herr Soczek?«

»Das wäre mir ein Vergnügen, Frau Bundschuh.«

Wir schaukelten, Paul gab uns mit den Füßen immer einen Schubs, er hat die längeren Beine. – Zu mindestens eines.

Im Gebüsch rechts vor uns schimmerte etwas himmelblau auf. Ich erkannte einen medizinischen Mundschutz. Er wirkte seltsam verloren im Gewirr der Zweige. Damals waren sie türkis, dachte ich und sah die Gesichter auf der Station sich zu mir herabbeugen, im Bemühen, etwas zu richten, zu pflegen, zu kontrollieren. Sie waren mir täglich sehr nahe gekommen und dennoch schmerzlich weit weg. Ich konnte sie nicht wirklich entziffern. Sie blieben mir ein Rätsel hinter der Barriere aus Vlies, die meinetwegen zwischen uns errichtet werden musste.

Wie gnädig Mutter Natur sich um alles bemüht. Selbst um so ein neuartiges Stückchen Unrat, das, schmählich entsorgt, verletzlich in der Schwebe hängt. Niemand wird es je befreien aus seiner misslichen Lage. Doch das sprießende Grün wird es bergen, schützen und sein Himmelblau während des Sommers wenigstens farblich ein wenig eingemeinden.

»Wie ging es dann weiter?«, fragte Paul.

»Ich musste zu der kleinen OP mit dem ZVK.« Ich zeigte auf meine Narbe am Hals. »Ella und Mabel blieben vor der Glastür der Chirurgie zurück, ich werde ihre Gesichter niemals vergessen. Sie sahen auf einmal ganz kindlich aus, und mich plagte die Angst, ich wäre nicht rechtzeitig zurück auf der Station, um ihnen Lebwohl sagen zu können. Das war schlimm. Es reichte ganz knapp, sie lernten gerade noch Jamie Jacob kennen, dann mussten sie weg. Zum Flughafen und zum Bahnhof, mit dem Bus. Ich konnte sie ja nicht mehr bringen. Ich stellte mich auf das Fensterbrett im Zimmer und hab' den beiden ganz lange nachgewunken, als sie die Straße hinuntergingen. Sie drehten sich immer wieder zu mir hoch und winkten zurück. Wie damals, als sie zur Schule fuhren.

Dann blieb ich allein zurück, und es begann diese sehr besondere Zeit in diesem sehr speziellen Raum. Insgesamt war ich vierundsiebzig Tage im Spital, mit elf Tagen Pause zwischen den beiden Gift-und-Galle-Zyklen. Da war ich zu Hause und das waren mit die allerschönsten, intensivsten Tage meines Lebens. Ich hatte vorher nicht wirklich gewusst, was Freiheit in Wahrheit sein kann, wie einfach. Was für ein Luxus es ist, im eigenen Bett zu schlafen, die vertrauten Dinge wieder um sich zu haben.

Weißt du, im Grunde habe ich aus all den vielen Tagen im Spital eine einzige große Meditation gemacht. Ich war dort auf Arbeit. Meine Aufgabe war es, nichts anderes zu tun, als so präsent wie möglich zu sein in meinem eigenen Leben und zwar in jedem Augenblick, sogar im Schlaf. Ich hatte mir abends nach dem Essen zwei Stunden erbeten, da sollte möglichst niemand das Zimmer betreten, damit ich ungestört meine geistige Arbeit tun kann. Ich hab' da nämlich Verschiedenes in der Trickkiste«, lachte ich mit Blick in den Himmel und die Eichenkronen.

»Verrätst du mir deine Zauberkunststücke dann auch einmal?«, fragte Paul.

»Nur den mit den gezinkten Karten«, sagte ich und gab der Matte einen Schubs.

»Ich dachte eigentlich eher an Entfesselungskünste.« Paul schaute nach links zu dem weißen Seil das sich an der borkigen Rinde der alten Eiche schabte und ein körniges Geräusch von sich gab.

»Die beherrschen Sie doch schon aus dem Effeff, Herr Houdini.«

»Wie soll ich denn das verstehen?«, fragte Paul, nicht wirklich erstaunt.

»Wie Sie wollen. – Jedenfalls stand es ganz groß auf dem Dienstplan der Station: ›19–21 Uhr Meditation Patientin B. Auf keinen Fall stören!‹ Das fand ich süß, und sie hielten sich auch alle daran. Immer erst kurz nach neun ein sachtes Poch-Poch-Poch, ein Kopf im Türspalt und ein fast andächtiges ›Sind Sie jetzt fertig?‹. Erst wenn ich Ja sagte, traten sie ein. Fieber und Blutdruck messen und Pillen geben. Etwas gegen Herpes, etwas gegen Lungenentzündung, etwas gegen Pilze und einen Magenschutz.«

»Was ist das?«, wollte Paul wissen.

»Ein Lätzchen für den Magen, in Tablettenform. Wenn du mehr als drei Medikamente auf einmal nehmen musst. Damit der Arme nicht zu sehr bekleckert wird von zu viel Chemie. Sonst gibt er auf Dauer ein kleines Geschwür in Auftrag.«

Wir konnten über den See schauen. Die Sonne stand schon tief und drängte in der Mitte das Wasser zu einer Straße aus flirrigem Platin zusammen. Auf dem Sandweg unten waren noch viele Menschen unterwegs, Kinderwagen, Fahrräder. Es war noch immer recht warm. Das sanfte Hin und Her, in dem ich getragen wurde, lullte mich ein. ›Lullaby‹, dachte ich. Daher kommt das. Von Einlullen. Ein schönes Wort, eins für die Liste.

»Alle waren durch die Bank weg zauberhaft mit mir, so fürsorglich und achtsam. Manchmal dachte ich, dass ich jetzt endlich nachholen darf, was mir als Säugling nie vergönnt gewesen war. Diese uneingeschränkte Zuwendung rund um die Uhr. Die Pflegerinnen waren Engel. Ich fühlte mich geborgen und beschützt in diesem Zimmer. Es war mein Heilungskokon. Draußen in der ruppigen Winterwelt musste ich nun nicht mehr mithalten, mich nicht mehr beweisen. Das war irgendwie befreiend.

Aber zig Menschen hielten für mich dort draußen die Stellung. Virtuell. Ich hatte sie ja alle gleich zu Beginn mit meinem Aufruf per Handy in zwei Gruppen gepackt.

Sie haben gebetet, gechantet, meditiert für mich, schickten mir Worte des Trostes, machten mir Mut, erfüllten, so gut sie konnten, meine Bitte, mich vor ihrem inneren Auge niemals anders zu sehen als strahlend, vital und gesund. Das war ein enorm kraftvolles Feld, das sie miteinander für mich aufgespannt hatten. Gespeist aus Liebe, Ansporn, Anteilnahme. Ich hielt sie immer auf dem Laufenden mit Fotos, Berichten aus meinem Alltag und über jeden Stand der Dinge. Und was ich ohne Margrit, Priska, Nina und Serge gemacht hätte, weiß ich nicht. Die kommen alle in den Himmel. Sie waren immer für mich da, haben meine Wäsche gemacht, meine Wohnung gehütet, waren mit mir im Schneckentempo spazieren, besorgten mir Babynahrung, als mein Darm aus den Fugen geriet. Sie haben mich getröstet, gehalten, mit mir gelitten, geweint und meine Füße massiert. Auf Fußmassagen bin ich ziemlich versessen.«

»Das weiß ich wohl«, sagte Paul mit seinem warmen Mandelkern-Timbre. »Was für wunderbare Freunde und Freundinnen du hast, Emilie.«

»Weiß Gott«, sagte ich leise. »Mir war gar nicht klar, wie sehr sie mich alle tatsächlich liebten. Selbst die, die ich noch gar nicht lange kannte. Das zeigte sich erst, als wir alle um mein Leben bangen mussten, da trat das so richtig zu Tage.«

Auf der Wiese vor dem See bildeten sich verschieden große sperrige Haufen aus Fahrrädern. Ausgelassene junge Leute schwenkten mit hochgereckten Armen Flaschen und riefen etwas, das nicht zu verstehen war.

»Ella und Mabel waren auch absolut großartig. Und Lotte. Sie kamen, so oft sie konnten. Wir wuchsen jedes Mal aneinander. Manchmal auch über uns hinaus, in den härtesten Phasen.«

Ein Techno-Beat stampfte auf dumpfen Sohlen die Hänge zu uns hoch.

»Warum wollen Sie das eigentlich alles wissen, Herr Soczek?«

Mein Sie war der Versuch, mir meine Erinnerungen etwas vom Leib zu halten.

»Ich möchte einfach sehr gerne wissen, wie das da mit Ihnen weiterging, in dem Krankenhaus.«

»Warum?«

»Ich interessiere mich für Wunder. Für kleine und größere. Und Sie können wohl kaum leugnen, dass es ein großes Wunder ist, dass Sie hier so quicklebendig neben mir sitzen.«

»Nein«, sagte ich, »das ist in jeder Hinsicht ein großes Wunder. Minna sei Dank.«

Ich streifte die Schuhe mit den Fersen ab und ließ sie zu Boden trudeln.

»Wer ist Minna?«

»Mein E-Bike.«

Aus Paul kam sein unwiderstehliches Lachen, das immer so klingt, als ob er einen Mixer anwirft, der grüne Gemüsebrocken zerkleinern soll.

»Das mit dem Erzählen ist so eine Sache. Es würde wirklich sehr lange dauern. Ich habe soviel erlebt in dieser Zeit. Und alles habe ich immer als pralles Leben empfunden. Ausnahmslos.«

Pauls Blick leuchtete mein Profil aus. Die Sonne überm See hatte unterdessen von Platin auf Gelbgold gewechselt.

»Pralles Leben interessiert mich auch ungemein. Du zum Beispiel, Emilie. Du bist das pralle Leben.«

»Ich weiß nicht«, sagte ich kaum hörbar, »so besonders prall komm' ich mir gar nicht mehr vor. Ich lebe halt.«

»Eben. Das ist mehr als genug.«

Ich schloss die Augen und rieb mir mit Daumen und Mittelfinger über die Lider. Mir fiel die Bushaltestelle wieder ein, an der Paul geweint hatte, und dass ich jetzt vielleicht genauso aussehen würde wie er damals. Paul legte den Arm um mich, ich zog die Beine hoch in den Schneidersitz, mein linker Oberschenkel klappte zur Seite.

»Geht es so für Sie?«, fragte ich. Ich wollte Paul nicht bedrängen.

Seine warme Hand schrieb Ja auf meinen Oberarm und dass es sogar sehr gut so ginge. Die Vögel legten sich noch einmal ins Zeug, um diesen wunderbaren Maientag gebührend zu verabschieden.

Ich ließ mich fallen. Wie jemand, der keine Kraft mehr hat, noch länger die Kirchturmspitze zu umklammern, an die er, weiß der Kuckuck wie, irgendwann einmal geraten ist, Aug' in Auge mit dem Wetterhahn, darunter der Abgrund.

Plötzlich war ich kein Schwergewicht mehr für mich selbst. Ich wurde zum Leichtkörper. Zu einem Leuchtkörper im freien Fall.

»Ich wollte unbedingt vorher nochmal raus in den Garten am nächsten Tag. Bevor ich losging, bekam ich eine Tablette gegen die Übelkeit. Kurz vor elf wurde ich dann mit Jamie Jacob verbunden. Man hatte ihn bereits mit dem ersten Beutel behängt. Aus quittegelber Lichtschutzfolie, darauf ein stattliches Totenkopfsignet und die Aufschrift ›Vorsicht Gift!‹. – Da weißt du Bescheid.«

»Das ist ja fast wie bei Sokrates und seinem Schierlingsbecher«, sagte Paul.

»Nicht ganz. Sokrates ist bekanntlich dabei draufgegangen.«

»Der war auch nicht halb so klug wie Sie, Emilie.«

»Na ja, ich weiß nicht.« Ich lachte hilflos.

»Aber ich. – Und dann?«

»Dann habe ich den Beutel in Gedanken gesegnet und mich bedankt bei all den Menschen, die daran beteiligt waren, dass er da überhaupt aufgehängt war. Die Menschen, die geforscht haben, ihn hergestellt, abgefüllt, angeliefert. Weißt du, ein bisschen wie beim Essen, da mache ich das auch immer so. Und dann habe ich Frau Ried, die an diesem Tag Dienst hatte, eine ganz besonders liebe Frau aus dem Schwarzwald, habe ich Frau Ried darum gebeten, dass ich eigenhändig auf den Knopf drücken darf, um die Infusion zu starten. In genau dem Moment, wo ich spürte: Jetzt! Das war mir sehr wichtig. Frau Ried verstand das und ließ mir Zeit. Es war ein großer Moment. Ich hatte mein Ziel genau vor Augen, und ich fühlte seine Kraft mit jeder Faser meines Seins. Das Gift würde nun alles in mir vernichten, was nicht zu mir gehört. Ich hatte jahrzehntelang versucht, dieses Gefühl von Wurmstichigkeit zu beseitigen. Vergebens. Nun würde dieses Gift das für mich erledigen. Nun käme eben Gleiches zu Gleichem. Wie in der Homöopathie. Dieses Gift würde mich erlösen und mein System auf Null stellen.

»Was meinst du mit wurmstichig?«, fragte Paul.

»Ich war angenagt und zersetzt von etwas, das ich nicht wirklich verstand, das sich ständig zwischen mich und mein Erleben von allem stellte und mir den Eindruck vermittelte, ich sei nicht richtig, so wie ich bin, irgendwie verkehrt, nicht tauglich, nicht genug, zu wenig dies, zu wenig das, und trotzdem zu viel, zu... zu.«

»Zu«, wiederholte Paul, als wäre es eine Vokabel, deren Bedeutung er sich von irgendwoher ableiten müsste. »Ich verstehe. Erzähl' weiter.«

»Ich habe fast die ganze Zeit Klaviermusik von Bach gehört, Glenn Gould, rauf und runter, Bach ist gut für die Zellen. Ich habe mir vorgestellt, dass alle Zellen, die gesund sind, in einem Schutzbunker Zuflucht finden, in der Musik und in einem grünblauen Licht. Alle anderen habe ich dem Schredder ausgeliefert. Acht Tage ging das so, jeweils einundzwanzig Stunden. Natürlich habe ich auch geschlafen, sehr gut sogar, und ich war jeden Morgen nach dem Duschen meine eine Stunde im Garten spazieren. Egal bei welchem Wetter und in welcher Verfassung. Ich musste einfach an die frische Luft, die Bäume besuchen. Es gab schon Schneeglöckchen. Ich glaube, in dieser einen Stunde habe ich so viel gesehen und empfunden und war so glücklich, wie andere Menschen nie in ihrem Leben oder vielleicht auf einer Weltreise. Ich konnte nur im Zeitlupentempo gehen.«

Ich sprang aus der Matte. »Guck, so!«, rief ich und setzte sehr, sehr langsam Fuß vor Fuß.

»Aber eine Zeitlupe ist eben auch eine Lupe. Ich sah so viele Details, so viel Schönes. Die Kienäpfel auf den Wegen, das Kuddelmuddel im Unterholz. Die Gänseblümchenkonferenzen. Die Algen in den Wasserläufen und im Teich, die zärtlichen Schilfpüschel. Bestimmte Bäume, die ich lieb gewann. Bestimmte Ecken. Der kleine Erpel, der manchmal mutterseelenallein auf dem Wasser herumirrte. Ein einzelnes rotes Röschen. Tapfer trotzten wir gemeinsam Schnee und Eis. Die zeternden Spatzen, die Tauben und die eine Krähe, die mich stets vor der Bank bei der knorrigen Fichte mit einem ungelenken Tänzchen empfing. Der Garten war meine Rettung, mein Glück. Er war noch karg und kahl, es war Januar, Februar, und doch war er wie eine einzige, große Verheißung. Seine glühende Lebenskraft unter dem Winterschlaf übertrug sich auf mich.

Menschen mit und ohne weiße Kittel hasteten die Wege entlang, wollten schnell in die Kantine oder in einen anderen Gebäudetrakt. Mir kam ihre Eile richtig seltsam vor, ihre Ungeduld, diese Geschäftigkeit. Das war mir alles plötzlich fremd. In gewisser Weise ist es mir das heute noch. Damals bekam ich ein neues Zeitgefühl geschenkt.«

Ich ließ mich wieder in der Hängematte nieder.

»Manchmal musste ich früher wieder rein, weil ich so fror. Ich hatte ja nichts zuzusetzen, war nur noch Haut und Knochen. Ein einziges Mal habe ich es nicht in den Garten geschafft. Da war mein Blutdruck unterirdisch tief. Um zwölf musste ich immer zurück auf der Station sein, wegen Jamie Jacob und dem Mittagessen. Dann bin ich wieder zurück in den Käfig getapert, wie ein Haustierchen. Dahin, wo es Futter gibt und alles, wofür es selber nicht mehr sorgen kann. Das war dann auch ganz angenehm.«

»Was gab's außer Pillen denn sonst so zu essen auf der Station?«

»Ach«, stöhnte ich. »Sie gaben sich wirklich Mühe, um uns bei Laune zu halten. Die Küche hieß Hotellerie. Ja, die hieß wirklich so, kein Witz. Jede Woche eine frischgedruckte Speisekarte auf blütenweißem Karton. Immer drei Menüs zur Auswahl. Mit Fleisch, mit Fisch und vegetarisch. Immer ein Süppchen, eine Nachspeise. Es hörte sich alles sehr appetitlich an. Das Tablett kam stets mit einem schwungvollen ›Guten Appetit!‹ auf den Tisch. Ein Tablett aus grauem Plastik. Darauf ein Set aus grauem Papier. Darauf Besteck und ein Teller mit grauer Abdeckhaube. Unter der war es, – na, was glaubst du? – grau! Weiß oder kartoffelbreigelb. Ein Essen in Fehlfarben. Manchmal rote Soße oder etwas Grünliches. Hübsch arrangiert, aber alles abgekocht, abgeseiht, abgetörnt, zu Schanden erhitzt. Wegen der Keime. – Du kannst dir nicht vorstellen, wie sehr ich mich sehr bald schon nach einem knackigen Salat gesehnt habe, nach einer Tomate, nach Gurken, Oliven, nach frischem Obst, nach etwas Rohem, nach etwas, das auch so riecht, wie es schmeckt und umgekehrt. Es gab schon manchmal Obst, aber nur welches mit Schale. Zitrusfrüchte und Bananen. Das haben dann die netten Damen vom Service für mich ausgepellt. In meinem Beisein, mit Gummihandschuhen, zum sofortigen Verzehr, wie sie betonten. Ich sollte nicht mit Sporen und Bakterien in Berührung kommen.«

»Warum?«

»Weil die ganze Abwehr bei der Behandlung hops geht. Alle Fress- und Killerzellen werden vernichtet, und bis die sich wieder neu gebildet haben, bist du wie der Einsiedlerkrebs auf dem Meeresboden, der eine neue Muschel sucht: immer in Gefahr vor gefräßigem Getier, besonders vor dem, das in dir selber lebt. Wir sind ja alle voll bis obenhin mit Viren und Bakterien. Sie haben allergrößten Schiss davor, dass du dir eine Infektion holst. Die kann dann tödlich sein. Deswegen musst du täglich duschen, dir die Haare waschen und die Hände sowieso alle naselang und desinfizieren. Das müssen alle machen. – Ich habe heute noch dieses Geräusch im Ohr, von dem Spender mit dem Desinfektionsmittel. Der hing an der Wand im Flur, direkt neben der Tür zu meinem Zimmer. Ich wusste immer schon vor dem Klopfen, das gleich jemand reinkommen würde. Es gab so ein helles Quietschen, zwei-, dreimal.«

Ich machte den Klang nach und rieb dann hektisch meine Hände, schrubbte mit den Fingerspitzen die Zwischenräume.

Unten am Ufer brach Gejohle aus.

»Ich hatte übrigens auch nicht gewusst, dass Duschen etwas derart Köstliches sein kann. Für mich war es ein Highlight des Tages. Du hättest mich sehen sollen. Nie im Leben habe ich so genussvoll geduscht wie auf dem gefliesten Karree hinter dem Vorhang, mit all den Plastikschläuchen über dem Bauch. Laut geseufzt habe ich und gestöhnt und wollte mich in das Wasser hinein auflösen, mit ihm verschmelzen. Für mich war die Dusche ein heiliger, heilender Wasserfall, unter den ich jeden Morgen treten durfte.

Das Essen habe ich übrigens immer gelobt, auch wenn ich sehr oft viel übrig ließ. Wegen der süßen Damen von der Hotellerie. Nur einmal gab ich zu, dass ich all das Grau nicht mehr ertragen kann, auf dem Tablett und vor dem Fenster. Da haben mir diese lieben Feen doch tatsächlich ein Set aus mintgrünem Papier organisiert, um mich aufzumuntern. Ich war zu Tränen gerührt, habe nach dem Essen ein paar Blumen darauf gezeichnet und ›Danke‹ dazu geschrieben, in den schönsten Buchstaben, zu denen ich fähig war. Sie haben das Set in der Küche aufgehängt.«

Ich war unruhig geworden, wand mich aus der Matte und kramte in meiner Tasche nach der Wasserflasche. Paul schaukelte nur noch unmerklich und sah aus, als ob ihm ein Name auf der Zunge läge, der ihm partout nicht einfallen wollte. Ich tänzelte ein wenig vor und zurück und schlenkerte mit den Armen, als könnte ich damit den Missmut vertreiben, der mich angefallen hatte wie ein Mückenschwarm.

»Ich könnte noch tausend Sachen erzählen. Aber was soll's. Es ist vorbei.«

»Ich lausche dir gern, Emilie.«

Lauschangriff, dachte ich. Muss ich nachher notieren. Auch so ein Wort. – »Ich kann nicht mehr sitzen, ich muss mich bewegen.«

»Dann mach' das doch«, sagte Paul und stieß sich kräftig ab. Die Matte schnellte nach vorne oben. Ich sprang beiseite.

»Weißt du, was Rollvenen sind?«

»Ich kann's mir denken«, rief Paul und schaukelte ausladend.

»Das sind Venen, die keine Lust mehr haben, dauernd gepiekst zu werden. Sie verstecken sich, machen eine Rolle rückwärts ins Gewebe hinein.«

Ich schlug ein Rad. Paul war beeindruckt.

»Oder ein Pseudomonas?«

»Keine Ahnung. Vielleicht ein keimfreier Muffin?«

Ich zuckte im Takt des Techno-Beats. Meine gute Laune kehrte zurück.

»Der gilt als gefährliches Bakterium, den hatte ich auch mal und hohes Fieber. Dann kennen sie kein Pardon, dann gibt's Alarm und Penicillin für zwei Wochen. Sie haben auf mich aufgepasst wie die Luchse. Ich fand den Namen drollig, Pseudomonas, und dachte, wenn er schon Pseudo heißt, dann ist er das für mich auch. Pseudo eben. Der tut nur so als ob.«

»Du bist mir eine«, sagte Paul und diesmal schwang zärtliches Erstaunen mit. »Verraten Sie jetzt Ihre Tricks?«

»Unter einer Bedingung.«

»Die wäre?«

Ich stieg zurück in die Matte, legte Paul die Füße in den Schoß und wackelte mit den Zehen.

Er lächelte und fing sie ein mit seinen schmalen Händen.

»Also?«

»Ich glaube, der Haupttrick war meine Hingabe, mein Anfängergeist. Ich fand alles, was mir geschah, grundsätzlich erst einmal sehr interessant. Ich habe mich geweigert zu bewerten, zu sortieren in gut–schlecht, schön–schrecklich und so weiter. Die Dinge waren ganz einfach. Wie sie halt waren. Und ich war keine Patientin, kein Opfer. Ich habe mir alles höchst persönlich selber erlebt. Mit allen Sinnen. Mit allem, was ich bin. Das Erstaunliche war für mich, dass das Leben sich trotz allem einfach weiterlebte. Er-Leben setzt sich fort auf allerkleinstem Raum. Empfindungen, Gewohnheiten, Vertrautheiten, Begegnungen. Da ist etwas in dir, das lebt, und will vor allem nur das eine: leben. Und du hoffst, dass das Leben seine vertraute Form trotz allem ein bisschen behalten darf und freust dich über jede Kleinigkeit.

So war das jedenfalls für mich, und darum könnte ich auch niemals jetzt schon entscheiden, dass mein Leben vielleicht mal vorzeitig beendet werden soll. Ich möchte bis zum letzten Atemzug mit ihm verbunden sein, mit meinem Leben. Unter allen Umständen. – Denn es ist klüger als ich. Ich bin unsterblich verliebt ins Leben. Niemand liebt mein Leben so wie ich. Es ist die Substanz, die Essenz, die mich beseelt, durchflutet, mich nährt und eines Tages mit sich nimmt, wer weiß wohin, mir ist nicht bang davor. Ich leb' so lang schon mit dem Sterben. Seit ich siebzehn bin. Ich stelle mir vor, dass ich im Moment der Momente noch kurz denken werde: ›Ah! So ist das! Ist ja toll, warum hat mir das niemand vorher erzählt?‹«

Paul lachte ganz leise und drückte meine Zehen, als würde er Pfirsiche prüfen.

»Aber jetzt wird erst nochmal ein bisschen gelebt«, sagte er.

»Genau.«

Wir baumelten noch eine Weile sachte hin und her. Unten am Ufer war Party. Die Vögel hatten Feierabend. Über die Sonne hatte sich ein Streifen aus himmlischem Verbandsmull gelegt.

»Es wird kühl«, sagte Paul, als könnte er's nicht glauben.

»Wollen wir gehen?«

»Ja. Es ist Zeit für einen knackigen Salat.«

11

Draußen tobte eine Grippewelle, wie sie die Winterwelt seit Jahren nicht gesehen hatte. Ich war in der zweiten Aplasie und klammerte mich an die Aussicht von Zimmer 2555, das man mir netterweise wieder zugeteilt hatte.

Nach und nach bröckelten mir die Besuche weg. Nina lag flach, Serge bekam Husten, Priska Bronchitis. Nur Margrit schien unverwüstlich und ging mit mir spazieren, so oft sie konnte. Der Himmel vor dem großen Fenster blätterte ungestüm in seinem Wetterbuch. Ich lernte es lesen, das Alphabet der Wolken, von Licht und Schatten, Satzbau, Komma, Schnee und Regen, selten Sonne. Lernte sie auswendig, die langen Geschichten über das Grau.

Ende Januar, die erste Runde ging an mich und war gewonnen. Ich verlor die Haare.

Dr. Ju, der kleine Tim mit seinen Mandelaugen und ich, wir hatten durchaus einen Draht zueinander. Er kam sehr gern zu mir ins Zimmer, meistens am Nachmittag, auch wenn nichts anstand.

»Es ist ein bisschen wie beim Poker«, hatte er gesagt. »Im Moment sieht es gut aus. Wir müssen auf die nächste Karte warten. Das Blatt könnte sich wieder wenden. Nur, dass Sie mit allem rechnen.«

Er meinte ein entscheidendes Laborergebnis, das schon länger überfällig war. Die Art der Genmutation wurde bestimmt.

Ich mochte das nicht, wenn mein Dr. Ju auch noch anfing, herumzuunken und so wurde wie manche seiner Kollegen auf der Station – zum Beipackzettel auf zwei Beinen, immer die allerschlimmsten Varianten in der Kitteltasche.

Wir setzten uns ans Fenster und hielten ein Schwätzchen. Ich trank meinen Tee.

Er sagte immer: »Nein, danke«, wenn ich ihm etwas anbot, »ich muss gleich wieder los«, blieb dann aber doch eine Weile.

»Wenn man Sie so sieht, könnte man meinen, es nützt was.«

Ich war belustigt. Er spielte damit auf meine fidele Verfassung an. Ich hatte ihm erzählt, was ich alles so treibe, auch abends von sieben bis neun, und was ich so denke. Woher es kommen mag, dass ich jetzt bin, was er krank nennen muss. Warum ich aber finde, ich sei gar nicht krank, sondern nur in der Mauser, und zwar allumfassend. Sein Blick oszillierte zwischen Staunen und Skepsis.

»Sie sind noch sehr jung«, sagte ich, »die Chancen stehen gut, dass Sie noch erleben, wie die Naturwissenschaft sich mit der Geisteswissenschaft verzahnt.«

Hinter seiner glatten Stirn begann es gewaltig zu arbeiten.

»Doch, doch«, setzte ich nach, »das ist schon alles auf dem Weg. So geht es nicht weiter. – High-Tech-Medizin schön und gut. Die ist aber nur die halbe Miete.«

Er schwieg. Was kann er jetzt auch schon wissen davon, dachte ich, wie es wäre, eines Tags diesen Pfad zu verlassen, entschieden und mutig. Er hat ihn ja erst vor Kurzem mit viel Ehrgeiz betreten.

Am nächsten Tag traf ich ihn auf dem Flur. Ich kam vom Spaziergang zurück. Seine Mandelaugen sahen aus wie blanchiert hinter dem modischen Brillengestell.

»Ich habe gute Nachrichten für Sie!«, rief er mir im Vorübergehen zu, »ich bin gleich bei Ihnen.«

Ich ließ mich im Mantel rückwärts aufs Bett fallen und war maßlos erleichtert. Fürs Erste hätte das Pokern ein Ende. Das Blatt war günstig geblieben.

Und Dr. Ju war es auch, der mir in der Woche darauf begeistert zutrug: »Hundert Prozent! Wir haben Hundert Prozent erwischt. Mikroskopisch ist nichts mehr nachweisbar. Totale Remission!«

Wir klatschten uns ab wie die Fans eines Fußballclubs.

»Bestellen Sie Dr. Herd mal schöne Grüße«, jubelte ich, »ich habe mir immer seine lachenden Augen vorgestellt, damals beim Erstgespräch, wissen Sie noch?«

»Natürlich«, sagte Dr. Ju und wirkte auf einmal sehr ernst. »Es ist nur so. Vor zehn Jahren hätte man noch eine Chemo-Runde drangehängt und die Leute dann nach Hause geschickt. Heute ist man weiter. Man muss erst nochmal molekularbiologisch darauf gucken.«

Mir war es völlig egal, wer noch wie und worauf genau gucken wollte. Als er aus dem Zimmer war, schluchzte ich eine Sprachnachricht ins Handy, zum Dank für alle da draußen, die sich wie ich genau das vorgestellt hatten, was ich soeben gehört hatte: totale Remission!

Mein Ziel war klar. Ich komme hier raus und zwar ohne HPST.

Ich lasse sie endgültig hinter mir, diese Welt der Kürzel und Morsezeichen, die sich tüchtige Menschen in Weiß hin und her funken, über die kahlen Köpfe von angezählten Menschen hinweg, die in ihren Betten liegen wie Fallobst.

ZVK. MRT. CT. HPST. KMP.

KMP klingt weniger martialisch als Knochenmarkspunktion. »Onkologen sind womöglich die allergrößten Schisshasen«, hatte Nina mal vermutet. »Die machen ihre eigene Angst zum Beruf.«

Vielleicht helfen die Kürzel, sie zu kaschieren, diese Angst.

Nie lag ich im Bett, außer nachts. Jeden Morgen baute ich mir mit einer Tagesdecke das Bett zum Sofa um. Das sah entschieden nach Wohnlichkeit aus und weniger nach Siechtum. Nach dem Duschen zog ich mich vollständig an. Das war mir wichtig, besonders mittwochs, wenn Großvisite war und der Chef mit seiner Gefolgschaft am Vormittag anrückte. Professor Liebwein, klein und beleibt, mit kugelrundem Glatzkopf und kreisrunder Brille. Im Schlepptau seine Oberärzte, Studierende und die Pflegerinnen im Tagdienst. Sie standen alle hintereinander bis weit in den Flur hinaus. Eine Erdmännchenparade. Kostümiert und maskiert mit weißen Kitteln und türkisblauen Vlieslappen. Ich stand jedes Mal kerzengerade vorm

Fenster und hielt Hof. Professor Liebwein schritt beherzt auf mich zu. Er kannte mich noch von der Bühne her und war mir sehr wohlgesonnen.

Wir scherzten gerne ein wenig vor unserem Publikum. Wie im Boulevardtheater kam ich mir vor.

»Ihr Bruder passt überhaupt nicht zu Ihnen. Er ist der totale Missmatch«, witzelte der Professor, den ich um gut einen Kopf überragte, bei der zweiten Visite. Sie hatten inzwischen Arnes Blut untersucht. Er käme als Spender definitiv nicht in Frage.

»Ich weiß«, gab ich launig zurück, »nicht nur vom Blut her. Wir haben uns trotzdem sehr lieb.«

Ein anderes Mal mahnte er gespielt: »Na, na! Sie wollen bei dem Sturm noch raus in den Garten? Nicht, dass es Ihnen auch so ergeht wie Ödon von Horvath!«

»Ach«, befand ich lakonisch, »das wäre doch noch die kostengünstigste Variante.«

Die Alten unter den Erdmännchen lachten verstohlen. Die Jüngeren wussten wahrscheinlich nicht, wer Ödon von Horvath war und nahmen sich vor, ihn später zu googeln, damit sie auch etwas zu lachen hätten.

Auf der Fensterbank ganz links im Eck lag immer noch der Patientenordner. Ich hatte ihn dorthin verbannt und mit einem Handtuch bedeckt. Sollten sie mal schön darunter versteckt bleiben und sich mir nicht mehr ins Gedärm krallen, die beißenden Zeilen und Zeichnungen auf seinen vielen Seiten. Diesen Ordner hatte ich mir an meinem ersten Abend im Spital zu Gemüte geführt und mir seither nichts sehnlicher gewünscht, als am Leben zu bleiben, und zwar ohne HPST. – HPST, Hämatopoetische Stammzellen Transplantation.

Was daran poetisch sein sollte, hatte sich mir beim besten Willen nicht erschließen können, denn was ich zu lesen bekam, war reine Horror-Prosa. Ich hatte alle Seelenhände voll damit zu tun, mich ihrer zu erwehren und alles, was in dieser Mappe herumspukte, von mir zu halten. Die ganzen Pferdefüße, die Scheusale von Nebenwirkungen, die feuerspeienden Drachen der bestehenden Risiken, den ganzen Moloch eines Bildes vom Menschen, das aus mir eine kaputte Maschine machen wollte, die mit etwas Glück und entsprechenden Ersatzteilen durchaus erfolgreich reparierbar sei.

No risk, no fun – so viel war klar. Das Gift einer beinharten Chemo würde mich auslöschen, meine angestammte Information vernichten, mich schwach und wehrlos machen und den Weg somit frei für die kleinen Gäste aus dem System eines geeigneten Spenders. Dem könne ich später sehr gern danken, wenn ich wieder gesund sei. Nur per Brief, nicht persönlich.

Seine Zellen haben mit mir nichts zu schaffen, sind nicht zu Hause in mir, von einem anderen Stamm halt. Selten befrieden sie sich ohne Weiteres mit ihrer neuen Umgebung. Warum auch. Ihnen ging's gut, dort, wo sie herkamen. Die Gäste beginnen den Wirt zu hassen, gehen Darm und Leber an den Kragen – HVGD, Host Versus Graft Disease. In meinem schönen, klugen Körper wäre nur noch Krieg. Wenn ich Pech hätte, blieben in ihm für den Rest meines Lebens die Blauhelmsoldaten der Pharmazie stationiert. Schwere Geschosse würden sich aller Angriffe erwehren und das Gift der Zerstörung weiterhin sein Unwesen treiben. Jahre später könnte es Folgetumore erzeugen. Statistisch gesehen wäre ich vielleicht geheilt, doch ich selbst, die Emilie, wie ich sie lebe und liebe, wäre ein

Wrack. Versehrt an Körper und Seele, schlimmstenfalls auf immer beschnitten, getrennt von allem, was lustvoll und lebendig ist. In ständiger Furcht vor Viren, Keimen und Bakterien gefangen. Mir graute davor.

»Ich würde Ihnen nicht empfehlen, den zweiten Zyklus zu schwänzen«, hatte Dr. Herd gesagt, bevor er mich in die Pause nach Hause entließ, und rieb sich dabei zur Abwechslung mit den langen Händen die Oberschenkel, anstatt sie zu kneten. Hin und her, immer wieder.

Ich dachte an Mutter Natur und wie sie es jedes Jahr wieder grünen und sprießen lässt. Mit welcher Verlässlichkeit und Liebe. Nie würde sie sagen: »Ihr Menschen seid doof. Ich habe keine Lust mehr, es gibt keinen Frühling. Dieses Jahr fällt er aus, ihr habt es nicht besser verdient«.

Grund genug dafür hätte sie schon.

Und so war es auch mit den Blutzellen. Sie waren allesamt wiedergekommen, unschuldig, vorwitzig, neugierig, krempelten die zarten Ärmelchen hoch, mir wieder zu Diensten zu sein, emsig, liebend, wie kleine Kinder, die unbedingt mithelfen wollen beim Tischdecken. In der Wüstenei meines Knochenmarks hatte es wieder angefangen zu blühen. Wie sollte ich diesen rührenden Pflänzchen verständlich machen, dass es aus medizinischer Sicht das Gescheiteste sei, sie allesamt wieder niederzuknüppeln?

Ich verstand es ja selber nicht. Es kam mir vor wie ein riesiger Frevel. Die Panzer der Vernichtungspolitik rollen heran mit ihren Schwermetallkanonen. Ich sah genau vor mir, wie sie das zärtliche Keimen und Blühen, das ganze rührende Fest der kleinen Auferstehung unbarmherzig zerschmettern und wieder nichts zurücklassen würden als herzzerreißende Ödnis.

Dr. Herd erklärte mir, warum das nötig sei, und dass mein Herz sehr gute Chancen hätte, keinen dauerhaften Schaden dabei zu erleiden. Diesbezüglich sei ich keine Risikopatientin. Seinen braunen Augen konnte ich besser folgen als seinen Worten hinter dem Vliesrechteck, meine Zweifel und Ängste zerstreuten sich ein wenig. – Ich würde es ähnlich machen wie beim ersten Mal und einen neuen Anfängergeist auf den Plan rufen, denn ich wusste nun schon, wo der Hase langläuft in diesem Parcours und wo er seine Haken schlagen würde.

Später dann, als ich litt, mich vor Bauchschmerzen krümmte, dämmerte mir, was es auf sich hat mit dem Begriff ›Stockholm-Syndrom‹. Dass auch ich in eine Art Geiselhaft geraten war.

»Um dich zu rette«, so hatte es Serge mir mit seinem drolligen Akzent erklärt, »um zu überlebe, machst du ohne zu merke gemeinsame Ding mit deine Entführer.«

Es waren beim zweiten Mal nur fünf Tage für mich am Gift-und-Galle-Tropf, zweimal drei Stunden pro Tag. Dafür bretterten sie mit der fünffachen Dosis durch mich hindurch. Zeitweise fühlte ich mich wie in einer Nussschale auf sturmgepeitschter See.

»Wir halten mit dir den Blick auf den Horizont«, schrieben die guten Geister draußen in der Winterwelt. »Halte durch!«

Mein Smartphone wurde zur Trosse und vertäute mich fest mit der Reling, damit ich nicht über Bord ging und elendig absoff.

Als ich wieder an Land ging, war ich fertig, aber ich ging, und ich stand mittwochs wieder kerzengrade am Fenster bei der Visite.

Beim Duschen und Waschen wurde es unübersehbar: Ich kam in die Mauser. Die dunklen Haarbüschel und -bündel, die ich tropfnass aus dem Gitterrost am Boden pulte, wurden immer dichter und dicker. Ich betrachtete sie und glich mich selbst im Spiegel mit ihnen ab, wickelte sie zärtlich in ein Papierhandtuch und entließ sie aus unserer gemeinsamen Zeit.

Ein Tritt aufs Pedal des kleinen Eimers unter dem Waschbecken, Deckel auf, die nässende Leiche glitt hinein. Deckel zu. Abschied auf Raten von meiner alten Erscheinung. Ich war eher nachdenklich als niedergeschlagen. Was ist Identität. Wo ist sie beheimatet. Was macht mich aus auf die Dauer. Eine Frisur?

Ich war gespannt auf alles, was ich noch werden würde und wie es sich abbildet in meinem Äußeren.

»Wir würden Ihnen dann gerne mal die Haare abschneiden«, sagte eine der jungen Pflegefachfrauen, die mit dem längsten Pferdeschwanz. »Das ist hygienischer.«

Ich wusste nicht, was sie meinte. Es sah in meinem Zimmer nicht aus wie in einem Friseursalon nach Feierabend, und auch auf dem Kopfkissen fanden sich kaum mehr dunkle Spuren meines schulterlangen Haarschmucks als sonst.

»Natürlich nur, wenn Sie das wollen«, räumte die junge Frau ein. »Die meisten wollen das.«

»Ich nicht«, entgegnete ich ruhig, »ich möchte wissen, wie mein Kopf das macht, was aus ihm wird, wie er sich und mich verändert jeden Tag. Das ist spannend, ist Kunst. Kunst am Kopf.«

Sie lächelte ein wenig irritiert und steckte mir das Thermometer ins Ohr. Nach zwei Sekunden piepste es geflissentlich. »36,2. Sehr gut. – Dann einen schönen Tag noch.« Sie huschte zur Tür.

»Ihnen auch, vielen Dank.«

Ein Schädel spricht Tacheles. Ganz ohne Floskeln. Meiner wurde zu einem kleinen Planeten mit unterschiedlichem Baumbestand. Da gab es die kahlen Gebiete, brandgerodete Flächen in rosig schimmernder Erwartung auf etwas Neues. Die winzigen Ländereien, wo schon wieder aufgeforstet wurde, ein liebenswerter grauer Flaum erschien. Und alter Wald, über dem Nacken am Hinterkopf. Er hatte dem Inferno erfolgreich getrotzt und begann zu verfilzen. Als suchten sie Halt aneinander, waren zwei dichte Haarsträhnen von rechts und links zusammengeflossen, hatten sich ineinander verkrallt, ein unentwirrbares Ding geformt, eine drahtige Wurst, einen Griff. Ich nannte ihn Henkelmann, da er mich an den Henkel einer Einkaufstasche erinnerte.

»Guck mal«, sagte ich zu Serge bei seinem letzten Besuch und griff von oben hinein. »Ich kann mich jetzt immer am eigenen Schopf aus dem Sumpf ziehen.«

»Du siehst super aus«, sagte er und durfte auch mal daran ziehen.

»Es gibt eine Indianerstamm, die habe genauso eine Frisur mit so eine Ding«, behauptete er, »zu die Verbindung stärke nach obe, wie ein Antenne.«

»Genau«, lachte ich, »ist das nicht toll? Wir kriegen immer alles, was wir brauchen.«

Serges Besuche hätte ich weiterhin auch sehr gut brauchen können, aber er hatte starken Husten in den folgenden Wochen und wir konnten nur noch telefonieren.

Die Kopfhaut ging nach dem zweiten Boxkampf mit der Chemokeule in Flammen auf und juckte zum Verrücktwerden. Sie spannte über den Knochenplatten, als sei sie zu heiß gewaschen worden und um vier Nummern geschrumpft. Der Henkelmann kam ab, ich hielt den kratzenden Wulst und sein Gewicht nicht mehr aus. Nach dem Schneiden legte mir die Pflegerin meinen Skalp in die Hände. Ich bestaunte einen jungen Adler mit aufgefächerten Schwingen und einer abenteuerlichen Filzskulptur im Rücken. Er kam in einen Behälter aus Eierkarton für Operationsabfälle und ich hütete ihn lange Zeit wie einen Schatz.

Ella und Mabel nannten mich Gollum und machten mit mir Fotos vor dem großen Poster an der Wand, das Ella mir geschenkt hatte. Wir spielten Casting für die Neuverfilmung von Der Herr der Ringe und lachten uns schlapp dabei.

Das Poster war die passende Kulisse. Es zeigte vier schneebedeckte Berggipfel in Kanada. Zu deren Füßen ein türkisblauer See, gesäumt von einem breiten Streifen dunkelblauen Nadelwaldes. Ich hatte das Foto vom Bett aus immer im Blick. Es war Pfefferminz für die Seele inmitten der Fehlfarbenwelt, nicht nur für mich.

Jeder Gipfel stand für einen Behandlungszyklus. Zwei von ihnen hatte ich schon erfolgreich bezwungen. Den dritten wollte ich noch meistern und dann über den gezackten Kamm nach rechts aus dem Bild marschieren.

Der vierte Gipfel vorne links war der, den ich auf keinen Fall angehen wollte, die Transplantation.

Inzwischen wusste ich, was es mit den roten oder grünen Balken neben einer Zimmernummer auf sich hatte. Täglich ging ich an ihnen vorüber, auf dem Weg in den Garten. Der Balken vor meiner Tür war immer noch grün. Vor den Zimmern mit rotem Balken hatte ich manches Mal Menschen in sterile Kittel und Schuhüberzüge steigen sehen und wie sie sich doppelt und dreifach desinfizierten. Es waren engste Angehörige mit schmerzlichen Zügen und verzagten Gesten. Hinter der Tür harrte geduldig ein von ihnen geliebtes Wesen, meistens im Bett, gemartert, für lange Wochen abgeschirmt von der Außenwelt, in höchster Isolierstufe: rot. Tag und Nacht umbrauste diese Patienten das Geräusch eines Luftfilters, und alle bangten und hofften, sie kämen noch einmal davon. Die gespendeten Stammzellen waren für manche von ihnen die letzte Rettung und wahrer Segen.

»Bei Ihnen gäbe es nur an der dritten Stelle hinter dem Komma etwas zu verbessern«, verriet mir Dr. Ju bei einem unserer Schwätzchen. »Ich würde das auch nicht machen.«

Er wusste um all meine Bedenken und Pläne.

Und doch platzte er ein paar Tage später ins Zimmer. Nina und Mabel waren gerade da, wir hatten es lustig, sangen mit Jamie Jacob im Chor, draußen dämmerte es, das Hochhaus des Pharmakonzerns wurde zum schimmernden Regenbogenfisch im Lichtermeer der Stadtsilhouette. Es sah magisch aus. Ich fühlte mich wohl und entspannt wie lange nicht.

»Ich wollte Ihnen nur mitteilen, dass wir einen idealen Spender für Sie gefunden haben.«

Der junge Mediziner schien sich ehrlich zu freuen, mir hingegen wurde eisig kalt. Wieso? Wozu? Es ist doch wohl klar, dass ich den Spender nicht brauche. Hat sich das Blatt auf einmal gewendet? Wird schon wieder gepokert und ich weiß nichts davon? Was geht hier vor?

Ich war zu schockiert und perplex, um ihn zu fragen. Und außerdem wütend, dass er mich aus dem Nichts heraus damit konfrontiert hatte, im Beisein von Nina und Mabel.

»Mama, brauchst du jetzt doch einen Spender?«, fragte Mabel beunruhigt, als wir wieder alleine waren. »Ich dachte, es ist alles okay, es war doch gar nichts mehr da.«

»Nein«, sagte ich zornig, »brauche ich nicht, und ich werde denen morgen was husten vor versammelter Mannschaft.«

Am nächsten Tag war wieder Großvisite. Ich stand vor dem Fenster wie immer. Das übliche Geplänkel. »Für das, was wir hier mit Ihnen anstellen, sehen Sie ziemlich gut aus«, ließ der kugelrunde Professor und Lehrstuhlinhaber verlauten. Ich sei eine Bilderbuchpatientin.

»Ja«, sagte ich, »das hat auch seine Gründe. Das kommt nicht von ungefähr.«

Ich nutzte die Gelegenheit, allen aufrichtig für ihr Bemühen um mich zu danken, dann brach sich ein flammendes Plädoyer aus mir Bahn.

»Ich wohne schon ziemlich lange in diesem wunderbaren Körper«, begann ich und zeigte ausladend an meiner mageren Gestalt herab.

»Bis auf eine Kleinigkeit funktioniert er tadellos, und ich werde ihn nicht verraten an eine Maschinerie, die mich von ihm entfremden will und ihn zum Kriegsgebiet erklärt. Er ist eine Amphore, eine kostbare Antiquität. Gefüllt mit allem, was ich erlebt und erfahren habe. Ich bin die Spezialistin für ihn, er ist mein Fachgebiet, und ich bitte mir deshalb allerhöchsten Respekt für uns aus. Und Folgendes möchte ich auch noch loswerden: Was Ihre Patienten und Patientinnen hier besonders benötigen, sind Trost und Ermutigung, menschliche Reife und vor allem Sensibilität im Gespräch. Daran hapert es hier, wie ich finde, noch ganz gewaltig.«

Ich weiß nicht mehr, was ich sonst noch alles sagte. Ich glaube, mir kam sogar die Idee, ihnen einen Workshop bei mir anzubieten, wenn ich das alles hinter mir hätte. Das eine oder andere Augenpaar blitzte auf über dem Mundschutz, als hätte ich einen Sehnerv getroffen, ein Licht angeknipst. Es waren junge Augen, die der Studierenden und der Schwestern im Dienst. Der Chef und die Oberärzte stierten mich mit offenen Mündern an wie eine Jahrmarkt-Sensation, ein Kalb mit drei Köpfen. So sah es jedenfalls aus, genau zu erkennen war es natürlich nicht, denn zwei Drittel ihrer Gesichter waren mit sich allein unter dem Vliesviereck vor Mund und Nase. Eine der Pflegefachfrauen bedankte sich später bei mir. Ich hätte endlich etwas zur Sprache gebracht, was sich bisher noch niemand getraut hätte, das sei ganz wichtig gewesen, für alle anderen Patienten auch.

Blut, dieser ganz besondere Saft. Ein Wunder, aus was es alles besteht, was in ihm herumschwimmt. Nach dem »Guten Morgen!« wurde es mir täglich abgezapft, in zwei kleine Röhrchen fürs Labor. Mittags hatte ich schwarz auf weiß, was mein tapferes Mark in seinem Frühling bereits wieder zu bilden imstande war.

Es ging nur in kleinen Schritten voran.

Ich studierte die Tabellen, als erstes den Wert der Neutrophilen. Sie wollten und wollten sich nicht recht vermehren. An die zweihundert sollten es sein, erst dann könnten sie mich wieder gegen fremdes Getier beschützen und ich dürfte nach Hause.

Doch diesmal schienen sie scheuen Ga-Zellen zu gleichen, die kleinen Neutrophilen. Sie trauten sich nur vereinzelt hinaus ins neue Grasland meines Knochenmarks. Sie waren offensichtlich vergrätzt. Ich sprach ihnen täglich gut zu. Ich hatte Angst, sie könnten auf immer verstört sein, sich nie wieder vollständig blicken lassen. Ob das auch vorkäme, gelegentlich, wider Erwarten, fragte ich Dr. Ju.

»Eigentlich selten«, ließ er mich wissen.

»Aber wenn?«

»Hm«, machte er nur und behielt für sich, was er dachte.

»Wir haben Neuzugang«, hieß es eines Tages, »es könnte sein, dass Sie Ende der Woche hoch in den siebten Stock müssen.« Dr. Ju versprach, sein Bestes zu tun, um dies zu verhindern. Der siebte Stock war äußerst unbeliebt. – Sein Bemühen war vergebens.

Mir ging es einfach zu gut für den Luxus der abgeschirmten Rundumversorgung auf Station 5. Sie bräuchten das Zimmer für jemanden, der sehr viel schlimmer dran sei als ich, für einen Akutfall, erklärte mir jemand.

Margrit half mir, die Sachen zu packen, das Poster und die Bilder von den Wänden zu nehmen.

Alles kam auf das fahrbare Bett. Die mütterliche Frau Ried und ich rollten es samt meiner Habe in den Lift. Margrit rollte den Koffer.

»Kleinen Moment noch«, sagte ich plötzlich und sprang aus der offenen Tür zurück in den Flur, »ich hab' was vergessen.« Mir war der Block mit den Kreuzworträtseln in den Sinn gekommen, in der untersten Lade im Schränkchen neben dem Bett. Kreuzworträtsel beruhigen mich und den Stirnlappen kolossal. Wir füllen gern etwas aus, ab und zu, das gibt uns Halt, und außerdem wimmelt es in Kreuzworträtseln vor kuriosen Wörtern. Gestern erst noch hatte ich Furunkel geraten und Laufpass.

Ich war schon fast an der Tür, als ich meinen Namen hörte. Im Zimmer war niemand. Nur Jamie Jacob. Er sah sehr einsam aus. »Tschüss«, sagte er heiser, »alles Gute.«

Ich drehte mich um. »Ich dachte, du kannst bloß singen,« flüsterte ich und strich mit dem Zeigefinger über seine erloschene Armatur. Thank you for the music, verlangte der Stirnlappen.

Frau Ried sah ungeduldig aus hinter der offenen Lifttür. Fünf Stockwerke höher nahmen wir Abschied.

»Machen Sie's weiterhin gut, Frau Bundschuh.«

Sie drückte mir sehr warm die Hand.

»Sie auch, liebe Frau Ried. Danke für alles.«

Jamie Jacob blieb allein zurück auf der Iso, wir wurden auf immer geschieden. – Mein neuer Begleiter im siebten Stock stand auf klapprigen Rollen und erwies sich als Stümper beim Tanzen. Singen konnte er auch nicht. Er bekam keinen Namen und unsere Blitzehe währte, gottlob, nicht lang.

Nach einer Woche konnte der Venenkatheter raus, samt aller Schläuche und Strippen. Da war ich ihn endgültig los und wieder frei, was ich auf nie gekannte Weise genoss.

Ich fand mich also im letzten Drittel des Februars auf der Inneren wieder, im Gewusel einer ganz gewöhnlichen Station, zwischen Männern und Frauen, Herzoperierten, Transplantierten, Blinddarmentzündeten und Tumorerkrankten. Eine gemeinschaftliche Dusche und Toilette neben der Tür auf dem Flur.

Mit einem Male spielten die gefürchteten Bakterien keine Rolle mehr.

Ich kam mir vor wie ein Vogeljunges, das aus dem Nest gefallen war. Nackt und verletzlich, schutzlos und ausgeliefert. So plötzlich ausgewildert zu sein, behagte mir nicht. Die vielen Wochen auf der Isolierstation hatten mich zum Kleinkind gemacht.

Jetzt kam ich von einem Tag auf den anderen zur Schule. In die Schule des Lebens einer ganz normalen Abteilung der Inneren Medizin. Doch ich wuchs im Zeitraffer mit dem Lernstoff, den ich täglich frei Haus geliefert bekam und begierig verschlang.

Die erste Nacht war ich allein, dann teilte ich das Zimmer sieben Tage lang mit Lydia, einer stillen, feinfühligen Frau meines Alters. Es war ihre letzte Woche im Spital. Für eine weitere Behandlung war sie zu schwach, ein Palliativfall. Sie wartete auf einen

Hospizplatz. Wir hatten eine unvergessliche Zeit zusammen, spendeten uns gegenseitig Mut, Trost, Wesentlichkeit und schliefen nachts mit der frischen, kühlen Luft, die wir beide ersehnt hatten wie nichts anderes. Wenn die Schwester im Nachtdienst das kleine Seitenfenster kopfschüttelnd schloss, stand ich auf, um es wieder zu öffnen, sobald sie verschwunden war.

Auch Lydia wollte nicht fernsehen, das war ein Segen. Immer nach dem Abendessen setzte ich mich zu ihr auf die Bettkante und massierte ihre schmalen, zierlichen Füße mit dem kostbaren Lavendelöl, das Nina für mich bei Dr. Ju durchgesetzt hatte.

»Normalerweise dürfen hier wegen der Keimbelastung nur Produkte der Klinik benutzt werden«, hatte er gesagt und dennoch versprochen, sich für uns stark zu machen.

Lydia sog die Berührungen auf wie ein trockener Schwamm. Wenn ich später zurückkam aus der Spital-Kapelle, in der ich nun von sieben bis neun meditierte und betete, schlief sie immer schon tief und fest.

An ihrem letzten Morgen, bevor ihr Mann sie abholen kam, stieg sie nach dem Frühstück, noch im Bademantel, auf einen der Stühle und riss die Kabel des Fernsehers aus der Wand. Die Wucht, mit der sie es tat, war beeindruckend.

»Das ist das Mutigste, was ich je gemacht habe«, kicherte sie. Sie hatte mir viel von sich erzählt und dass es ein Leben lang schwer für sie gewesen war, Nein zu sagen. »So! Jetzt kann die nächste Patientin dich nicht mit dem Flimmerkasten quälen«, sagte sie und stopfte den schwarzen Kabelsalat ganz hinten hinein in den Spind.

Wir umarmten uns lange und sie schenkte mir einen kleinen Engel aus Rosenquarz.

»Ich brauche ihn nicht mehr«, sagte sie, legte ihn mir in die offene Hand und schloss meine Finger über ihm. »Er soll nun auf dich aufpassen.«

Als nächstes kam Frau Babič, eine füllige Serbin mit frisch implantierter Niere.

Sie war zu phlegmatisch für alles, was mich hätte stören können, das war ein Glück. Dafür setzte sie nachts ihr unbarmherziges Sägewerk in Betrieb. Die Wände vibrierten, Gläser klirrten und ich nahm Zuflucht bei meinen Kopfhörern und Maria Callas und sang laut mit. Schlaf wurde zur Mangelware.

Tagsüber war ich viel unterwegs im ganzen Gebäude. Immer auf der Suche nach Oasen der Ruhe, des Rückzugs. Zu der Grippewelle im Land gesellte sich eine klirrende Frostperiode. Überall zog es wie Hechtsuppe. Meine dicken, fellgefütterten Boots stapften mich und meine von Jeans umschlabberten Beinchen über die Flure. Einmal blickte mir im Vorbeigehen aus einem Spiegel eine sonderbare Erscheinung entgegen: Sie war eingemummelt in einen kakaofarbenen Daunenmantel, trug eine schwarze Mütze, tief ins Gesicht gezogen, und vor Mund und Nase eine unförmig steife, weiße Maske. Ich trat zwei Schritte zurück zu dem Spiegelbild und brach in schallendes Gelächter aus: Das war ich! – Das Phantom der Spital-Oper.

Wenn Nina mich besuchen kam, begaben wir uns nach Mallorca. Das war ein kurzer Korridor mit einer Fensterscheibenfront vom Boden bis zur Decke, davor ein moosbegrüntes Flachdach. Nachmittags schien dort die Sonne hinein, wenn sie Lust dazu hatte, genau auf uns und die zwei Stühle, die dort herumstanden, als hätten wir sie gebucht für einen Kurzurlaub auf der Insel.

Das Essen war ein Problem. Ein Systemfehler im Computer sorgte dafür, dass mir immer etwas auf den Tisch gestellt wurde, was ich gar nicht bestellt hatte und nicht essen durfte. Die Mahlzeiten waren abgezählt, und so aß ich die ersten Tage nur Suppe. Von der war immer reichlich da. Am fünften Tag kam schließlich gar nichts mehr, der Tisch blieb leer. Ich ging mich beschweren.

»Sie haben nichts bestellt«, sagte die Frau in der Küchenabteilung gleichgültig und wandte sich wieder ihrem Rechner zu.

Da bin ich zum ersten Mal ausgerastet. »Schauen Sie mich bitte mal an! Sehe ich so aus, als könnte ich es mir leisten, nichts zu bestellen? Ich soll hier neues Blut machen! Wie soll das gehen? Ich lande bald im Spital-Burnout, ich brauche etwas zu essen und zwar etwas Gescheites und das sofort!« Ich wog nur noch fünfundfünfzig Kilo bei meinen eins fünfundsiebzig.

»Die lassen mich hier verhungern!«, ich rief in der Isolierstation an, Frau Ried war am Apparat und versprach, sich sofort um alles zu kümmern.

Im Schrank standen noch immer ein paar von den Babygläschen, die Priska palettenweise herangeschafft hatte, als mein Darm so entzündet war. Das war einstweilen meine Rettung. Am nächsten Tag bekam ich Besuch von der Hotellerie-Chefin. Sie brachte mir Schokolade von edelster Sorte und ein Entschuldigungsschreiben auf fettem Büttenpapier, das ich am liebsten auch noch gegessen hätte.

So torkelte ich durch den zweiten Monat des noch jungen Jahres und gewöhnte mich immer weiter und schneller an viele Absurditäten. Ich kam mir vor wie ein Stückchen Papier, das ein unsichtbarer Laubbläser vor sich hertrieb, die Flure und Gänge entlang, hinein und hinaus aus dem Lift, durch Zimmer und Korridore. Vieles lag nicht mehr in meinen Händen und war nicht zu ändern. Ich nahm es dann, wie es halt kam, und hielt mich wach. So etwas erlebt man schließlich nicht alle Tage, so etwas Verrücktes, dachte ich und machte mir Notizen. Unerschütterlich vertrauend saß, lag, kauerte ich in meinem tapferen Körper und füllte ihn bis in den letzten Winkel mit mir selber aus, jenseits aller Genetik, Statistik und Prognosen. Im Wissen um jeden einzelnen DNA-Strang meiner Geschichte, um meine persönliche Wahrheit.

Irgendwann stand ich dann Mitte März, an dem allerersten sonnigen Frühlingstag, tatsächlich wieder zu Hause auf der Terrasse. Genau dort, wo ich Ella und Mabel mein Versprechen gegeben hatte in der Silvesternacht.

Margrit hatte mich abgeholt mit dem Auto, Sack und Pack eingeladen und hochgeschleppt. Die Sonne legte ihre großen, gütigen Hände beruhigend auf meinen mageren Rücken und ich schluchzte heiße Tränen in Margrits Halsgrube. Vor Erschöpfung, Erleichterung, vor allem vor Freude darüber, nun erst einmal drei Wochen lang in Sicherheit zu sein und meine Ruhe zu haben. Danach sollte es weitergehen. Mit was auch immer.

Priska kam hoch zum Tee, wir lachten und jubelten, schossen ein Foto. »Gollum is back home«, schrieb ich darunter und versandte es mit großer Dankbarkeit an all die Menschen nah und fern, die mich bis zu diesem sonnigen Punkt gelotst hatten, mit ihrer Liebe und ihrem Gedenken.

12

Zwischen uns lag Palmström. Ausnahmsweise. Eigentlich durfte er nicht aufs Sofa, aber nun hatte Paul ihn eigenhändig dort hingetragen und vorsichtig auf einen alten Kopfkissenbezug gelegt.

Palmström war der Hund von Pauls Nachbarin Anke. Manchmal musste sie für viele Stunden ins Büro und wollte nicht, dass Palmström so lange allein in der Wohnung bleibt. Dann fragte sie Paul, ob er ihn hüten könne. Das war beiden nur recht, sie liebten einander, Mann und Tier, und Paul fand Palmströms Anwesenheit ungemein inspirierend. »Das ist gar kein Hund«, hatte er mal angemerkt, »das ist eine alte, schlaue Seele, die sich in einen Persianerpelz verirrt hat.«

An jenem Nachmittag hatte ich mit Paul eigentlich in eine Ausstellung gehen wollen, die ich schon zweimal besucht hatte. Ich war ganz vernarrt in die Bilder und in den Maler. Ein deutscher Impressionist. Leider war er seit knapp hundert Jahren tot, ich wäre ihm sonst auf die Pelle gerückt. Er war so ein Typ Mann, der mich fasziniert. Ich habe eine Schwäche für die

Begabten, die Sonderlinge, die Verletzlichen und die Rebellen.

»Was soll ich denn jetzt machen, Emilie?«, Paul hatte mich vormittags voller Verzweiflung angerufen. »Mir ist in der Küche das Gurkenglas runtergefallen und Palmström hat jetzt eine Scherbe in der Pfote. Es blutet ganz schrecklich, was soll ich denn bloß tun?«

Pauls Rs schienen ebenfalls zu bluten und Palmström winselte zum Gotterbarm.

»Stell ihn erst einmal in die Badewanne. Wenn du kannst, zieh' die Scherbe raus und wickle ein Handtuch um die Pfote. Ich bin gleich bei euch.«

»Emilie?«, rief Paul, als ich schon wegklicken wollte.

»Ja?«

»Noch etwas anderes. Kannst du dein Notizbuch mitbringen?«

»Welches meinst du?«

»Das Grüne, aus dem du mir neulich vorgelesen hast.«

»Was war das denn?«

»Das mit dem ›eins zu zehntausend‹.«

»Ach so. – Wieso?«

»Nur so. – Ich würde es gern noch einmal hören.«

Palmström bellte.

Wir waren dann ziemlich lange beim Tierarzt, und es sah nicht so aus, als ob es mit dem Museumsbesuch noch etwas werden würde. Erschöpft hingen wir auf dem Sofa und versicherten uns, dass alles ja noch einmal glimpflich ausgegangen sei und Gott sei Dank halb so wild. Palmström schien anderer Meinung zu sein. Kümmernis und Vorwurf hingen ihm im Fell wie dicke Disteln. Den klugen Kopf hatte er behutsam auf der gesunden Pfote abgelegt. Die andere steckte in einem mitleiderregend dicken Verband.

»Guter Hund, braver Hund«, sagte Paul, gab ihm ein Leckerli und streichelte dem Pudel immer wieder über Hals und Rücken. Winzige, seidenweiche Löckchen überzogen seinen schwarzen Leib. An den Läufen und um die Schnauze hellbraune Spuren, als hätte er in einem Topf mit Karamell gestanden und sich dort gütlich getan. Die schwarzen Fellkringel erinnerten mich an den Wintermantel meiner Tante Herta, einen sogenannten Persianer. Herta war polnischer Abstammung und konnte große Teile aus Goethes Faust – Teil Eins rezitieren. Davon machte sie zu jeder Gelegenheit Gebrauch. »Heinrich, wie hältst du's mit der Religion?« Fanfarengleich stieß sie mit ihrem schnarrigen Akzent die Frage aller Fragen in den Äther, egal ob es nun passte oder nicht. Der berühmte Disput zwischen Gretchen und dem lüsternen Doktor wollte eröffnet sein, der war ihre Spezialität.

Mir kam in den Sinn, dass in Faustens Tragödie erster Teil ein schwarzer Pudel von großer Bedeutung ist. Die Stelle mit ›Des Pudels Kern‹ gehörte nämlich auch zum Repertoire von Tante Herta. – Unnachahmlich, ihr Mephisto.

»Hast du Anke schon Bescheid gesagt?«, wollte ich wissen.

»Nein«, sagte Paul, »wann denn? Sie hätte eh nichts tun können. Was soll ich sie beunruhigen.«

»Willst du sie nicht wenigstens jetzt einmal anrufen?«

»Nein«, grummelte Paul, »schlafende Hunde soll man nicht wecken.«

»Herr Soczek«, protestierte ich, »Sie sind mir bislang als ausgesprochen geistreicher Mann bekannt, aber dieses Sprichwort ist hier völlig fehl am Platz. Palmström ist hellwach und Anke kein Hund.«

»Ich sag's ihr schon noch«, versprach Paul bekümmert, »ich mach erstmal Tee.«

»Guter Palle, tapferer Hund«, sagte ich und spielte zärtlich mit den weichen Ohren. Palmström sah zu mir hoch, mit genau dem, was man Hundeblick nennt.

»Ja, ich weiß«, ich kraulte ihm den Nacken, »Menschen sind doof, aber meistens nicht mit Absicht.«

Ich ließ den Blick schweifen. An dem hohen Bücherregal hinter dem großen Holztisch waren ein paar Skizzen befestigt, die ich noch nicht kannte. Aquarelle in rosig schimmerndem Grundton, von zierlichen Mustern und Punkten in hellem Gelb, Grün, Violett, Orange und Rot durchwirkt. Es ging etwas sehr Freundliches, Heiteres von den Blättern aus.

Paul kam mit der schaurigen Keramikkanne, zwei Gläsern und einem Schälchen getrockneter Aprikosen herein, bugsierte das Tablett auf das Tischchen vor dem Sofa. Palmström hub zu einer kleinen Klage an. Ich gab ihm eine Aprikose. Er strafte mich mit Verachtung.

»Die sind neu«, sagte ich und wies mit dem Kopf zum Regal.

»Ja«, sagte Paul knapp. »Das wird eine Serie, ein Zyklus namens Zellen.«

»Zellen. Was für Zellen?«, fragte ich. »Im Knast, Frauen hinter Gittern?«

»Frau Bundschuh«, Paul klang gespielt empört. »Was für Zellen wohl? Zellen halt. Da – ganz links zum Beispiel, das ist Ihr Knochenmark.«

Ich stand auf und ging zum Tisch. Das Aquarell verströmte impressionistischen Liebreiz und hätte auch eine morgenfrisch ausgeleuchtete Sommerwiese sein können.

»Wunderschön«, sagte ich.

Gute Bilder können mich aus dem Stand elektrisieren und zu Tränen rühren. Dieses war so eines. Bei seinem Anblick mischte sich in meine Ergriffenheit für einen Augenblick die Sehnsucht nach den Bildern im Museum, die ich heute Paul so gern gezeigt hätte. Ich seufzte.

»Jeder einzelne Mensch auf dieser Welt besteht aus etwa drei Billionen Zellen«, sagte Paul, »und sie alle haben nichts anderes im Sinn, als unentwegt für uns tätig zu sein.«

Palmström gähnte ausgiebig.

»Was meinst du, was sich gerade alles in Palles Körper tut? Ein Tritt in scharfes Glas und schon geht's los: Alle Zellen wissen ganz genau, was zu tun ist. Es wird sofort verstopft, verklebt, herbeigeholt, gekillt, ersetzt, geheilt. Ganz großes Kino! Und wir können es nicht sehen. Wir können uns immer nur hinterher wundern, wenn alles wieder heile ist. Das ist doch pfundig! Grandios ist das, mich berauscht das regelrecht!«

Paul fuchtelte mit seinen schönen Händen Leuchtspuren in die Luft.

»Steht dir ausgesprochen gut, dein Rausch, Herr Soczek«, sagte ich, »ja, pfundig ist das, göttlich, allerdings. Und wie kommen Sie jetzt darauf?«

»Weil du mir das neulich vorgelesen hast mit dem ›eins zu zehntausend‹. Da dachte ich, genau, genau! Was ist denn mit den anderen Zellen, den zehntausend schönen? – Den bunten, eifrigen, lebenslustigen. Schauen die einfach tatenlos zu, falls das eine schwarze Schäfchen wieder Lust bekommt aufs Klonen? Was machen die dann?«

Pauls Handy klingelte. Tatsächlich hatte ich es noch nie klingeln hören, fiel mir in dem Moment erst auf. Die federleichte Melodie, mit der es sich bemerkbar machte, kam mir sehr bekannt vor. »Soczek«, erklang Pauls Apfelnussundmandelkern-Bariton, und während er vor dem Sofa auf und ab lief, beschwor ich meinen Stirnlappen, er möge mir bitte schleunigst den Titel der Melodie verraten. Nichts quält mich mehr, als wenn ich eigentlich etwas weiß, mir aber partout nicht einfällt, was es ist und wie es heißt.

»Das war Anke«, sagte Paul und legte das Handy auf den Tisch.

Weißer Schimmel, merkte der Stirnlappen an. Er hätte doch diese Anke in fast jedem Satz verankert: Grüß dich, Anke, danke, Anke, also tschüss Anke, bis gleich, Anke.

Ich bin nicht taub, gab ich zurück. Was ist mit der Melodie?

Geräuschlos ploppte der Musikordner in meinem Oberstübchen auf. Look for the silver lining von Chet Baker – ach ja, natürlich! Augenblicklich fand ich Paul noch erstaunlicher als ohnehin schon.

»Ich weiß«, sagte ich sanft, »das war unüberhörbar Anke. Was hat sie gesagt?«

»Sie hat den Zug verpasst und kann erst um fünf hier sein.«

»Dann wird das heute nichts mehr mit der Ausstellung«, sagte ich. »Schade.«

»Sehr schade, ein anderes Mal halt«, sagte Paul. Es klang zerstreut.

»Und sonst? Ist sie sauer?«

»Nein, überhaupt nicht. Sie hat sich tausendmal bedankt und ist froh, dass es Palle soweit gut geht.«

Der Hund war eingeschlafen und zuckte ab und zu am ganzen Körper, als würde er wieder in etwas hineintreten oder als wolle er genau das vermeiden.

So blieben wir an diesem Nachmittag bei Paul auf dem Sofa, und obwohl ich wenig Lust verspürte, über Zellen zu sprechen, waren wir dann auf einmal doch mittendrin in der ganzen Geschichte. Wegen Pauls Skizzen.

Bei unserem letzten Treffen hatte ich ihm erzählt, wie schnell ich mich erholt hatte von den Torturen, sobald ich Mitte März wieder zu Hause war. Es hieß, ich hätte nun Pause, einundzwanzig Tage lang, die hatte mir Professor Liebwein höchst persönlich zugesagt. Danach sollte ich ein letztes Mal in die Aplasie befördert werden, in einem dritten und letzten Zyklus. Das schien für mich erst einmal ganz weit weg. Vor mir lag eine endlos lange, frohe Zeit, wie damals, als ich ein Kind war und die Sommerferien begannen.

Alle paar Tage fuhr mich Margrit in die Klinik zur Blutkontrolle. Mein Herz begann zu rasen und mein Blutdruck schoss in ungeahnte Höhen, sobald ich wieder vor dem roten Lift stand, der uns in den fünften Stock brachte.

Margrit hielt meine zu Eis erstarrte Hand und streichelte beruhigend mit dem Daumen deren Rücken.

Auf den wenigen Stühlen in der Wartezone saßen, hingen, litten andere Menschen um uns her. Einige allein, die meisten in Begleitung. Alle mit von Sorge gezeichneten Gesichtern, mit entmutigtem Tonus und zaghaften Gesten, mit Mundschutz und kahlen Köpfen unter den Mützen und Kappen.

Je öfter ich dahin musste, desto entschiedener fühlte ich mich dort völlig fehl am Platz. Mit jedem Tag in Freiheit hatte mehr und mehr Vitalität in mich Einzug gehalten. Die steigende Frühlingssonne überzog meine Haut sehr bald schon mit schimmernder Bronze. Er leuchtete, mein Teint, genau wie meine Augen. Seidenweiche, silbriggrau changierende Schäfchenlocken betonten meine Kopfform und verstärkten den Eindruck von Gesundung und Strahlkraft.

»Du bist die erste Frau mit Kopftuch, die nicht aussieht wie eine Krebspatientin«, hatte Nina gesagt, und sie hat häufig mit Menschen in ähnlicher Lage zu tun.

Paradoxerweise hatte ich mich in meinem ganzen Leben nie besser gefühlt. Als wäre ich neu geboren. Als hätte ich mich neu inkarnieren dürfen, ohne dafür sterben zu müssen. Ich war erfüllt von einer unbändigen Liebes- und Lebenszauberkraft. Jeden Morgen erwachte ich mit ungestümer Freude, schnappte mir als erstes einen kleinen Taschenspiegel vom Nachttisch und sah mir in die Augen: »Guten Morgen, meine allerliebste Emilie!«, begrüßte ich mein Spiegelbild. »Ein neuer Tag deines einmaligen Lebens lacht dir zu. Er kommt in dieser Form nie wieder! Also lass dich von ihm pflücken, voller Freude. Ich werde dich begleiten und beschützen und niemals mehr zulassen, dass irgendwer oder irgendetwas einen Keil zwischen uns beide treibt und dich heruntermacht. Wunderschön bist du, von innen und von außen. Ich bin deine allerbeste Freundin und immer für dich da, ich liebe dich!«

Neugier und Zuversicht schubsten meinen immer noch sehr dünnen, lieben Körper aus dem Bett. Die Spargelzeit brach an. Die ersten Erdbeerbuden standen an den Straßen, auf dem Markt gab es Salat und andere frische Köstlichkeiten. Mein Appetit war so unbändig wie mein Lebenshunger. Jedes Essen ein Festmahl, alles mundete mir unbeschreiblich gut. Zum ersten Mal verstand ich diesen altmodischen Ausdruck mit all meinen Sinnen: munden. Ich schmatzte und schwelgte, ging auf langen Touren in die Wälder, auf meinen Weinberg, spielte Klavier, musizierte mit Serge und besuchte sein Tanztraining. In das alte Studio wollte ich nicht mehr zurück. Doch in der kleinen Nachbarstadt, wo Serge seine Kurse anbot, kannte mich niemand. Dort war ich inkognito. Niemand würde mich nach meinem veränderten Aussehen fragen. Mein knochiger Körper schmiegte sich wie alle anderen im Saal in die Musik, in die vertrauten Bewegungen hinein, wuchs aus ihnen heraus, explodierte mitunter wie ein Schrei und ließ sich auffüllen mit alledem, was er so lange hatte entbehren müssen.

Anfang April stand wieder eine Knochenmarks-Punktion an.

»Frau Bundschuh«, rief der Pfleger im Dienst in die Wartezone hinein, und ich löste mein eiskaltes Händchen aus Margrits. Sie nickte mir ermutigend zu.

Der freundliche, ältere Mann gab mir im Gehen die Hand zur Begrüßung. Es war mir peinlich, dass sich die meine so klamm anfühlte.

»Wie geht es Ihnen?«

»Ausgezeichnet«, antwortete ich fröhlich, denn bis auf die schreckliche Beklommenheit, die mich jedes Mal erfasste, sobald ich meinen Fuß wieder auf das graue Linoleum setzen musste, mit dem das Feld der Angst ausgelegt war, ging es mir tatsächlich wunderbar.

»Sind Sie sicher?«, fragte der Mann in Weiß, als wolle er mich vor einem Fehlkauf bewahren. In seinem osteuropäischen Akzent schwang ein Unterton, der mir bedeuten wollte, dass er als Fachkraft meine wohlgemute Antwort für das Überspielen von Verzweiflung hielt. Vielleicht hätte mich unangebrachter Optimismus ins Reich der Einbildung bugsiert. Patientinnen mit dieser Diagnose könne es einfach nicht gut gehen.

»Vollkommen sicher«, antwortete ich sehr bestimmt und federte neben ihm den Flur entlang. Er sagte nicht: »Das freut mich sehr«, sondern hieß mich höflich auf die Waage steigen.

»Sechzig Kilo«, las Duscan Filipovič ab. Während er meine achtundfünfzig Kilo in eine Liste eintrug, Kleidung und Schuhe abgezogen, studierte ich sein Namensschild.

»Sehr schön«, lobte Herr Filipovič und wandte sich nach einem der vier Behandlungsstühle um, die im Raum jeweils in einer Ecke angeordnet waren. Sie ähnelten denen in einer Zahnarztpraxis, hatten jedoch links und rechts lehnenartige Halterungen aus schwarzem Kunststoff, für die Unterarme. Ich war heilfroh, Herrn Duscan wenigstens mit meinem Gewicht schon mal zufriedengestellt zu haben. Weitere Prüfungshürden würden folgen, wie ich wusste.

»Blutdruck ist ein wenig hoch«, bemängelte er.

»Nur, wenn ich hier bin«, sagte ich.

Sein Blick sprach Bände.

»So, welchen Arm nehmen wir?«, Duscan Filipovič klang erfahren.

»Den linken bitte.«

Ich legte den Unterarm in die Vorrichtung neben mir. Die übliche Prozedur. Ich hatte nicht gezählt, wie oft ich schon gestochen und angezapft worden war seit Dezember.

Der Gurt, der am Oberarm festgezurrt wird, um das Blut zu stauen. Meine Faust, die sich in Pumpbewegungen ballt, der fremde, tastende Mittelfinger auf der zarten Haut in der Ellbogenbeuge, das Aufreißen der Klarsichtfolienverpackung, in der die Nadel eingeschweißt ist.

»Ich lege Schmetterling heute«, sagte Duscan, »wegen Punktion, Sie kriegen ja wieder Dormin an Tropf.« Er zielte ausgezeichnet, nur ein bescheidener Schmerz, ein Pieks, und in dem kleinen Schlauch an der Nadel erschien sofort mein dunkles Venenblut, rann in die farbig markierten Röhrchen, die er eins ums andere abfüllte, verschloss und in eine kleine Chromschüssel warf. Diese quittierte den Empfang der blutigen Fracht mit schepprigen Lauten. Ich überlegte, ob das nach Zufriedenheit oder Empörung klang und kam zu keinem Ergebnis. Vielleicht waren es einfach nur Geräusche der Routine.

Manch andere tapfere Stecherin war an mir und meinen dünnen Venen schon gescheitert. Nach dem zweiten Fehlversuch wurde immer jemand anderes herbeigerufen, damit Opfer und Täterin keine Aversion aufeinander entwickeln. Man ging auf der Station von einer Langzeitbeziehung zwischen beiden aus. Wenn es keiner von den Pflegenden schaffte, die Ader zu treffen, was selten vorkam, riefen sie in der Anästhesie an, dort waren die Venenmeister. Die verstanden ihr Handwerk. Bei denen klappte es sofort und ohne Umschweife.

»So!« Duscan fixierte die Nadel mit zwei Pflasterstreifen von der Rolle und nestelte ein weiches Baumwollnetz über mein Handgelenk bis hoch zum Ellbogen. Es fixierte und schützte den dünnen Schlauch und die Nadel mit dem Infusionszugang.

»Sie haben dann Termin bei Dr. Perocchio um zehn Uhr dreißig.«

In der einen Stunde Wartezeit gingen Margrit und ich meine alte Runde im Klinikgarten auf und ab, begrüßten alle Bäume und Sträucher und tranken in der Kantine einen Kaffee.

Ich mochte Dr. Perocchio, der in der Ambulanz für mich zuständig war. Klein und drahtig von Gestalt, strahlte er Zuversicht und eine gewisse Hemdsärmeligkeit aus, wirkte nicht so verklemmt und ängstlich wie seine Stationskollegen – Dr. Ju mal ausgenommen. Perocchio war ein Kumpeltyp.

Fidel warf er den Rechner neben der Liege an und vertiefte sich in den großen Flachbildschirm. Währenddessen überlegte ich, an wen oder was er mich erinnert. Die Antwort ließ nicht lange auf sich warten: an ein Blutplättchen, ein Blutplättchen mit Brille und Dreitagebart.

Als meine Werte erschienen, drehte er das Display zu mir hin, damit ich die Tabellen sehen konnte. Er sprach über Gene, Zahlen, Mutationen, erklärte dieses und jenes, und dass das alles nicht so übel sei. »Die gute Nachricht ist, Sie haben den Taschendieb erwischt und nicht den Schwerverbrecher.«

Das erheiterte mich. Mit Bildern bin ich schnell zu kriegen.

»Aber Ganove bleibt Ganove«, fügte er neckisch und warnend hinzu. Da waren wir uns einig und bekräftigten das mit ein wenig Gelächter.

»Dann wollen wir mal.«

Mit diesem Kommando fuhr er den Computer herunter. Mein Stirnlappen interessierte sich umgehend dafür, ob angehende Mediziner solche Floskeln wohl in einem Kurs erlernen, und wie das wäre, wenn ich jetzt einfach sagen würde: »Vielleicht wollen Sie das ... ich nicht«. Ich meinte dann aber doch nur: »Na denn, wat mut dat mut, wie es im hohen Norden heißt«, und zog mir die Schuhe aus.

Patienten, die regelmäßig punktiert werden, bekommen ein starkes Schlafmittel per Tropf in die Blutbahn geleitet. Ich hatte es lieben gelernt, das Mittel, und erfreute mich jedes Mal heimlich an dem Moment, wenn es hieß: »So, jetzt geben wir das Dormin«. Wenige Sekunden später wurde ich ganz schwer, ganz weich und wattig.

Eine Katze beim Tierarzt war das, was der Stirnlappen gerade noch beisteuern konnte. Das Denken verabschiedete sich in Sekundenschnelle. Alles rückte ganz weit von mir ab, als hätte ich mit mir selbst nichts mehr zu tun.

Mein Bewusstsein verduftete, entkörperte sich, verlor seine scharf umrissenen Konturen – verschwamm, verlief, verflüssigte sich und meine Welt. Ich nahm das dumpfe Wühlen und Ziehen im Beckenkamm nur noch als Echo war. Kaum noch bekam ich mit, wie ich anschließend gebeten wurde, mich auf den Rücken zu drehen und die frische Wunde auf dem kleinen Sandsack zu platzieren, der die Blutung stoppen half. Irgendwann erwachte ich aus meinem Koma und war erstaunt, dass alles vorbei war.

Das alles hatte ich Paul bereits erzählt und auch, dass die drei Wochen Pause längst um waren und ich noch immer keinen Termin hatte für die dritte Stationierung, und dass ich einen Teufel tat, danach zu fragen.

Ich war das Schulkind in den großen Ferien und hoffte insgeheim, die ungeliebte Bildungsanstalt würde demnächst abfackeln oder von Terroristen bombardiert und ich bekäme das Abitur einfach so.

Erst ein Jahr später fiel mir ein, dass es ausgerechnet Hitlers Geburtstag war, an dem mein Handy geklingelt hatte. Da saß ich gerade nach dem Bauch-Beine-Po-Programm, das mir Ella und Mabel per Video verordnet hatten, wohlig und zufrieden in dem einzigen Sessel, den ich besitze. Es ist der alte Ohrensessel von Oma Else, den Jo damals hatte neu beziehen lassen. In einem frechen Magenta-Rot. So kam er wieder zu Ehren und gab mir seither im wahrsten Sinne des Wortes Rückhalt. Sein solides Polster umfing mich wie ein großer Busen. Seine breite Lehne schob mir die Kraft meiner Ahninnen ins Kreuz und sorgte für Geborgenheit.

Das Handy klingelte, auf dem Display erkannte ich die Zeile mit der langen Ziffernfolge des Universitätsspitals. Sie erinnerte mich an Stacheldraht und zerpiekste mir augenblicklich den Frieden.

»Hallo?«, mein Ohr wurde heiß, als ich das kleine Telefon mit ihm in Kontakt brachte.

»Frau Bundschuh? Dr. Perocchio vom Unispital.«

Ich begrüßte ihn mechanisch.

»Wir haben jetzt das molekularbiologische Ergebnis. Sie sind leider immer noch nicht negativ.«

Natürlich nicht, dachte es blitzschnell in mir. Es ist gar nicht meine Absicht, negativ zu sein, schließlich setze ich täglich alles daran, positiv zu bleiben. Mich würde auch so schnell nichts mehr negativ kriegen.

»Aha«, entfuhr es mir. »Und was bedeutet das genau?«

»Wir haben jetzt ein Verhältnis von eins zu zehntausend in Ihrem Blut und eins zu hunderttausend in Ihrem Knochenmark.«

»Das ist doch eine gute Sache«, sagte ich und meinte es auch so.

»Na ja, Sie sind halt leider noch nicht völlig clean.«

Mein Blick fiel auf Mabels Magneten, der sich noch immer genau dort an die Dunstabzugshaube klammerte, wo ich ihn zwischen den Jahren hingesetzt hatte.

»Ja, und? A dirty house is a sign of a brilliant party«, las ich die Aufschrift vor und lachte dabei ein wenig. Der flotte Doktor tat es mir gleich. Wir pflegten einen flapsigen Umgang miteinander.

»Nicht völlig clean ist genau mein Ding. Sie sollten mal sehen, wie es hier bei mir zu Hause aussieht. Ich habe Besseres zu tun, als zu putzen.«

»Ja, aber die eine Zelle macht uns trotzdem Sorgen.« Dr. Perocchio blieb ernst.

Ich wollte erwidern: »Mir nicht«, aber ein Gefühl von pelzigem Unbehagen wickelte sich plötzlich um meine Zunge, wie seinerzeit einer der langen Fleischlappen sich um Speck und Gürkchen rollten, wenn Jo seine legendären Rouladen auf dem Küchentisch fabrizierte. Zunge und Lippen formten daher zwei andere Silben als ich im Sinn hatte: »Und jetzt?«

»Wir sind uns nicht ganz einig, wie wir weitermachen sollen. Nächste Woche haben wir Konferenz. Die Franzosen mit ihren Studien würden jetzt sagen, dritter Zyklus und fertig. Die Engländer sagen Transplantieren. Wir müssen das noch diskutieren.«

»Wie sehen Sie das denn?«, wollte ich wissen.

»Ich würde Ihnen gerne nochmal Blut abnehmen, um zu schauen, ob sich diese Woche doch etwas zum Guten hin verändert hat. Könnten Sie heute Nachmittag vorbeikommen?«

Ich hatte etwas anderes vor, irgendetwas Sonniges, wie jeden Tag in diesem umwerfend schönen Frühling. Meine Lust, dies einem Besuch in der Spitalambulanz zu opfern, hielt sich in Grenzen. »Ja, natürlich«, sagte ich langsam, denn ich wähnte in Dr. Perocchio einen Verbündeten, dem ich nicht unnötig in den Rücken fallen wollte. Natürlich würde sich wieder etwas verbessert haben in einer Woche, und er würde sich auf der Konferenz für mich einsetzen.

Allein das Wort Konferenz erinnerte mich wieder an Schule, an Prüfungen, an all die elenden Fragen nach dem ›gut genug‹. Es würde über mein Schicksal diskutiert werden. Freilich in allerbester Absicht, und dennoch, dachte ich, sie wissen von nichts. Sie kennen nur die Werte, sie starren gebannt in Monitore und Geräte, sind Gefangene der Zahlen, der Stellen vor und hinter dem Komma, sind Sklaven der Prozente und Prognosen. Sie rechnen aus und rechnen ab, und dabei entgeht ihnen etwas Entscheidendes: der Wert des Menschen an sich, mit dem sie zu tun haben. – Der persönliche Wert einer ganzen Geschichte, eines Lebens, gelebt und geliebt, durchschritten, durchlitten, in eigener Zeit, nach eigenem Maß und Vermögen, die Topographie eines Schicksals mit all ihren Höhen und Aussichten, und keineswegs nur mit der einen, ständig beleuchteten Untiefe. Diese Art von Erfahrungswert. Er bildet sich nicht in Zahlen ab, dafür gibt's keine Tabellen, nur ein Empfinden und das Interesse – oder auch nicht.

»Willst du noch?« Paul hatte die Teekanne angehoben. Ich nickte. Aus dem Schnabel mit den fiesen spitzen Zähnchen rann grünlich gelbe Flüssigkeit.

»Der japanische Halbschatten, richtig gut beim zweiten Aufguss«, sagte Paul. »Kannst du es mir jetzt noch einmal vorlesen?«

»Ach!«, ich schlug mir an die Stirn.

»Was?«

»Das grüne Heft! Ich hab's auf dem Küchentisch liegen lassen, vollkommen vergessen!«

»Schade. Das nächste Mal halt.«

»Nein! Es tut mir so leid, das ist schon das zweite ›Schade‹ für heute«. Ich stöhnte ärgerlich, es gurgelte im Rachen. »Und jedes ›Das nächste Mal halt‹ ist eines zu viel.«

»Besser eines zu viel als gar keines mehr«, sagte Paul und biss beherzt in eine der schrumpeligen Aprikosen.

»Na ja.«

»Macht doch nichts. Gibt wirklich Schlimmeres. Was möchtest du hören? Chet Baker oder Trifonoff mit dem Dritten von Rachmaninoff? Kennst du das? Eine Sensation!«

Paul sprach Sensation so aus, als ob er einen Wettlauf starten wolle. Eins, zwei, drei! Auf Los geht's los.

Sen - sat - ion!

Mir war nicht mehr nach Sensationen.

»Danke«, sagte ich, »ich finde es momentan ganz schön, so still. Ich bin hundemüde.«

Paul lächelte. Ich kringelte mich neben Palmström in die Sofaecke am Fenster.

»Du nicht?«

»Nein«, sagte Paul, »ich bin noch ziemlich auf Zack. Die Aufregung. Darf ich euch malen? Ihr gebt ein gutes Paar ab, Palle und du.«

»Nur zu«, lallte ich und fischte nach der bunten Decke, die am Boden lag. Palmström hob kurz den Kopf und ließ ihn sofort wieder fallen, wie ein Gewichtheber die Stange, die dann doch zu schwer war für den ersten Versuch. Pauls Pinsel klapperten, er rührte mit ihnen im Wasserglas herum und schlug oder streifte sie daran ab. Ein wohliges Schauern ließ mich im Rumpf ganz leicht erzittern. Das geschieht manchmal, wenn ich mich extrem wohl fühle. Es ist wie ein Schnurren.

»Paul?«

»Mh«, murmelte Paul konzentriert, ohne aufzusehen, »was denn?«

»Nichts«.

Mich überkam das köstliche Dormingefühl.

Sehr bald schreckte ich hoch. Palmström bellte, wälzte sich umständlich vom Sofa und humpelte zur Haustür. Noch vor dem Läuten hatte er Ankes Ankunft gespürt, und als es wenige Sekunden später schellte, war er außer sich vor Freude. Ich konnte es verstehen. Anke ist eine bemerkenswert schöne Frau, mit flammend rotem Haar und einem Teint aus Porzellan. Wir trafen uns alle im Flur.

Bellen, Beschwichtigen, Beteuern, Entschuldigen. Paul sammelte die Sachen des Hundes ein, Leine, Spielzeug, Leckerli, Tschüss ihr beiden, Servus, Wiederschauen, Danke, Danke, gute Besserung. Paul drückte die Haustür ins Schloss, und es war auf einmal wieder still. Mein Herz schlug gegen die Rippenstäbe, als wolle es prüfen, aus welchem Material sie sind. Es schlug, weil es sich erschrocken hatte, es schlug, weil es sich freute und weil es liebte. Genau in diesem Augenblick, wie auch in allen anderen und jetzt gerade ganz besonders.

»Komm mal her, Frau Bundschuh«, sagte Paul. Das sagt er immer, wenn er findet, ich sähe so aus, als wollte ich mich auflösen. »Weißt du, was ich glaube?«

»Nein«, sagte ich und legte meine Stirn auf seine Brust. »Aber ich traue dir alles Mögliche zu.«

Pauls Arme legten sich sachte und bestimmt um mich herum.

»Ich glaube, des Pudels Kern ist nicht der Mephisto. Des Pudels Kern ist pure Liebe.«

Die vibrierenden Rs räderten ein Mal auf meine Stirn, als sie über Pauls Brustbein rollten.

Ich war überzeugt, es später im Spiegel sehen zu können, so tief war der Abdruck in meiner Seele und auf der Haut.

13

Wir sind dann am frühen Abend noch frische Luft schnappen gegangen, um den Häuserblock, bis zu einem verwilderten Park, in dem sich ein kümmerlicher Kinderspielplatz befand. Ein kleines Mädchen mit giftgrünen Gummistiefeln schaukelte dort versonnen vor sich hin. Paul blieb stehen und sah dem Kind zu.

Es ließ sich nicht stören. Eine Frau mit hellrosa Schirmkappe saß auf der einzigen Bank unter einem verblühten Fliederbusch. Sie schuckelte einen Kinderwagen, der müde und abgekämpft wirkte. Überladen mit einem Wust an Dingen, die sich in dem Netz am Lenker verfangen hatten wie Meeresunrat in einem Käscher. Unten im Korb zwischen den Rädern türmten sich eine Packung mit Windeln und sonst noch allerhand, was auf den ersten Blick nicht auszumachen war.

Am Hinterkopf der Frau ragte ein platinblonder Haarschwanz aus der Kappe. Die Schaukel quietschte bei jedem Hin und Her, als hätte sie eine dringliche Mitteilung zu machen. In dem Kinderwagen war es still. Die Frau sah aus, als hätte sie das noch nicht bemerkt. Hektisch bewegte sie das schäbige Gefährt vor und zurück, in ihrer linken Hand hielt sie eine Zigarette und zog daran zerstreut, so dann und wann. Das Mädchen auf der Schaukel schien mit ihr nicht viel am Hut zu haben. Plötzlich sprang es in hohem Bogen vom Brett und stolperte in unsere Richtung.

»Hallo«, sagte es leise.

»Grüß dich Gott«, sagte Paul und es klang, als ob er Gott persönlich darum bitten wolle, schützend seine Hand über das zierliche Geschöpf zu halten. »Wer bist denn du?«

»Pia Maria«, sagte das Kind und schaute aus wasserblauen, klaren Augen hoch zu Paul. Er ging in die Hocke. Augenblicklich liebte ich ihn dafür.

»Pia Maria.« Er lauschte der zarten Klangschwade mit den vielen Vokalen aufmerksam nach. »Das ist ein sehr schöner Name.«

»Und wie heißt du?«, wollte das Mädchen wissen.

»Paul.«

»Mein Bruder heißt Pjotr«, sagte das Mädchen und zeigte auf den Kinderwagen, ohne Paul aus den Augen zu lassen.

»Maruschka!«, rief die Frau mit der Kappe von der Bank herüber und ließ eine Serie harscher Laute folgen, die wir nicht verstehen konnten. Pia Maria rührte sich nicht vom Fleck. Doch die schroffe Tirade hatte das Licht in ihren Augen heruntergedimmt und die holzfarbenen Zöpfe schienen mit einem Male ganz dünn zu werden. Die Frau kam mit dem Wagen auf uns zu. Sie war jung und hübsch, sehr schlank. Der Kampf zwischen ihrem hungrigen Blick aus grünlichen Augen über lebensprallen Wangenknochen und einer Mundpartie, die erste Spuren von Enttäuschung und Verbitterung aufwies, schien noch unentschieden.

»Entschuldigung«, sagte sie.

Die Stimme einer Raucherin, tief und angegriffen.

»Wofür?«, fragte Paul und richtete sich auf.

»Sie ist manchmal etwas aufdringlich.«

»Sie ist bezaubernd«, sagte Paul zu der Frau und wandte sich wieder dem Kind zu. »Bist du eine Fee?«

»Ja«, sagte Pia Maria, »aber ich muss jetzt nach Hause.«

»Sehr schade. Ich hätte mich gern noch ein wenig unterhalten mit einer echten Fee.«

Pia Maria lächelte schüchtern. Die Frau begann erneut, den Wagen zu schuckeln, als wollte sie eine klemmende Schublade öffnen. Mir kamen Zweifel, ob sich wirklich ein Kind darin befand.

»Sie spinnt manchmal ein bisschen«, sagte die Frau in diesem Tonfall, den jemand gern anschlägt, um sich mit anderen Erwachsenen gegen ein Kind zu verbünden. Paul zwinkerte dem kleinen Mädchen zu und schüttelte ganz leicht den Kopf, wie Palmström, wenn ihn eine Fliege belästigt.

»Das ist nur meine Tante«, sagte das Mädchen und zeigte mit ausgestrecktem Arm auf die Frau. Meine Mama hat mich weggeben müssen, als ich ein Baby war.«

»Maruschka!«

Die Frau wurde ärgerlich und verdrehte für uns die Augen. Das Kind schien das gewöhnt zu sein. Wortlos machte es kehrt und ging zurück zur Schaukel. Die Frau zuckte mit den Schultern, schob den Wagen in Richtung Ausgang und warf dabei ein »Schönen Abend noch« über die Schulter.

»Danke, gleichfalls«, rief Paul.

»Maruschka, dawai, dawai!«, zeterte es durchs Gebüsch, als sie schon außer Sichtweite war. – Also Russisch, sagte der Stirnlappen, na los, hopp, hopp!

Pia Maria rannte von dannen, ohne uns noch eines Blickes zu würdigen, und die grünen Gummistiefel flogen wie kleine Jonglierkeulen ums Eck. Dann waren wir allein. Wie im Flur vor etwa zwei Stunden, nachdem Anke und Palmström gegangen waren. Es kam mir vor, als sei das Tage her.

Auch nun tanzten in der Stille abertausende von winzigen Partikeln um uns her, aufgewirbelter Begegnungsstaub aus Worten, Gesten, Launen. Nur, dass es jetzt ganz anders roch. Feucht und modrig. Der warme Regen am Nachmittag hatte seine Duftmarke ins Unterholz gesetzt. Eine Krähe legte dreifache Beschwerde ein.

Paul ließ verlauten: »Schau mal!«

»Was?«, fragte ich.

»Die Bank. Das ist genau so eine wie damals! Als du mir die gute Hose ruiniert hast. Meine einzige gute Hose, wohlgemerkt.« Paul lachte, glitt mit den Fingern über die verwitterte Rückenlehne und zog einen grünlichen Lackfetzen ab.

Dass er das noch weiß, dass er diese Bank von damals abgespeichert hat.

Ihre schmalen Holzlatten schmiegten sich mit einer leichten Innenkurve unters Knie, oben bei den Schultern sagten sie mit sanftem Schwung Lebwohl, bogen sich nach außen weg.

Das Exemplar, vor dem wir standen, glich einem bedauernswerten Zootier. Zwei der Latten auf der Sitzfläche fehlten, eine in der Lehne war am äußeren Ende abgebrochen, das einst appetitliche Grün des

Anstrichs gräulich verwittert. Ein silbriges Plakettenrechteck war das einzig Schmucke noch an diesem ramponierten Wesen. Das Metall des kleinen Schildes war zerkratzt. Paul beugte sich nahe daran und entzifferte ein N, ein F, Hubschm, zwei, drei, neun.

»Emilie!«, fuhr er begeistert auf und ließ sich fallen wie jemand, der im Möbelhaus ein Sofa entdeckt hat, das ihm endlich gefällt.

»Emilie, komm, hock dich her«, er klopfte mit der linken Hand aufmunternd neben sich, »das ist deine Bank! – Der hauchen wir jetzt neues Leben ein!«

Zwei, drei, neun sind die Ziffern meines Geburtstages.

Wir blieben lange sitzen, obwohl der Komfort sehr zu wünschen ließ. Sinnierten über Zufälle, die keine sind, und landeten schließlich dort, wo der Nachmittag begonnen hatte, bei den Zellen, bei Pauls Zeichnungen und dem, was ich ihm hatte vorlesen wollen. Meine Gedanken zu der einen Zelle von Zehntausend, zu der, die anders war als alle anderen, die übrig Gebliebene, die weiterhin fröhlich ihre Runden in meiner Blutbahn gedreht hatte.

»Wie gesagt, ich hatte ja mein Leben lang das Gefühl, hier innen drin wurmstichig zu sein.«

Meine Schläfen saugten alle zehn Fingerkuppen zu sich her.

»Ich war befallen von unzähligen, miesen Plagegeistern. Bist nix, kannst nix, taugst nix und so weiter. Sie machen dich zur Schnecke, wo sie können. Wer kennt das nicht. Ich hatte sie gut ausgetrickst, ich bin ja schlau. Doch sie befrieden, meine Pokémons, meine Taschenmonster in der Birne – keine Chance.

Heute weiß ich, dass das nicht mal nur meine eigenen waren. Es war das Erbe von Generationen.

Als ich am Tropf hing, habe ich mir vorgestellt, dass alles, was nicht zu mir gehört, jetzt einfach zerstört wird. Das Gift-und-Galle-Programm war die Chance auf einen tiefgreifenden Reset. Deswegen konnte ich es bejahen. Ich wurde wieder auf Null gestellt. Frisch und unschuldig gemacht. Und diese eine kleine Zelle, die das Inferno überlebt hatte, wollte mich daran erinnern, dass ich in Kontakt bleiben soll mit mir selbst, mit meiner Wahrheit, dass ich dann erst clean sein würde, wenn alles, was noch im Dunkeln liegt, verstanden ist von mir, erhellt. Ich kann nämlich immer nur dann etwas verzeihen, wenn ich es wirklich verstanden habe. Dann kann ich es ziehen lassen, geb' ich es weg. Ich mag das Wort Vergebung nicht. Das klingt so hehr, so überheblich.«

Ich schaute zu Paul rüber. Er hatte sich ein Stöckchen vom Boden gefischt und begonnen, damit auf der sandigen Fläche vor uns herumzukritzeln.

»Soll ich aufhören? Ist es langweilig?«

»Gott bewahre, Emilie, ich bin ganz Ohr«, sagte er und lächelte mir zu. Ich schluckte. Etwas an Pauls Blick geht mir manchmal sehr zu Herzen.

»Ich zeichne halt, was du erzählst. Das ist meine Art, zu schreiben. Was hättest du damals noch verstehen wollen und weggeben?«

»Das wusste ich nicht wirklich, das konnte ich nicht benennen. Ich hatte nur so meine Ahnung. Da war noch was, genau wie diese eine Zelle, die so genannte Mutterzelle.«

»Mutterzelle«, sinnierte Paul, »eine sehr interessante Bezeichnung für etwas, dem unterstellt wird, dass es unbedingt töten will.«

Das Stöckchen schabte.

»Eben«, fuhr ich fort, »das ist ja das Verrückte. Darum habe ich mich gefragt, was sich in meinem Geist konkret ereignen müsste, damit aus dieser einen Zelle, aus diesem ›Eins zu Zehntausend‹ unterm Mikroskop wieder so eine Gefahr für Leib und Seele werden könnte.«

Ich fuhr mir heftig durch die Haare.

»Weißt du, diese zu Tode gepflegten Gärten in meiner Nachbarschaft, dieser kranke Drang nach Perfektion, nach absoluter Sauberkeit, genau das steckte ja auch im Kern dieser einen Zelle! Warum um jeden Preis etwas weghaben wollen, was der Norm nicht entspricht und deshalb als gefährlich gilt? Nichts ist sicher im Leben. Das genau ist Lebendigkeit. Jetzt kannst du deine Meisterprüfung machen, war mein Gedanke, jetzt kannst du dich darin üben, mit der ultimativen Unsicherheit zu leben und die Angst davor in pure Lebenslust wandeln. Ich wollte eine Diskussion der anderen Art eröffnen, den Verdacht auf Außerordentliches nähren, ...« – und ich betonte das Wort ›außer‹ mit Vehemenz – »außer der einen Ordnung, die als unumstößlich gilt.«

Mich hielt es nicht mehr auf der Bank. Unruhig ging ich auf und ab.

»Es war ja nicht so, dass ich mich durch ein total erloschenes Leben geschleppt hätte, mit noch einer weiteren Katastrophe obendrauf. – Ich hatte allen guten Grund, zu vertrauen und auf dem aufzubauen, was ich bereits nach vier Wochen wieder verkörperte:

fulminante Gesundung! Also wirkte offensichtlich etwas in mir mit großer Entschlossenheit, eine göttliche Frequenz, eine Lebenszauberkraft, die heilt und stetig auffüllt, aufwärts strebt. – Ja, eine von zehntausend, zehn von hunderttausend, tausend von einer Million, sie waren noch übrig vom alten Programm und stellten mich auf die Probe, stichelten mit ihrer Skepsis, ihren Zweifeln: ›Werde mal nicht übermütig! Man kann nie wissen. Das denkst du dir alles so zurecht mit deinem Esokram. Lächerlich. Nimm den Mund mal nicht so voll, du wirst schon sehen, wie das noch endet. Letzten Endes hat die Wissenschaft das letzte Wort.‹«

Von der Straße her, hinter den Büschen, machte sich eine Alarmanlage bemerkbar, wie jemand, der von Luftnot gepeinigt wird. Ein hartes, rhythmisches Quäken, quälend lange. Ich hielt inne.

Endlich Stille und unser erleichtertes Aufseufzen.

»Und dann?«, Paul pulte an der Rinde des Stöckchens herum.

»Dann kam die Polizei und die Besitzerin des Wagens wurde verhaftet, obwohl sie glaubhaft machen konnte, dass es ihr Auto sei«, sagte ich im Duktus einer Vereinsvorsitzenden für Rechtsmittelhilfe. »Lass uns gehen.«

Paul umfasste mein Handgelenk, ahmte das Geräusch von klickenden Handschellen nach und zog mich wieder neben sich. »Schön hiergeblieben, Frau Bundschuh. Erzählen Sie bitte weiter.«

»Nur, weil du es bist«, sagte ich artig. »Wo war ich stehengeblieben?«

»In Doktor Faustens Studierstube. Mephisto und die Pokémons.«

Ich stützte meinen Kopf in die Hände und suchte nach dem verlorenen Faden.

»Eins zu Zehntausend ... ja! Aber die anderen Zellen, dachte ich, die sind in der überwältigenden Mehrheit! Die stehen für mein tieferes Wissen um eine geistige Dimension, die stehen für meinen festen Glauben, für die Überzeugung, dass ich durchaus ein Wörtchen mitzureden habe, dass ich Mitschöpferin bin meines Schicksals! Ich richte mich immer nach dorthin aus, wo es hell ist.«

Ich bewegte in der Luft meine Faust hin und zurück, wie es die Frau mit dem Kinderwagen getan hatte.

»Ich ruckele mich selber zurecht, ich schüttele das Sieb so lange, bis das Gold der Wahrheit übrigbleibt. Das Gold der Wahrheit fühlt sich heiter an, verdammt noch mal! Wohlgemut und lebenskräftig. Alles andere ist ein Irrtum!«

Mir wurde heiß, ich zog die Jacke aus. Paul half mir aus dem rechten Ärmel. Es war wieder eine von seinen kleinen Gesten, die in mir Großes bewirken. Ich kann dann den Schorf auf meinem Herzbeutel knacken hören und fühlen, wie er abfällt. Darunter ist es zart und rosig.

»Ich wusste, auf Gott ist Verlass und ich flehte ihn an: ›Lieber Gott, in wenigen Wochen bin ich wieder zu Kräften gekommen, wie neugeboren. Hilf mir, damit ich dein gnadenreiches Geschenk nicht mit Füßen trete, zertreten lasse, es dir nicht achtlos vor die Füße knalle. Hilf mir, der einen von zehntausend Zellen meine ganze Liebe zu schenken, ihr zu danken! Danke, du Zelle, du eine, dass du noch da bist! Du zeigst mir ganz genau, wo ich stehe und wo es noch hingehen soll.‹«

Pia Maria tauchte vor mir auf. Sie schaukelte wild und wütend, starrte mich an, die Kette in den rostigen Haken jammerte schrill und aus meinen Eingeweiden katapultierte sich unkontrollierbares Schluchzen nach oben.

»Eins zu Zehntausend! Das war der Rest dieser schrecklichen Kinderangst, einfach nicht richtig zu sein, so wie ich bin. Der Druck, mir Liebe verdienen zu müssen, nur ja das Richtige sein oder tun, wie die Erwachsenen es wollen, damit du geliebt wirst und überlebst.«

Paul zog meinen Oberkörper zu sich auf den Schoß. »Emilie«, fiel es wie ein warmer Sommerregen auf meine gekrümmten Schultern. »Es ist vorbei. Du hast es geschafft. Gott und die Engel segnen die Mutigen und ihre Wahrheit.«

Nach einer Weile, für deren Länge ich kein Gefühl mehr hatte, richtete ich mich auf und wischte mir mit dem Handrücken den Rotz von der Oberlippe.

Komisch, dachte ich, immer wieder diese Stille. Stille, in der alles verhallt, was vorher gewesen ist. Verhallen ist nicht so schlimm wie die anderen Wörter mit ›Ver-‹.

Ein Klang muss verhallen. Das ist seine Natur, verlaufen, verkaufen, versaufen, verleben, verlieben, das kann man vielleicht noch verhindern. Streich doch das V schlug der Stirnlappen vor. Dass der die Stirn hat, sich jetzt zu melden, dachte ich. Erlaufen, erkaufen, ersaufen, erleben, das geht. Erlieben. Sich jemanden erlieben. Vielleicht so. Das wäre mal was. Vergeben.

Ergeben. Er-. Er, Sie, Es. Das Kind. Es war so seltsam zutraulich. Als wäre es darauf angewiesen, sich seine tägliche Portion Liebe zu sichern, egal von wem.

Ich hatte nicht bemerkt, dass Paul sich an seiner Geldbörse zu schaffen gemacht hatte, ich sah nur plötzlich seine Hand mit dem Aufkleber vor mir. Genau wie damals.

»Mit einem Taschentuch kann ich leider nicht dienen«, sagte er leise.

Ich nahm den grünlich glitzernden Schnipsel an mich als sei er die Blaue Mauritius.

»Wir können jederzeit wieder bei Null beginnen. Also: Kommen Sie mich doch mal besuchen...«

Er traf ihn exakt, den Tonfall von unserer ersten Begegnung. Ich umarmte ihn wortlos.

»Komm, wir gehen heim.« Ein Satz ohne R.

Nachdenklich hakte ich mich bei ihm unter und wir schlenderten zurück zu den größeren Straßen, in denen das abendliche Stadtleben wieder Einzug hielt, denn das Wetter hatte sich aufgeklart.

»Wie ging das eigentlich weiter mit deinem Dr. Pinocchio? Hatte sich etwas verbessert in der einen Woche?« Paul hatte offensichtlich noch immer nicht genug für heute.

»Pinocchio ist gut«, lachte ich. »Nein, es blieb bei eins zu zehntausend, und er wollte mich gern überzeugen.«

»Wovon?«

»Von der Transplantation. Das hatte ich schon geahnt, deshalb erschien ich beim nächsten Termin mit Priska als Verstärkung. Er war sehr charmant mit mir und schielte zwischendrein immer wieder auf Priskas Beine. Die hatte ihre hohen Schuhe an, um seriös zu wirken.«

Wir waren in den kleinen Boulevard eingebogen, den alte Linden säumen. Unter dem nächstbesten Baum blieb ich stehen, um Paul die Szene vorzuspielen.

»Frau Bundschuh«, seufzte ich theatralisch, berührte, wie der Arzt damals, vertraulich Pauls Oberarme und sah ihm eindringlich in die Augen.

»Frau Bundschuh, ich will, dass Sie geheilt sind, verstehen Sie? Sie haben wirklich die allerbesten Chancen, das super hinzukriegen, so fit, wie Sie sind!« Ich ließ Paul wieder los.

»Irgendwie hat mir das geschmeichelt, dass er mich so fit fand. Trotzdem blieb ich standhaft und sagte zu ihm: ›Das kann schon sein, aber ich stehe jetzt ganz woanders als im Dezember. Mein Körper hat es kapiert. Der ist im Aufwind. Ich spüre das in jeder Faser.‹«

Paul stützte sich mit einer Hand an den Stamm.

»Da gab er erstmal Ruhe«, erzählte ich weiter, »und er wechselte das Thema: ›Sagen Sie mal, ist das eigentlich Ihr Vater, Professor Bundschuh?‹ ›Ja‹, hab' ich gesagt, das ist mein Vater. Sie sind nicht der Erste, der mich das fragt.‹ ›Ich habe mich wie alle durch sein Buch quälen müssen‹, hat er gefrotzelt.«

»Was für ein Buch?«, fragte Paul.

»Hartmut hat ein Lehrbuch für angehende Mediziner geschrieben. Hilla hat es getippt, nächtelang, wochenlang. Ich hab' das Klappern ihrer alten Schreibmaschine in meine Träume eingebaut.«

»Was hast du dann gesagt?«

»Ich wollte das bebrillte Blutplättchen bei Laune halten und hab' gesagt: ›Es scheint ja etwas gebracht zu haben, dass Sie sich gequält haben. Aus Ihnen ist doch was geworden.‹«

Etwas übertrieben mit vor der Brust verschränkten Armen imitierte ich Dr. Perocchios Lachen, um dann plötzlich mit gesenkter Stimme Pauls Kopf sehr nahe zu kommen.

»Aber jetzt mal im Ernst, Sie wissen schon, dass Sie auf einem Pulverfass hocken, oder?«

Paul hob beide Hände, als wolle er sich unbewaffnet zeigen.

»›Das wollen wir erstmal sehen‹, hab' ich gesagt, und zwar ziemlich entschieden. ›Ich brauche keine Transplantation. Ich weiß das.‹«

Paul nahm die Hände wieder runter.

»›Na gut‹, sagte der Herr Doktor, ›dann möchte ich jetzt wenigstens sehr bald einen dritten Zyklus durchführen.‹«

»›Wozu?‹, hab' ich gefragt, ›ich lasse mich jetzt garantiert nicht wieder vergiften. Es ist schönster Frühling, bald wird es Sommer, und ich brauche Sonne, Luft, Wasser, meine Leute, gutes Essen. Ich möchte alles tun und lassen, was gesund ist für mich, was mir Freude macht‹ – ›anstatt sich hier quälen zu lassen‹, hatte er ergänzt, ›ich verstehe ...‹ – Sein Blick war ganz bekümmert und ich fühlte mich tatsächlich verstanden von ihm. Ich mochte nur nicht, wie er plötzlich eine Spur zu selbstgefällig fragte: ›Was glauben Sie eigentlich, warum haben Sie diese Krankheit bekommen?‹«

Paul und ich setzten uns wieder in Bewegung.

»Ich hatte auf einmal nicht die geringste Lust, ihm zu sagen, was ich darüber denke und faselte nur kurz etwas vom Zusammenspiel zwischen Körper und Seele und über Liebe gegen Leistung – etwas in der Art. Wir einigten uns schließlich auf ein sogenanntes ›Monitoring‹ bis Ende Mai. Regelmäßige Blutkontrollen und nach vier Wochen wieder eine Punktion. Als ich mit Priska heimfuhr im Auto, fühlte ich mich wie jemand, der noch einmal davongekommen ist, und wir sind erst mal Eiskaffee trinken gegangen, zur Feier des Tages.«

»Kruzifix«, sagte Paul, »das war ja was. Du bist mir eine...«

»Wieso?«

»Nur so.«

Er legte mir den Arm um die Schulter und zeigte mit dem anderen auf das italienische Eiscafé, das linker Hand vor uns aufgetaucht war. Es schien sehr beliebt zu sein. Vor dem Tresen mit dem Außer-Haus-Verkauf gab es eine lange Schlange und alle Tischchen auf dem breiten Bürgersteig waren besetzt

»Apropos. Darf ich Sie einladen, Frau Bundschuh, zur Feier des Tages?«

»Was feiern wir denn heute?«

»Geburtstag. Irgendwer hat immer Geburtstag. Wir müssen den nicht kennen – ich muss mal, bin gleich wieder da.«

Paul hüpfte die drei Stufen zum Eingang hoch und verschwand. Ich fühlte mich plötzlich schwach und allein. Am Tisch direkt an der Treppe saßen zwei ältere Herren, die einander glichen wie ein Ei dem anderen. Der eine hatte bereits seine Brieftasche gezückt. Ich trat heran und fragte: »Wird hier jetzt frei?«

»Ja«, sagten die Männer wie aus einem Mund, »wir sind gleich weg.«

»Gell, Käthe?«, wandte sich der Mann ohne Brieftasche unter den Tisch, der andere sagte: »Ich geh' mal zahlen«, und stand auf.

»Danke sehr«, sagte ich, »dann werden wir Sie jetzt beerben.«

»Hoho!«, scherzte der verbliebene Mann. »Wir leben noch, und viel ist da nicht zu holen«, und zum Boden hin gurrte er: »Komm Käthe, komm!«

Unter dem Tisch hatte sich etwas aufgetürmt, das aussah wie ein großer Haufen vergilbter Weißwäsche. Paul kam zurück, der andere Mann ebenfalls.

»Hier wird jetzt frei«, sagten beide Herren unisono und zerrten Käthe gemeinsam unter dem Tisch hervor. Der riesige Hund wankte ihnen ungelenk hinterher und wedelte mit dem stattlichen Schweif eine Handtasche zu Boden. Die hatte sich an einer Stuhllehne erholen wollen, von was auch immer. Ich hob die Tasche auf und hängte sie zurück.

»Wir feiern heute wohl den Tag des Hundes«, sagte ich, als wir uns endlich gegenübersaßen. »Ich bin dran mit Einladen.«

»Kommt nicht in Frage«, sagte Paul ohne hochzuschauen. Er studierte die Eiskarte.

Es wäre sinnlos gewesen, ihm in diesem Punkt zu widersprechen.

»Vielleicht gibt's hier sogar kalten Hund«, murmelte er konzentriert. Mal schauen.«

Ich war gespannt, wie er sich diesmal entscheiden würde. Manchmal knallte er die Speisekarte zu, bat mich: »Sag' bitte Stopp!«, rief dann kräftig: »Eins!«, und fing an, vor sich hin zu murmeln. Das war die Zählmethode. Bei Stopp spuckte er die Zahl aus, bei der er gerade angelangt war und bestellte sich dann das, was auf der Karte unter dieser Nummer angeboten wurde.

»Ich wähl' doch aus«, hatte er sich verteidigt, als ich ihn einmal gefragt hatte, warum er nicht wirklich seine Wahl trifft. »Es ist immer gut, so wie es ist. Wir tun doch alle immer nur so, als würden wir uns entscheiden. Entscheidungen sind längst gefällt. Das wissen wir bloß nicht und machen uns ständig die Hölle heiß.«

Er hob den Blick. »Ich weiß, was du denkst. Ich bin übrigens noch nie enttäuscht worden. – Doch! Einmal! Da wollte man mir die Nummer vier nicht bringen. Das war ein Kindermenü ... so, dann wollen wir mal!«

Diesmal schloss Paul die Augen, kreiselte die rechte Hand wie eine Drohne über die Hochglanzfotos und ließ den ausgestreckten Zeigefinger zur Punktlandung herabstürzen: In der kunterbunten Eisbecherkreation steckte eine Waffeltüte mit der Spitze nach oben, soweit ich das erkennen konnte.

»Prima!«, sagte er zufrieden, »eine ausgezeichnete Wahl. Die Coppa Pinocchio grande.«

Ich brach in schallendes Gelächter aus. »Das kann jetzt nicht wahr sein!«

Der gesamte Tag hatte mich so durchgenudelt, ich konnte einfach nicht mehr an mich halten.

»Pinocchio! Paul, du schaffst mich!«

»Warum?«, fragte er freundlich.

»Warum, warum.« Mein Zwerchfell klemmte. »Eins zu einer Million.«

»Was ist los?«

»Die Chance, jemanden wie dich zu treffen, war für mich eins zu einer Million!«

»Da kannst du mal sehen. Der liebe Gott ist ein begnadeter Statistiker.«

Er klappte die Karte zu und stellte sie zurück in die Halterung aus Chrom. Ich dachte an Loriot.

»Ich geh' bestellen.«

Mein Lachen drohte, sich peinlich zu verselbstständigen. Als ich mich an Paul vorbeiwand, berührte er meinen Arm.

»Emilie?«

»Ja, Paul?«

»Bitte mit Sahne.«

Er sah mich an wie der kleine Häwelmann.

»Das habe ich soeben entschieden und zwar ganz bewusst.«

Ich lös' mich auf, ich lös' mich auf. Ich hielt mir den Mund zu. Erste Gäste verdrehten bereits den Kopf in unsere Richtung.

»Komm mal her, Frau Bundschuh«, sagte Paul und zog mich schnell auf seinen Schoß.

Nirgends auf der Welt konnte es sich besser anfühlen.

Mein Lachen wollte nicht zwischen uns stehen und glitt geräuschlos zu Boden.

»Ich habe Angst«, sagte ich leise, von mir selbst überrascht.

»Ich auch«, sagte Paul, »aber nur so viel.« Er zeigte mir zwischen Daumen und Zeigefinger einen winzigen Spalt. Sein Aufkleber hätte gerade noch dazwischen gepasst.

Es ging eine Weile mit der Bestellung. Zwei junge, unverkennbar italienische Burschen mit gegeltem Haar und großem Gestus, tänzelten umtriebig zwischen den Tischen umher und waren heillos überfordert. Ihre Römernasen räkelten sich keck in die Freiheit der frischen Frühsommerluft. Kinn- und Mundpartie steckten noch fest in etwas, das mich an Brotkörbchen in bayerischen Bierzelten denken ließ, in blauweißkleinkariertem Stoff.

O'zapft is befand der Stirnlappen.

Mich hingegen beschäftigte die Frage, ob den schmucken Kerlen nicht mal jemand solche Dinger im Trikoloremuster ihrer Heimatflagge nähen könne.

Paul fragte auf einmal unvermittelt: »Wie hast du das gemacht? Wie kamst du denn zu deinen Entscheidungen in dem ganzen Schlamassel?«

»Gute Frage«, sagte ich. » ›Wahr ist, was lebenskräftig macht‹ – mein Motto, seit ich sechzehn bin. Ist übrigens auch vom alten Geheimrat.«

»Kluger Bursche. Der kennt die Wahrheit, wie mein Zeigefinger.«

Genüsslich kreiste Paul mit ihm noch einmal eine kleine Runde und ließ ihn zielgerichtet auf mich zu schweben. Ehe er die Bewegung vollenden konnte, musste er den Arm zurückziehen, denn mein Cappuccino und Pauls Eisbecher brauchten eine Landebahn.

»Wo ist die Nase?«, fragte Paul enttäuscht. In dem Eisbecher steckte anstatt der Waffel ein Schirmchen. Er sah alles andere als nach Pinocchio Grande aus.

Der sehnige junge Mann zuckte mit den Schultern, »Non lo so«, und eilte davon.

»Na, dann nehme ich halt den solange«, sagte Paul und betrachtete aufmerksam, was ihm der Zufall, der keiner ist, diesmal zu Teil hatte werden lassen.

»Krieg ich das Schirmchen?«, bettelte ich, »ich liebe diese Schirmchen, seit ich ein Kind bin.«

»Ich auch«, sagte Paul. »Da werden wir wohl entscheiden müssen, wer es dringender braucht. Das ist nämlich ein Rettungsschirmchen.«

Er nahm das zierliche Gebilde aus Holz und grüngemustertem Pergament aus dem Eiskugelgebirge, schob es vorsichtig zusammen und legte es zwischen uns. Dann widmete er sich seelenruhig der cremigen Versuchung.

»Buon appetito, caro Paolo«, wünschte er sich.

»Buon appetito! Übrigens, wenn man bei Perocchio zwei Buchstaben austauscht, kommt tatsächlich Pinocchio heraus«, sagte ich und nahm einen Schluck aus der dickwandigen, weißen Porzellantasse. Dann durchzuckte mich ein Blitz.

»Mir fällt gerade etwas wie Schuppen von den Augen, Paul! Pinocchio – das war ich selbst und der Herr Doktor Fuchs und Kater in einer Person.«

»Wieso?«

»Meister Giuseppe hatte Pinocchio doch seine letzten Goldstücke geschenkt. Er sollte damit etwas Gescheites anfangen, und dann kamen Fuchs und Kater des Wegs, diese zwielichtigen Gesellen, weißt du noch?«

»Haben die nicht versucht, Pinocchio zu überreden, seine Goldstücke an einer bestimmten Stelle zu vergraben und ihm gesagt, da würde dann ein Baum wachsen, der Goldstücke trägt?«

»Genau! Diese Stelle war eine Weggabelung, und ich stand eben auch an so einer Weggabelung mit meinen schönen Goldstücken. Dr. Perocchio hatte mich schließlich so weit gekriegt, dass ich bereits anfing, das Loch zu buddeln... Aber im letzten Moment kam wie bei Pinocchio die Fee mit den blauen Haaren des Wegs.«

»Das ist ja verrückt. Wer war nochmal genau die Fee mit den blauen Haaren?«

»Die Kraft des Waldes. Sie hat Pinocchio gerettet. Bei mir war das Thea.«

»Thea ex machina?«

»So ähnlich«, lachte ich.

»Erzähl!«

»Willst du wirklich noch mehr hören für heute?«

»Unbedingt. Bis zur süßen Neige«, sagte Paul und löffelte weiter. »Und dann bekommst du das Rettungsschirmchen.«

14

Lotte und ich waren im Gartencenter gewesen und hatten viele Pflanzen und Töpfe besorgt, als sie Mitte April wieder da war für ein paar glückliche Tage.

»Wie du schon wieder unterwegs bist, Emmi«, hatte sie hinter mir gekeucht, als ich mit zwei Säcken Balkonerde unterm Arm die Treppen erklomm. »Wie ein junges Reh, als wenn gar nichts gewesen wäre.«

»War ja auch nichts«, hatte ich gelacht, »war alles nur geträumt.«

Und genauso kam es mir vor. Sobald ich entlassen war, hatte sich vor meine Zeit auf Station 5 ein Filter geschoben. Hinter ihm verschwamm, was ich erlebt hatte, wurde zu einer Erscheinung am Wüstenhorizont und flimmerte in sicherer Entfernung vor sich hin. Nur, wenn ich etwa alle zehn Tage zum Aderlass ins Spital musste, wurde mir wieder bewusst, dass ich mich noch immer in der Obhut einer Welt befand, deren Zugriff ich als furchterregend und schwächend empfand.

Die Terrasse sollte ein kleines Paradies werden, in meinem ersten Sommer an der neuen Adresse. Außer den drei großen Oleanderkübeln hatte ich nichts mitgebracht, und denen hatte der überraschend arktische Winter übel mitgespielt. Sie waren erfroren, die einst üppigen Büsche, nur noch traurige Gerippe. Ich hatte sie im März brutal zurückgestutzt, in der Hoffnung, sie würden es noch einmal packen, genau wie ich.

Mir selbst hatte ich einen dritten Zyklus nach eigener Rezeptur verordnet, ohne jegliche Beschneidung: Eine riesige Dosis an Freude und Liebe ließ ich täglich in meine Seele strömen, schaufelte alles in meinen Körper hinein, wonach er verlangte. Gesunde Nahrung, Luft und Sonne, Wasser, Wald und Wiesen, Tanzen, Wandern, Musizieren. Allein oder mit Serge. Bach, Mozart, Schubert, Jazz. Wann immer ich wollte. Meine Tage waren eine einzige große Meditation, eine lustvolle Umarmung des Augenblicks, ein unausgesetzter Minnedienst für die Liebe zum Leben, zu Gott.

Genau in diese Zeit fiel meine Wiederbegegnung mit Thea.

Tränen der Rührung kullerten aus ihren großen grünen Augen, als wir uns innig in die Arme schlossen. Sie hatte an der Straße gestanden, um mein Auto abzupassen, damit ich die Einfahrt zu ihrem Häuschen finde. Ich erkannte sie sofort wieder, in ihrem hellblau gemusterten Sommerkleidchen, darunter bleiche Beine, stakelig wie die eines Fohlens. Auch ihr schüchternes und zugleich doch energisches Winken erinnerte mich sofort wieder an jene Thea, die als Kind meine Klavierschülerin gewesen war, vor vielen, langen Jahren. Ein zartes, ungewöhnliches Mädchen. Hellwach und hoch begabt.

»Früher warst du viel größer«, wunderte sie sich lächelnd, und ich hielt sie nach unserer innigen Umarmung ein Stück von mir weg, um sie entzückt in Augenschein zu nehmen. Wir fanden beide, wir sähen eigentlich immer noch so aus wie damals und hüpften Hand in Hand in ihren Garten.

Damals waren wir uns immer nur einmal in der Woche begegnet. Nachmittags, im ungemütlichen Klassenzimmer einer Realschule. Dort stand, ein wenig verloren, im hintersten Eck des Raumes an der Wand ein Klavier. Die Beine der Stühle, nach Unterrichtsschluss auf die Tische gestellt, ließen alle Viere in die Luft ragen und kamen uns vor wie unzählige Ausrufezeichen, die etwas anmahnen wollten. Zweimal in der Woche gab ich dort Klavierunterricht, an allen anderen Tagen war ich begeisterte Schauspielstudentin an der Hochschule der Künste. Nach drei Jahren Ausbildung bekam ich mein erstes Engagement an einem Theater, verließ die Stadt und somit auch meine Schülerschar. Thea war elf, als ich wegzog. Ich verlor sie gänzlich aus den Augen, ohne je zu ahnen, wie wichtig ich für ihr Kinderleben gewesen war und wie groß für sie der Verlust ihrer Lehrerin.

Wir können oft nicht wissen, was wir bewirken im Leben, mit unserem Tun, unserem Sein. Welche Bedeutung die Stunden mit mir vor dem Klavier für die kleine Thea tatsächlich gehabt hatten, erfuhr ich erst Jahrzehnte später aus ihrer Biographie, die sie mir hatte zukommen lassen und die ich zu Hause vorfand, als ich das erste Mal aus dem Spital zurückkam.

Heute ist das kleine Mädchen eine angesehene Geisteswissenschaftlerin und lehrt im Sommersemester an genau der Universität, zu der auch das Spital gehört, in dem ich ein und ausging. In dieser Zeit wohnte sie in einem Häuschen, etwas außerhalb der Stadt. Sie hatte wissen wollen, wohin es mich unterdessen verschlagen hat und fiel aus allen Wolken, als sie es herausfand: Ihre Lehrerin von einst lebte nur wenige Kilometer Luftlinie von ihrem Arbeitsort entfernt!

»Lies mal ab Seite 57«, stand auf der handgeschriebenen Karte, die sie ihrem Buchgeschenk beigelegt hatte. Das seidige Lesezeichenbändchen war dort schon platziert.

»Niemand sonst in meiner Kindheit ist mit einer solchen Kreativität und Phantasie auf mein Wesen eingegangen...«

So begann die lange Passage, die sie mir und meinem Unterricht gewidmet hatte, und es war mit das Kostbarste, was ich je über mich selbst hatte lesen dürfen.

Ich war bewegt und erschüttert. Ihre Erzählungen erreichten mich genau zur richtigen Zeit. War ich doch ganz plötzlich zu einer geworden, die mit nichts mehr glänzen und brillieren konnte. Der Sinn meines Lebens bestand vorerst nicht mehr in meinem Tun, der Sinn meines Lebens war nun mein Leben an sich – nicht mehr und nicht weniger. Dass es mir einst nur mit dem, wie ich war, gelingen konnte, eine Kinderseele zu stärken, das war in dieser Lage ein unermesslicher Trost für mich.

»Du hast mir in gewisser Weise das Leben gerettet«, sagte Thea, als wir an jenem ersten Nachmittag unseres Wiedersehens in dem idyllisch verwilderten

Garten beim Tee saßen, Stunden um Stunden. Wir hatten uns viel zu erzählen.

Wenn es ihre Zeit zuließ, trafen wir uns von da an immer wieder. Am liebsten gingen wir spazieren. Thea kannte alle Pflanzen und Blumen und ihre heilende Wirkung. Die vierzehn Jahre, die zwischen uns liegen, waren kein Gefälle mehr. Sie waren es im Grunde niemals gewesen. Auch als Thea noch klein war, hatte ich nie das Gefühl gehabt, ihr um etwas voraus zu sein. Von meiner Fähigkeit, Klavier zu spielen, einmal abgesehen. Nun erkannte ich erstaunt, dass sie in mancher Hinsicht viel weiter war als ich. Ihre allumfassende Klugheit und Güte, vor allem ihre spürbare, herzensreine Verbindung in die geistige Welt waren Balsam und Manna für mich. Jedes Mal, wenn ich ihr, dieser reifen Seele, begegnete, tat sie ein Wunder an mir, und ihr liebender Blick auf mich und die Welt heilte eins ums andere auch mein verstörtes Kinderherz.

Die sommerlichen Frühlingstage flogen hoch und höher.

Das Ergebnis der letzten Punktion zirkulierte mit ihnen im Orbit und drohte, meine genüsslich heilsame Lebensart, jenseits der medizinischen Maßnahmen, unliebsam aufzustören. Am Ende des Wonnemonats setzte es zur punktgenauen Landung an.

Inzwischen hatte ich den Klingelton meines Handys gewechselt, denn die altvertraute Melodie war zur Schreckensbotin geworden und brachte jedes Mal mein Nervensystem in Aufruhr. Meine Freunde meldeten sich nur noch auf dem Festnetz oder schickten mir eine Textnachricht.

Am letzten Maientag kullerten in meiner Wohnung zarte Klänge aus irgendeiner Ecke. Das neue Motiv hieß ›Glasperlen‹, und ich musste es mir erst einmal zuordnen und mich auf die Suche nach dem Handy machen. Es lag unter einem der Sofakissen. Leicht außer Atem nahm ich den Anruf entgegen.

»Hallo?«

»Frau Bundschuh?« Die Stimme von Dr. Perocchio klang verzerrt.

»Wir haben uns noch einmal eingehend mit Ihrem Fall befasst. Es wäre wirklich das Beste, wir machen jetzt die Transplantation.«

»Aber warum? Mir geht es fantastisch! Ich kann Sie übrigens nur ganz schwer verstehen.«

»Meinen Sie das akustisch?«

»Ja. Die Verbindung ist schlecht.«

Ich hörte ein Scharren und Klappern und wenige Momente später: »Ist es jetzt besser?«

»Ja, jetzt kann ich Sie gut hören.«

»Das ist schön, dass es Ihnen so gut geht, nur wird das wahrscheinlich nicht mehr lange so bleiben, dann stecken Sie wieder im Schlamassel. Hören Sie, es ist so: Ihr Immunsystem ist offensichtlich nicht mehr in der Lage, die mutierten Zellen zu erkennen und zu bekämpfen. Sie müssen sich das so vorstellen: Die kleinen Verbrecher tummeln sich in Ihrem Keller, verstecken sich geschickt hinter den Regalen, den Heizungsrohren, und die Polizei geht einfach immer daran vorbei und kriegt sie nicht zu fassen. Es ist nur eine Frage der Zeit, bis diese Ganoven uns wieder einen Riesenärger machen. Das Beste wäre wirklich, Ihre Polizei auszutauschen!«

Mir fiel nichts ein, was ich dazu hätte sagen können. Wachtmeister Dimpfelmoser aus dem Räuber Hotzenplotz tauchte plötzlich vor mir auf, im Keller meines Elternhauses, den Kopf im Vogelkäfig.

»Frau Bundschuh? Sind Sie noch dran?«

»Ja«, sagte ich in Zeitlupe, sofern sich ein dermaßen einsilbiges Wort so aussprechen lässt.

»Schauen Sie, Sie haben einen wirklich idealen Spender, das ist wie ein Sechser im Lotto. Manche Patienten warten monatelang, oft ist es dann zu spät, bis einer gefunden wird oder sie finden gar keinen.«

Ich sah die Angehörigen vor den Türen mit dem roten Balken in ihre sterilen Kittel steigen.

»Sie sind in einer ausgezeichneten Verfassung, das ist die allerbeste Voraussetzung. Sehen Sie's doch mal sportlich. Es ist wie beim Marathon. Die letzte Etappe bis zur Zielgeraden ist die schwerste. Das ist einfach so, aber dann haben Sie es geschafft! Sie sind schon so weit gekommen! Es wäre doch jammerschade, wenn Sie jetzt aufgeben. Lassen Sie uns nochmal gemeinsam in die Hosen steigen. Sie packen das und hinterher haben Sie ein für alle Mal Ruhe...«

Vielleicht war es genau das. Die Aussicht, endlich ein für alle Mal Ruhe zu haben. Oder der sportliche Ehrgeiz, an den er appelliert hatte. Oder der ideale Spender, der Lottogewinn. Oder alles zusammen.

Hatte ich bislang etwas Entscheidendes übersehen? Den idealen Spender vielleicht? Bin ich nicht auch in diesem Punkt wirklich sehr begünstigt vom Schicksal? Ist dies das Thema, das ich mich tunlichst hüten sollte, zu verweigern? Was, wenn das wirklich die Lösung wäre? Sich mit einem anderen Menschen so unbedingt zu verbinden und so tief, wie es nicht einmal Sexualität vermag. Hat mich das nicht immer schon beschäftigt, Verbundenheit? Jetzt bekäme ich die Chance, auf der leiblichen Ebene vollziehen zu dürfen, worum wir auf der geistigen alle ringen müssen: Um diese Verbundenheit, um das wahre Erleben von Eins-Sein. Warum sich dieser Möglichkeit nicht vertrauensvoll anheimgeben?

Wie ferngesteuert hörte ich mich sagen: »Also gut, dann machen wir das jetzt eben so, dann steigen wir nochmal in die Hosen.«

Dr. Perocchio schien irritiert. Ich hörte Geräusche, als sei ihm etwas in den falschen Hals geraten. »Habe ich Sie richtig verstanden? Sie wollen unserer Empfehlung jetzt doch endlich folgen?«

»Mh«, kam es aus meinem Mundraum bei geschlossenen Lippen.

»Jetzt bin ich aber doch sehr erleichtert, Frau Bundschuh, es wäre wirklich zu schade gewesen. Sie werden sehen, alles wird gut.«

Seine Freude klang ehrlich, und das machte mir Freude, und als ob es hauptsächlich nur darum ginge, Freude zu bereiten, war ich jäh entschlossen, jeglichen Widerstand aufzugeben und zu vertrauen. Nur ein kleines Flehen wollte noch über meine Lippen: »Sie müssen mir aber dabei helfen, alleine schaffe ich es nicht, ohne Sie bin ich in diesem Betrieb verloren!«

»Natürlich, Frau Bundschuh!«, kam es sehr überzeugend vom anderen Ende der Leitung, »ich lasse Sie auf keinen Fall im Stich. Wir stehen das gemeinsam durch, und ich setze mich ein für Sie, wo ich kann, das verspreche ich Ihnen.«

»Danke«, sagte ich und überhörte, was er eine Spur zu schnell folgen ließ.

»Kann ich jetzt also endlich grünes Licht geben?«

»Ja«, sagte ich, und die Aussicht, dass sich endlich jemand sehr bald, sehr exklusiv um mich kümmern wollte, kam mir ungemein beruhigend vor.

»Wann muss ich wieder antreten?«

»Wir schalten eine Chemo von sechs Tagen davor. Jetzt muss der Spender erst einmal informiert und vorbereitet werden, das müssen wir gut koordinieren. Ich würde mal sagen, in zirka zwei Wochen. Ich melde mich rechtzeitig vorher bei Ihnen. Machen Sie sich bis dahin noch eine gute Zeit, Frau Bundschuh.«

Nach dem Gespräch war ich überklar, wie nach ein paar Wodka auf ex. Als hätte sich mein Geist an dieser plötzlichen Zusage rasierklingenscharf gewetzt. Langsam erhob ich mich aus dem Sessel und trat hinaus auf die Terrasse, ganz dicht heran an einen der Oleanderkübel. Seine hellgrauen, so schmählich gekürzten Äste waren übersät mit grünlichen Pocken. Aus vielen hatten sich bereits längliche Blättchen geschält und streckten sich meiner Hand entgegen wie zur Begrüßung. Behutsam befühlte ich sie zwischen Daumen und Zeigefinger, ihre noch zarte, seidige Textur. Bald würden sie sich verwandeln in üppig ledriges Blattwerk. Es war schon sehr warm draußen.

Nun würde ich nicht mehr miterleben können, wie alles um mich her sprießt und wuchert, blüht, gedeiht. Sie würden ganz allein und unbewundert bleiben, meine Blumen und Pflanzen. Der kleine Bambus, wer würde ihm täglich sein Wasser geben, das er so dringend braucht?

Und dann durchfuhr mich ein grässlicher Schmerz, als würde ich der Länge nach aufgeschlitzt. Es war das Letzte, was ich noch empfinden konnte, bevor eine gespenstische Windstille in mir eintrat. Als hätte ich mit meinem Ja bei einer munteren Musikanlage auf die Taste gedrückt, die alles stumm schaltet.

Alles, was ich künftig denken, tun und sagen würde, stünde nun unter einem völlig neuen Motto: Ich mache es jetzt doch!

Ich würde es wagen, mich auf diese irreversible Verschmelzung mit einem anderen Wesen meiner Spezies einzulassen, mit einem mir gänzlich unbekannten Menschen. Ich würde seine Blutgruppe erhalten.

Es würde gut ausgehen. Ich war mir sicher.

Alle, denen ich von meinem Entschluss erzählte, waren erstaunt über den Schwenk in die andere Richtung. Nicht wenige waren, wie ich erst später erfuhr, ehrlich entsetzt. Alle hatten sie jedoch die Größe und die Klugheit, mir sofort zu versichern, dass sie jede meiner Entscheidungen mittragen und unterstützen würden, also auch diese letzte Etappe bei meinem Marathon, mit allem, was das für mich bedeuten würde – egal, was sie selbst darüber dachten.

Die Tage gewannen noch mehr an Dichte im Zeichen des Abschiedes, an Intensität.

In mir hatte sich eine seltsame Stärke gebündelt. Eine explosive Mischung aus hochkonzentrierter Vernunft, asketischer Strenge und unabdingbarer Opferbereitschaft. Ich wurde zu einer Fundamentalistin. Ich war bereit, vor mir selbst und anderen um jeden Preis meinen Glauben zu manifestieren. Meinen Glauben daran, dass dieses riskante, einschneidende Unternehmen gelingt. Die Kraft meines laserstrahlscharfen Geistes würde für die Qualität seines Ausgangs bürgen und ich die Materie mit ihren Gesetzmäßigkeiten überwinden.

Die sonnige Welt um mich her verlor ihr heiteres Fließen, bekam schattenharte Konturen, wurde eine flache Realität. Meine Fähigkeit, in eine mehrdimensionale Wirklichkeit zu schauen, verlor sich von Tag zu Tag mehr.

In mir entstand unter Druck eine Unterdruck-Zone, in der mein Empfinden erstarrte.

Aller guten Dinge sind drei, davon bin ich überzeugt.

Das Leben ließ sich nicht davon abhalten, in den zwei Wochen, die mir noch blieben, an meine verschweißte Herzenstür zu klopfen. Es sandte mir seine Appelle und schickte drei Zeichen.

Das erste am Pfingstsonntag, beim Frühstück auf der Terrasse. Über mir das strahlend blaue Himmelszelt. Auf dem Dachfirst gurrte das Taubenpärchen, das sich an manchen Tagen sogar zu mir hin aufs Geländer wagte, um sich zu schnäbeln.

Ein winziger schwarzer Punkt tänzelte plötzlich in der Ferne durch die Kuppel aus Azur. Erst war ich mir nicht sicher, ob ich es nicht mit einem dieser Glaskörperflöckchen im Auge zu tun hätte, einem ›mouche volante‹. Doch der Punkt kam sehr rasch näher und entpuppte sich als Luftballon. Er glitzerte metallisch und blinkte in der Sonne. Ein langes, dünnes Band flatterte hinter ihm her. Seine unerwartete Freiheit schien ihm nicht gut zu bekommen, der Ballon sah planlos aus und verstört.

Da sah ich plötzlich diese verschwitzte, klebrige Kinderhand vor mir. Sie hielt das Band in einer Schlinge fest umschlossen. Dann ein Augenblick der Ablenkung, der Unachtsamkeit, die kleine Hand, die sich unvermutet öffnet, der Ballon, wie er entwischt und frohgemut nach oben steigt.

Ein langgezogenes, entsetztes »Nein!«

Es war Bobbis Hand, es war sein Ballon und sein Schrei. Bobbi, dessen Seele sich einst, an dem strahlend blauen Samstag vor dem Pfingstfest, in die Himmel aufgeschwungen hatte.

Als der ausgebüxte Ballon über den Dachfirst trudelte, konnte ich erkennen, dass er die Gestalt eines Einhornes hatte, Schweif und Mähne regenbogenfarben. Das heliumgefüllte Fabelwesen stürzte, torkelte direkt vor mir kopfüber durch die Lüfte, fing sich kurz und trieb zur Seite, kam zurück, wurde vorangeschubst und dann erneut herumgeworfen.

Mir schwindelte beim Zusehen. Die willenlose Fahrt durchs All schien alles andere als ein Spaß zu sein. Da war etwas außer Kontrolle geraten und auch nicht mehr einzugreifen. Das Einhorn war vollkommen ausgeliefert und sein Schicksal bedauernswert ungewiss. In Windeseile hatte es mein Blickfeld durchquert, und sehr bald war es wieder nur ein winziger Punkt in der Ferne.

Das bin ich!, blitzte es in mir auf, wie einer der Sonnenreflexe auf dem Ballon. Das Einhorn bin ich. Losgerissen, haltlos, unterwegs nach nirgendwo, im

Sturzflug, schwindelkrank, ausgeliefert. Wie Wasser von Klippe zu Klippe geworfen, jahrelang ins Ungewisse hinab. Der Stirnlappen spuckte mir Hölderlin auf den Frühstücksteller: Hyperions Schicksalslied. Die Täubchen gurrten. Ich köpfte das Ei. Mitleidloser als sonst, und das Geräusch der berstenden Schale brachte mich zurück auf Kurs, brachte mich wieder zu der Vernunft, die ich dringend zu benötigen meinte.

Zwei Tage vor der Stationierung lag ich mit Ella im Schwimmbad. Gerade hatten wir uns abgetrocknet und uns bäuchlings in die Sonne gelegt, als im Gras das Glasperlenspiel erklang. Ich sah die ungeliebte, stachelige Nummernzeile auf dem Display und ging dran.

»Wie geht es Ihnen?«

Mir kam absurd vor, es Dr. Perocchio zu sagen, doch es war die schlichte Wahrheit. »Ausgezeichnet. Ich bin gerade im Naturfreibad.«

»Da tun Sie gut dran, genießen Sie alles, was Sie noch kriegen können.«

Es gab Organisatorisches zu besprechen. Ich kam mir vor, als würde ich mit einem Reiseveranstalter reden, und zum Schluss bat ich Dr. Perocchio, mir den Behandlungsplan zu mailen, als ob es sich dabei um Flugdaten handelte, die ich gerne noch schriftlich hätte. Dann stopfte ich das Handy zufrieden zurück in meine ständige Sommerbegleiterin, die kunterbunte Badetasche.

Ellas Kopf hing zwischen ihren flach auf dem Badetuch abgelegten Unterarmen herunter. Sie regte sich nicht.

»Ella?«

Spielerisch zupfte ich sie am nassen Pferdeschwanz. Langsam hob sie den Kopf, und ich sah, dass sie weinte. Stille Tränen rannen über ihre Pfirsichwangen.

»Mama«, sagte sie, und in diesem einen Wort schwang eine erschütternde Mischung aus tiefstem Entsetzen und größtem Mitgefühl. Augenblicklich öffnete das meine verriegelten Schleusen. Wir sahen uns an, die Hände ineinander verwoben und ergaben uns bitterlichen, leisen Schluchzern. In zwei Tagen – wir wussten es beide nur zu genau – würde es endgültig vorbei sein mit all diesen Freuden, mit all den Genüssen. Keine Erdbeeren mehr, keine Tomaten, keine übermütigen Sprünge kopfüber ins Wasser. Ich müsste allem Lebewohl sagen für sehr lange Zeit. Den Menschen, den Vögeln, Blumen, Pflanzen, der Sonne, meinem Fahrrad, dem Tanzen, dem Klavier, meinem Bett, allem, was meine kleine Welt ausmachte. Und auch mir selbst. Es war mehr als fraglich, ob ich je wieder die sein würde, die sich mit bronzefarbener Sommerhaut, froh und drahtig, lebenslustig in einer Wiese wälzen oder sich kreischend in einen See stürzen könnte.

Straks und unbeirrt schritt ich voran auf vorgespurtem Weg, geradewegs hinein in eine Hölle. ›Von nix is nix‹, hatte ich oft genug gehört, um besonders jetzt daran zu glauben und zu meinen, dass der Abstieg vom Pulverfass eben seinen Preis hätte.

Ich würde es schon hinkriegen, ich würde mir die Hölle dieses letzte grausame Mal auch wieder zum Himmel machen.

Am späten Abend desselben Tages bekam ich die Mail mit dem Behandlungsplan und druckte ihn aus. Schwarz auf Weiß. HPST. Patientin E. Bundschuh.

Mein Blick fiel als erstes auf eine Tabelle. Links das Datum des Behandlungsbeginns, daneben eine Null. Wir fangen wohl immer wieder bei Null an, dachte ich, auch bei einer Hämatopoetischen Stammzellentransplantation. In der Säule abwärts folgten: Minus 1, minus 2, minus 3, bis hin zu minus 6. Das wäre der Tag, an dem mich das Gift völlig entkernt, meine eigene Substanz vernichtet und meinen Körper außer Gefecht gesetzt hätte. Dann wäre in ihm Platz, um die Stammzellen des Spenders aufzunehmen. Das wiederum sei eine Sache von nur einer halben Stunde. So hatte es mir ein Bekannter erklärt, der die Zellen seiner Schwester bekommen hatte. Knallrosa Flüssigkeit aus einem Infusionsbeutel seien in etwa dreißig Minuten in seine Venen getropft, und die Spenderzellen hätten das System geentert. Das sei schon ein seltsames Gefühl gewesen, hatte er erzählt, dass es ab da für die kleinen Fremdlinge und ihn kein Zurück mehr gegeben hätte. Das war unumkehrbar. Die Neulinge und sein Körper hätten halt zusehen müssen, wie sie miteinander auskämen und künftig leben wollten. Und natürlich hätte man sehr gehofft, dass sich die Spenderzellen wie vorgesehen in seinem Knochenmark ansiedeln und ihre Arbeit aufnehmen würden, nämlich gesundes Blut produzieren. Eine Liebesheirat sei es nicht gewesen, ließ mich der Bekannte wissen, aber man hätte sich arrangiert und er würde gut leben damit. Vielleicht könne er die lästigen Medikamente auch noch irgendwann absetzen.

So sieht er auch aus, hatte ich gedacht. Wie jemand, der in einer Vernunftehe feststeckt, irgendwie grau und müde, ungeliebt. Hauptsache, nochmal davongekommen.

Es war spät, meine Müdigkeit war plötzlich einer nagenden Unruhe gewichen.

In einer Tabellenspalte ganz links am Rand fand ich untereinander die vielen Medikamente aufgelistet, die man mir verabreichen würde. Zum Schutz vor allem Möglichen und um natürliche Reaktionen meines klugen, lieben Körpers zu unterdrücken. Er sollte mit viel Chemie auf einer Streckbank festgeschnallt werden. Mir wurde heiß und eng in der Brust.

Einige der Präparate kannte ich. Im April hatte ich sie endlich absetzen dürfen. Die anderen klangen bedrohlich.

Ich hatte Dr. Perocchio um diesen Plan gebeten, damit ich mich in alles vorher einfühlen könnte und meine Kräfte geistig ausrichten. ›Fürchte dich nicht, ich habe dich bei deinem Namen genannt, du bist mein.‹ Ich wollte alles taufen, was sich meiner bemächtigen würde, damit es seinen Schrecken verliert.

Die Schriftzeichen auf dem DIN A4-Blatt begannen mit einem Mal ein Eigenleben zu entwickeln. Buchstaben verschwammen, verschwanden, legten sich quer, die Minuszeichen vor den Ziffern traten hervor, wurden größer, fuhren, sechs einzelne Messerchen mit überscharfen Klingen in mein Herz und zersäbelten mir den Brustraum. Es tat unvorstellbar weh. Ein Minus sollte ich werden! Auf ein Nichts herunter vernichtet. Alles, was sich mit göttlicher Hilfe und Heilkraft wieder aufgerichtet, aufgebaut hatte, alles würde gnadenlos zerschmettert, vergiftet und geplättet. Namenloses Erbarmen überkam mich. Mit meinem Körper, seinen kräftigen Muskeln, dem guten Appetit, der prächtigen Verdauung. Mit mir selbst, mit meinen Idealen. Eine nie gekannte Angst begann, mich zu versengen. Eine Kanonenkugel, ein überdimensionales, feuergrelles NEIN! schoss auf mich zu, an mir vorbei in den Nachthimmel hinaus, hallte von überall her wieder. Aus jedem Winkel das tausendfache Echo – Nein! Das darfst du nicht tun! Auf gar keinen Fall. Du versündigst dich auf immer und ewig. Diesmal wird es dein Körper nicht schaffen. Der Bogen ist überspannt!

Ich brach am Tisch über dem Blatt zusammen. All die Konzentration, die Kraft der Vernunft, der schrecklich kategorische Imperativ, alles zerbarst in tausend Teile. Zurück blieb nur mein Kern, meine Essenz, mein um Gnade flehendes Sein. Ich begann zu weinen auf eine Art, wie ich es noch nie im Leben getan hatte. Ich starb. In meiner schönen neuen Wohnung. Niemand würde ihn mir abnehmen können, diesen tragischen Kelch, der mir gereicht wurde, hier am Scheideweg zwischen peinvollen Ungewissheiten.

Das Telefon klingelte. Es war eine Frau, die ich mochte, doch nicht wirklich gut kannte. Ich griff nach ihr wie eine Ertrinkende. Sie hatte nur wissen wollen, wie es mir geht und war heillos überfordert mit der reißenden Flut, die ihr als Antwort auf eine lieb gemeinte Frage entgegenkam. Wir seien in Wahrheit doch nur Geist, faselte sie und dass der Körper folglich niemals ernsthaft bedroht sein könne, denn es gäbe ihn ja eigentlich nicht. Ich legte auf.

Meine Qual wuchs ins Unermessliche. Ich sank neben dem Tisch zu Boden. Das Telefon noch in der Hand. Nach einer Weile richtete sich mein Oberkörper wieder auf, als hinge ich an den Strippen eines Marionettenspielers. Jemand führte den Zeigefinger zu den Ziffern, die mich mit Thea verbinden würden. Sie meldete sich sofort. Ohne, dass ich etwas sagen musste, hörte ich: »Emmilein, du hast furchtbare Angst, stimmt's? Ich hab's gespürt.«

Aus meiner Kehle fanden nur noch unkontrollierte, tierähnliche Laute den Weg in die Sprachmuschel.

»Warte. Ich setz mich sofort ins Auto. In zwanzig Minuten bin ich bei dir.«

Ich kann mich nicht erinnern, einen Menschen jemals aus tiefster Seele so ersehnt und als rettend empfunden zu haben wie Thea, als sie an diesem späten Abend schließlich vor der Türe stand. Allein ihr Anblick machte mich schlagartig getrost. Klarheit und Ruhe strahlte ihre hochgewachsene, schlanke Erscheinung mit den langen dunklen Haaren aus.

Einmal mehr fand ich, Thea sei einer der beeindruckendsten Menschen, denen ich je begegnet war in meinem langen Leben. Es umgab sie ein heller Schein, ganz zweifellos von einer anderen Welt.

»Emmilein«, sagte sie und blickte mich an, als wir uns auf dem Sofa gegenübersaßen, meine Hände in den ihren.

»Was immer du auch tun und welchen Weg du gehen wirst – du bist beschützt. Du wirst geliebt von denen« – sie warf den Kopf kurz in den Nacken und deutete mit dem Zeigefinger nach oben –, »sehr sogar. Hörst du? Unendlich geliebt.«

Ich wusste nicht genau, wen sie alles meinte, mit ›denen da oben‹, doch die Sinnhaftigkeit ihrer Worte verstand ich ganz unmittelbar. Eine höhere Instanz in mir fing die Laute auf wie goldene Kugeln, und ich wurde plötzlich ruhig.

Unter meiner Lieblingsdecke aneinander gekuschelt, wogen wir noch einmal Für und Wider beider Möglichkeiten ab. Ich hielt wieder Einzug in mich selbst, wies die reine Vernunft vor die Tür, um zu vernehmen, was meine Seele zu allem zu sagen hätte.

»Geh nun schön schlafen, Emmilein«, sagte Thea, »bitte um Klarheit und morgen wirst du vielleicht schon ganz genau wissen, was zu tun ist. Wenn nicht, geh' in deinen Wald. Die Antwort kommt, du hast noch Zeit. Und vergiss nicht, du bist beschützt. So oder so.«

Ich begleitete sie zum Auto. An der offenen Wagentür zögerte sie. »Ich möchte dir noch etwas Wichtiges sagen. Das darf ich aber nur, wenn du dich entschieden hast.« Wieder züngelte Unruhe an mir hoch.

»Etwas Schlimmes?«

»Nein. Ganz im Gegenteil.« Thea lächelte, wie nur sie es konnte. Mit heiligem Ernst. »Ruf mich an, sobald du weißt, was du wissen musst«, bat sie und schwang sich hinters Lenkrad. Ich warf die Tür zu. Erst, als die Rücklichter ganz am Ende der Straße verschwunden waren, hörte ich auf zu winken.

Ich erwachte sehr früh am Morgen aus tiefem, traumlosem Schlaf. Als ich die Augen aufschlug, sah ich als erstes meinen Freund, den gefallenen Riesen vor mir und wusste, dass er schon lang auf mich gewartet hatte. Ich machte mich sofort zu ihm auf den Weg.

Über die Kuppe des kleinen Berges, der mein Städtchen von der benachbarten Kreisstadt trennt, zieht sich ein prächtiger Buchenwald. Auch in ihm hatte ich schon oft Zuflucht und Trost gefunden. Mitten durch verwunschene, wilde Vegetation verläuft ein schmaler Pfad. Seit dem vergangenen Herbst lag quer über ihn hingestreckt eine prächtige alte Buche. Der Sturm hatte sie zu Fall gebracht, und ihr großer, runder Wurzelballen ragte nun wie ein abgelegter Stempel rechts in den Wald hinein, leicht bergan, die Krone verlor sich viele Meter von dem Pfad entfernt im abschüssigen Dickicht. Dünne, belaubte Zweiglein trieben aus dem von Erde ummantelten Wurzelfuß. Er lebte noch, der gefallene Riese, und jedes Mal, wenn ich ihn besucht hatte, streichelte ich seinen grauen Leib und ließ mich dann der Länge nach rücklings auf ihm nieder, schaute mit angestellten Füßen, die Hände hinterm Kopf, weit nach oben. Dort war eine Insel aus Himmel. Entstanden, als die herrschaftliche Krone meines Freundes beim Sturz in die Tiefe eine beträchtliche Lücke gerissen hatte im wogenden Meer aus dichtem Laub.

Der gefallene Riese empfing mich freudig, und auf seinem Stamm fand ich die Ruhe, nach der ich mich gesehnt hatte. Die Sonne irrlichterte durch dichtes Grün. Ein Specht morste hohl klackende Botschaften in den jungen Morgen hinaus. Jede einzelne eine kleine Attacke, ein kühn rhythmisierter Weckruf, auch an mich. Als ich mich irgendwann wieder erhob, nahm ich eine neue Art von Furchtlosigkeit mit auf den Weg und die Gewissheit, dass sich schon bald etwas ereignen würde, was mir zu Hilfe käme.

Nachmittags rief Dr. Herd mich an. Ich hatte ihn lange weder gesehen noch gesprochen.

»Wie geht es Ihnen, Frau Bundschuh?«

Noch ehe ich antworten konnte, sagte er: »Wir haben ein unvorhergesehenes Problem. Wir können Ihren Spender nicht nehmen. Er ist vor zehn Tagen aus der Karibik zurückgekehrt und müsste erst einmal vier Wochen in Quarantäne.«

Mit einem Ruck saß ich kerzengerade im Liegestuhl, auf dem ich mein Schläfchen gehalten hatte.

»Aber wir haben noch einen anderen Spender, der genauso gut ist.«

»Jetzt!«, dachte ich. Es ist soweit. Es ist entschieden.

»Stopp!«

Ich fiel ihm ins Wort.

»Ich verstehe nicht.«

Dr. Herd klang verunsichert.

»Ich sagte Stopp! – Herr Herd, ich denke, ich brauche jetzt erst einmal ein ausführliches Gespräch mit Ihnen, bevor es weitergeht. Wir müssen dringend miteinander reden. Für mich ist das kein Zufall, dass es jetzt nicht klappt mit dem Spender.«

»Aber es gibt doch noch den anderen.«

»Mir wurde gesagt, mein Spender sei ein Sechser im Lotto, wie passt das zusammen?«

»Sie hätten insgesamt fünf Spender, alle gleich gut. Alle ein Twelve Point Match.«

Der Prospekt, auf den ich in lebhaften Farben die Fabel von mir als dem Glückspilz gemalt hatte, der die Aufgabe hätte, sein günstiges Schicksal beim Schopfe zu packen, krachte zu Boden wie ein Aufzug im Schacht, dem man die Seile gekappt hatte. Mein Herz raste.

»Wann haben Sie Zeit?«, meine Stimme war fest verankert.

»Wofür?«

»Für dieses ausführliche Gespräch«, insistierte ich und wusste es mit einem Male in aller Deutlichkeit: In diesem Gespräch würde ich ihm sagen, dass ich mich definitiv nicht transplantieren lasse.

»Am nächsten Donnerstag um zehn«, sagte Dr. Herd, »kommen Sie zur Ambulanz.«

Bei Thea lief das Band. »Ich weiß jetzt, wo's langgeht«, sprach ich ihr darauf und musste nicht erklären, wofür ich mich entschieden hatte. Die Heiterkeit in meiner Stimme war unmissverständlich. Ich fragte, ob sie mich zu diesem Gespräch begleiten würde.

»Emmilein, ich bin sehr froh.« Thea rief am frühen Abend zurück. »Natürlich komme ich mit nächste Woche!« Dann bat sie mich, mit ihr sehr bald spazieren zu gehen. Sie wolle mir zuvor noch etwas sagen, das vielleicht von großer Wichtigkeit für mich sein könne. Thea sprach sanft und mit einer Unbedingtheit, die mich sofort verstehen ließ, dass mich dies zutiefst etwas angehen würde. »Es geht um deinen lieben Vater«, sagte sie noch, bevor wir uns verabschiedeten.

15

Lieber Paul,
ich habe es unvorstellbar gut getroffen, hier auf diesem bezaubernden kleinen Eiland. Das urgemütliche Häuschen mit der dicken Schilfhaube und den lieben Fensteräuglein hockt wie ein Champignon mitten in der Dünenheide. Nah genug am Strand, um mir vom vollmundigen Schäumen der See etwas erzählen zu lassen und weit genug davon entfernt, um nachts davon nicht aufgestört zu werden. Ach, am Meer ist einfach immer alles gut. Und darinnen erst! Ich gehe jeden Tag hinein, obwohl das Wetter eher bescheiden ist.

Vielleicht sehnen wir Menschen uns insgeheim zurück ins pulsierende Fruchtwasser. Sind wir doch von Geburt an auf dem Trockendock. Es gibt jedenfalls nichts, was mich so beruhigt wie die Gesellschaft des Meeres – von der Deinen einmal abgesehen!

Natürlich gibt es keinen Grund, sich über den Unfall von Ninas Tochter zu freuen. Doch wie es halt so ist – des einen Leid, des anderen Freud. Gottlob ist sie bald wieder auf den Beinen. Da waren wohl Heerscharen von Schutzengeln am Werk.

›Dat söte Länneken‹ stand schon so lang auf meiner Liste. Hast Du auch solche Orte und Ziele, wo Du schon immer mal hinwolltest?

Wahrscheinlich hat mich dieses idyllische Fleckchen Erde zu sich her gesogen, weil es in den Zwanziger-, Dreißigerjahren ein wahres Künstler-Eldorado war. Zahllose Mimen, Malerinnen, Literaten und andere von der Muse geküsste Freigeister frönten hier ihrer Sommerfrische. Gerhart Hauptmann hatte sein Haus gegenüber von Zuckmayer und Ernst Rowohlt. Otto Gebühr und Paul Wegner wohnten ums Eck. Asta Nielsen beherbergte mehrere Sommer lang Joachim Ringelnatz und seine Frau Muschelkalk (ja, im Ernst, so nannte er seine Angetraute, der Spaßvogel). Sie alle pflegten und schlossen ihre Freundschaften, ergötzten sich in geselligen Runden am Wein, erhitzten und inspirierten sich in Austausch und Gespräch – da hätte ich zu gern mitgetan. Das wäre meine Welt gewesen, Paul, das denke ich hier nicht zum ersten Mal.

Die Glücklichen lebten in einer Zeit, als man sich noch ad hoc gereimte Gedichte verehrte und lange Briefe schrieb. Alles, um sich Zuneigung und Wertschätzung zu bekunden.

Ich will's ihnen nun gleichtun, mein lieber, verehrter, so wertgeschätzter Herr Soczek. (Das Gedicht aus dem Stegreif reime ich Ihnen dann, wenn wir uns wiedersehen.)

Ich bin Dir ja noch eine Antwort schuldig.

Neulich auf der Bank am Spielplatz wolltest Du wissen, was ich denn noch zu verstehen und zu vergeben, also ›wegzugeben‹ gehabt hätte.

Vielleicht ist es so, dass sich erst einmal etwas Bestimmtes ereignen muss, bevor uns die Antwort auf eine bestimmte Frage zufällt. Ich für meinen Teil musste wohl ausgerechnet hierher reisen. Musste mich tränken und imprägnieren mit den sphärischen Partikeln einer ganz besonderen Zeit. Es ist die Zeit, in der meine Eltern geboren wurden, und fast bin ich geneigt zu glauben, dass auch sie höchstpersönlich ihre Finger im Spiel hatten, um mich hierher zu lotsen...

Wie die Jodmoleküle, die jede einzelne Welle der unermüdlich vorlauten See in den Äther speit, schwirren sie hier noch immer umher, die Elementarteilchen einer illustren Epoche. Und mein Gemüt erkennt etwas wieder, das es jubeln und auffliegen lässt wie die tollkühnen Möwen: Es erinnert sich an das Aroma unzähliger Gedichte von virtuoser Geschmeidigkeit und an eine Grandezza, die eben nur jenen Wesen eigen sein kann, die in der Luft zu Hause sind.

Alles, was fliegt und seine Betrachter und Hörer zu sich emporzieht – ich verdanke es meinen Eltern. Hilla sang und spielte mir den Swing und die Schlager ins Blut, Hartmut impfte meine wachen Ohren mit Reimen und Rhythmen, mit Sprachwitz und Wortspielen, dem Humor und Esprit eines Tucholsky oder Kästner. Er lehrte mich die Pretiosen von Morgenstern und Ringelnatz zu lieben. Hartmuts Repertoire an Gedichten war unerschöpflich. Erst kurz vor seinem Tod wurde mir bewusst, dass ich, ohne es zu ahnen, in seine Fußstapfen als Unterhaltungskünstler getreten war mit meinen Kabarettprogrammen. Sein Talent als satirischer Rezitator hatte ihn nämlich im Krieg auf die Bühnen der Offizierskasinos gebracht. Die Kunst des Reimens, die Kunst, etwas auf kleinstem

Raum in voller Größe auf den Punkt zu bringen – all das hatte ich meinem Vater abgelauscht und später selbst damit zu manchen Höhenflügen auf zivilen Bühnen angesetzt.

»Nirgends war man so jung, so froh und so frei wie auf dieser Insel«, schrieb Asta Nielsen in ihr Tagebuch. Das könnte von mir sein, und auf den Schwingen der Kinderzeit meiner Eltern, beflügelt von der tiefen Dankbarkeit für alles, womit sie mich beschenkten, wird es mir nun leichter fallen, der Frage nachzugehen, was für mich ganz lange Zeit so schrecklich unverzeihlich war.

Dazu muss ich noch ein wenig weiter ausholen. Ich fürchte, der Brief wird sehr lang, aber alles hängt immer mit allem zusammen – Du verstehst das wie kein Zweiter.

Mein Vater hatte ein ausgesprochenes Faible für Flugzeuge, was eigentlich verwunderlich war, denn mit neunzehn kam er zur deutschen Wehrmacht, in Hermann Görings Luftwaffe. Bis zum letzten Kriegstag flog Hartmut als Funker in Abwehrjägern mit. Das Dröhnen der Motoren und das Geknatter der Bordkanone hatten sein Innenohr beschädigt. Er litt unter starkem Tinnitus. Später wurde er schwerhörig. Ich bezweifle, dass das rein physisch war, aber das ist eine andere Geschichte. Noch am 8. Mai, dem Tag der Kapitulation, mussten er und seine beiden Kameraden in ihrer Junker Ju 88 einem Himmelfahrtskommando Folge leisten.

Der Führer hatte sie nach Litauen geschickt, mitten in einen von den Russen bereits eroberten Kessel. Der junge Soldat an der Bordkanone wurde getroffen, brach zusammen, und Hartmut musste an die Waffe.

Es hat ihn Zeit seines Lebens beschäftigt, ob er den russischen Kampfbomberpiloten getroffen hatte oder nicht. Aug' in Aug' hätten sie gekämpft, dann sei die russische Maschine plötzlich abgeschmiert und sie dann mit dem verblutenden Kameraden nach Fuhlsbüttel desertiert. Dort kamen sie sofort in englische Gefangenschaft, und ihm wurde klar, so sagte er, wie sehr seine Generation betrogen worden sei, für welchen Irrsinn man all die jungen Menschen verheizt und instrumentalisiert hätte.

Vierzehn Jahre später, ich war gerade zwei geworden, bekam mein Daddy das Stipendium für einen Forschungsauftrag in Amerika. Acht Monate waren meine Eltern in Übersee. Das ist eine sehr lange Zeit für ein sehr kleines Kind, wie Du sagen würdest und ich auch.

Hilla wollte ihren smarten, ungemein gut aussehenden Gatten wohl auf keinen Fall alleine in die Staaten ziehen lassen. Sie hatte da so ihre Gründe.

Arne und ich blieben zurück in der Obhut von Oma Else, die ich kaum kannte. Als ich zur Welt kam, waren meine Eltern mit ihr schon verkracht. Aber ihre beiden Enkelkinder hatte sie dann doch hüten wollen. Sie war sehr gutmütig.

Am Flughafen muss ich wohl völlig aus dem Häuschen gewesen sein beim Anblick der gigantischen Eisenvögel und soll zum Abschied gesagt haben: »Daddy, ich will mit in die Luft!«

Hilla und Hartmut entschwanden, ich blieb am Boden zurück und wurde schwermütig über ihrer unvorstellbar langen Abwesenheit. Als sie zurückkamen, sah meine Mutter aus wie Marilyn Monroe, blondiert und mondän, und ich wollte mit den beiden aufgedrehten, braungebrannten Personen, die sich freuten, mich wiederzusehen, nichts mehr zu tun haben. Ein Flugzeug hatte meine Seele zertrümmert.

Das hatte ich mit Hartmut gemeinsam. Vielleicht war unser beider Faszination für alles, was fliegt, eine Art Strategie, um unseren großen Schmerz am Boden zu verankern.

Besonders angetan bin ich übrigens von Zeppelinen! Oder von Tante Jus.

Die kennst Du auch, oder? Diese herrlich dickbäuchigen, etwas plump wirkenden Geschöpfe mit ihrem unverwechselbaren Klang aus vier Propellermotoren und der Haut aus Wellblech. Zeppeline und Tante Jus höre ich sofort, wenn sie am Himmel auftauchen, und egal, wo ich bin, ich stürze auf die Straße, um sie, den Kopf weit im Nacken, auf ihrem Weg am Himmel ein Weilchen zu begleiten.

Inzwischen sitze ich bei einem Pott Filterkaffee in Claudis Hafenoase. Hier gibt's Frühstück und alles für den Seglerbedarf. Segeln war übrigens nie mein Ding.

Segelfliegen schon. Ich habe mich mal mit fünf Jahren auf einem Flugtag ganz allein in ein Segelflugzeug gesetzt. Hinter den Piloten natürlich. Der war ausgesprochen zuvorkommend mit mir. Ich glaube, mein Mut hat ihn beeindruckt. Hartmut hatte mich zum Spaß gefragt, ob ich jetzt nicht mal in die Luft wolle, da es damals ja nicht geklappt hätte mit Amerika. Das wurde ein teurer Spaß für ihn, er hatte zu hoch gepokert, aber ich war eben ein Kind der Lüfte, und Hartmut ließ sich nicht lumpen. Eine Seilwinde zog den federleichten, zierlichen Vogel mit seinen weit gespannten Schwingen nach oben. Dort wurde das Drahtseil ausgeklinkt. Nie werde ich dieses Geräusch vergessen. Es war, als ob wir ein Tor durchquerten zu goldener Stille. Ganz und gar feinporig zerlöchert war sie, vom Surren der Winde. Und dann diese überwältigende Aussicht! Und ein Horizont, der ab und zu in schwindelerregende Schieflage geriet.

Drei Fischer sitzen schräg vor mir beim ersten Bier. Es ist kurz vor zehn. Für sie ist das schon Mittag. Gerade hat die Fähre ein großes Rudel Tagestouristen ausgespuckt. Sie trotten an Land mit diesen Vlieslappen im Gesicht. Kaum jemand strahlt Freude oder Unternehmungslust aus.

Kann es sein, dass die meisten Erwachsenen nie wirklich erwachsen geworden sind, dass sie es ein Leben lang Mama und Papa recht machen wollen?

Dass in ihren alten Körpern die kleinen, verängstigten Kinder von einst stecken, ungesehen, ungewürdigt, nicht sonderlich für voll genommen. Vollgepumpt hingegen schon. Mit Angst vor Strafe, mit der Furcht, etwas falsch zu machen. Jetzt mit der Angst, sich schuldig zu machen. Am Tod eines anderen Menschen gar! Das sitzt wohl sehr tief in der deutschen Volksseele. Es ist ja keine hundert Jahre her, da mussten Millionen Deutsche jäh erkennen, dass sie nicht nur zwölf Jahre mit hochgerecktem Arm einem Psychopathen zugejubelt hatten, dass ein sinnloser Krieg jede Familie in Stücke gerissen hat und das Land in Schutt und Asche liegt. Nein, alle, die noch übrig waren, konnten nun auch nicht mehr die Augen davor verschließen, dass sie sich an der Ermordung von Millionen unschuldiger Menschen, ihren Nachbarn und Mitbürgerinnen, schuldig gemacht hatten.

Ich danke Dir so sehr dafür, mein lieber, lieber Paul, dass Du mir letztens die Geschichte Deiner Familie erzählt hast. Ich trage sie ganz tief in meinem Herzen. Deine Mutter und mich verbindet miteinander, dass wir unsere kleinen Brüder haben sterben sehen. Und Du hast ganz genau wie ich einen Onkel, den Du nie kennenlernen konntest.

Doch wie ungleich grausamer die Umstände, Paul. Wie hat Deine Großmutter das ertragen? Wie hat sie mit der kleinen Hannah noch vier Jahre weiterleben können, auf dem Dachboden, gefangen in dieser widernatürlichen Starre, in der schrecklichen Stille, die ihnen aufgezwungen war, und die der winzige, fiebrige Clemens mit seinem Schreien durchbrach. Unvorstellbar die Not, diese Angst, dass jedes kleinste Geräusch sie alle drei jederzeit das Leben hätte kosten können.

Hannah war ihrer Mutter sicherlich ein Trost und eine Stütze, so gut sie es vermochte mit ihren elf Jahren. Es macht mich weinen. Sehr gerne würde ich sie bald einmal kennenlernen. Ewig werde ich ihr dankbar sein und sie verehren – hat sie Dich doch auf die Welt gebracht!

›Unter jedem Dach ein Ach‹, seufzte Oma Else gelegentlich.

Deine Familiengeschichte rückt diesen Volksmund jetzt für mich in ein völlig anderes Licht. In das gleißende Licht, das Dir innewohnt, Paul. In diesen hellen Schein, der Dich umgibt, in das Strahlen Deiner Augen, Deiner Seele. Ja, Paul, ich verneige mich vor Dir und Deiner gesamten Familie.

Heute möchte ich Dir also Deine Bitte erfüllen und auch vom Leben meiner Eltern erzählen. Es zu kennen, zu verstehen, das bedeutet für mich Vergebung. Am Ende wird auch diese obsolet sein. Am Ende stellt sich wahrscheinlich heraus, dass wir uns alle immer nur eine Geschichte zu den Geschichten erzählen. Das hast Du mich gelehrt.

Meine Mutter Hilde, genannt Hilla, trug gerne schwingende, knieumspielende Röcke. Sie hatte ausgesprochen schöne Waden und Fesseln, die in zierliche Riemchenschuhe mit kleinem Absatz mündeten. Auf ihnen tänzelte sie täglich an einem Schild vorbei: Deutsche Studentin, vergiss nicht, dass es deine oberste Pflicht ist, dem Führer ein Kind zu schenken!

Das Schild prangte am Eingang des Campus. Hilla studierte in Frankfurt Medizin. Sie war einer von den jungen Menschen, die mit schlenkernden Aktentaschen in fröhlichen Grüppchen den Hörsälen zueilten. Unter ihnen auch Egon, der erste Ehemann meiner Mutter. Ich kenne ihn nur aus Erzählungen. Es muss ein sehr lieber und korrekter junger Mann gewesen sein. Meine Mutter hat ihn sehr geschätzt. Geliebt vermutlich nicht. Er sie vielleicht schon. Sonst hätte er der Heirat, die sie vorschlug, nicht zugestimmt. Hilla war eine sehr hübsche junge Frau, sehr weiblich. Volle Lippen über prächtigen Zähnen, ausgeprägte Wangenknochen, eine hohe Stirn, ein klarer Teint und mitten im Gesicht ihre mandelförmigen Augen in dem schillernden Farbton aus Braungrün, den sie mir vererbt hat. Fein geschwungene Augenbrauen. Auf Fotos strahlt sie Ernst und Zuversicht in einem aus.

Es war Krieg. Die dunkelbraunen Haare fielen in leichten Wellen auf ihre schmalen Schultern. Bislang hatte sie straff geflochtene, lange Zöpfe getragen. Das war dort, wo sie groß geworden war, so üblich. Und hätte sie, wie das für sie vorgesehen war, nach der mittleren Reife die Landwirtschaftsschule besucht, dann hätten die Zöpfe sicher nicht weichen dürfen. Aber sie hatte sich das Abitur ertrotzt, und nun war sie in der Stadt und studierte Medizin.

Hillas große Liebe war Curt, der beste Freund ihres großen Bruders Carl. Sie war siebzehn, als sie einander begegneten und sich sofort verliebten.

Dann brach der Krieg aus. Die beiden verlobten sich. Curt und Carl, begeisterte Reiter, meldeten sich zur Kavallerie. An der Front taten sie schon in den ersten Kriegswochen etwas, das ich als Kind nicht verstand, wenn Hilla davon erzählte: Sie fielen. Ich dachte erst, sie wären vom Pferd gefallen und hätten sich wehgetan dabei. Aber Hilla erklärte mir, dass die beiden nie mehr aus dem Krieg nach Hause kamen. Dass sie umgekommen waren, tot.

Damals muss Hilla in ihrem Herzen eingefroren sein. So stelle ich es mir wenigstens vor. Eingefroren in Erinnerung an das letzte Lächeln von Curt, den letzten innigen Kuss, den er ihr zum Abschied auf die vollen roten Lippen gedrückt haben mag, an die letzte Berührung seiner warmen Hände, die zärtlich ihre Wangen umfassten, um seinen letzten Blick ganz tief in ihre grünen Augenseen zu tauchen und dort zu verankern.

Es ist niemandem wirklich gelungen, das schockgefrorene Mädchenherz meiner Mutter je wieder aufzutauen. Kein Frühling war mild genug, kein sommerlicher Sonnenstrahl dazu imstande. Auch die Liebe ihrer Kinder drang nur immer bis an die äußerste Schicht des Eises. Nach außen hin strahlte sie, blieb Hilla, dem Leben mit Entschlossenheit und Anmut zugewandt, liebevoll und fürsorglich.

›Wie's innen drin aussieht, geht niemanden etwas an.‹ – Diese Zeile aus einem alten Schlager flog manches Mal aus ihrem schönen Mund und drehte im Haus ihre Runden.

Etwa fünf Jahre, nachdem Bruder und Verlobter gefallen waren, bekam Hilla in Frankfurt eines Tages Post. Ein Schreiben des Lebensborn e.V. – sie hätte die Ehre, sich gegebenenfalls mit einem ausgesuchten, arischen Jüngling paaren zu dürfen. Hilla schrieb zurück, sie sei verlobt. Das würde nicht gelten, hieß es, sie müsse schon verheiratet sein. Und so kam es zur Hochzeit zwischen Hilla und Egon. Dann musste auch Egon an die Front. Er blieb verschollen. Hilla bekam nie wieder eine Nachricht von ihm.

Drei Jahre nach Kriegsende lernte Hilla meinen Vater kennen, in einer beschaulichen Stadt in Niedersachsen. Sie studierten dort beide Medizin. 1952 war Hochzeit. Hilla liebte Hartmut sehr, aber heiraten wollte sie eigentlich nicht, obwohl sie Arne bereits unter dem Herzen trug. Sie tat es dann doch. Familie und Gesellschaft hatten damals unmissverständliche Erwartungen an eine schwangere Frau.

Studienfreund Albert, der mit Hillas verschollenem Egon in demselben Bataillon an der Front gewesen war, versicherte eidesstattlich, dessen Leichnam identifiziert zu haben. Egon wurde für tot erklärt und der Weg war frei für Hillas zweite Ehe. Ob sein Sterben der Wahrheit entsprach, muss offenbleiben. Hilla wurde jedenfalls noch bis weit in die siebziger Jahre von der Angst geplagt, Egon könne eines Tages wieder vor der Tür stehen. Das hatte sie mir einmal gestanden, nachdem wir aus dem Kino kamen. Dort lief ›Die Ehe der Maria Braun‹ von Rainer Werner Fassbinder.

Das ist meine Geschichte, hatte sie gesagt, und so erfuhr ich, dass sie schon einmal verheiratet gewesen war, und wie es dazu kam. Manchmal denke ich, es gleicht einem Wunder, dass Hilla überhaupt so sein konnte, wie sie war – nach all dem, was sie erlebt hatte.

Da war ja auch noch die Nacht des 13. Februar 1945.

In den Semesterferien kam sie aus Frankfurt nach Dresden für ein paar Wochen und verdingte sich als Pflegekraft in einem Damenstift.

»Ich war eben eine gute Tochter und hatte das Gefühl, sie nicht länger als nötig allein lassen zu dürfen«, hatte Hilla über ihre Mutter gesagt.

Else war schon sehr früh Witwe geworden, da war Hilla vier. Und nun war es fast sechs Jahre her, dass Carl und Curt gefallen waren. Else hatte das nicht verkraftet. Eines Abends hatte es an der Wohnungstür geläutet. Sie saßen gerade beim Essen. Vor der Tür standen zwei junge Männer in Uniform, reckten den Arm zum Gruß und schlugen die Hacken zusammen.

»Heil Hitler! Frau Wengenroth?«

»Ja?«

»Haben die traurige Pflicht, Ihnen mitzuteilen, dass Ihr Sohn Carl für das deutsche Vaterland gefallen ist. Heil Hitler!« Die Hacken klackten erneut. Kurz und hart. Dann bewegten sich die klobigen Stiefel die kurze Stiege hinunter. Jeder Schritt mit grausigem Nachhall. Die dicke Haustür aus Eichenholz fiel krachend ins

Schloss. Stille. Else brach schreiend zusammen. Hilla war hilflos und sehr allein und hatte fortan das Gefühl, Else erfreuen und unterstützen zu müssen, wann immer ihr das möglich war. »Sie hat mir immer den Vorwurf gemacht, dass ich noch lebe und Carl tot ist. Gesagt hat sie das natürlich nicht. Aber ich habe das immer so empfunden«, hatte Hilla mir einmal erzählt.

Ich kann Dir das heute so ausführlich schreiben, lieber Paul, weil ich es tatsächlich mit eigenen Ohren gehört habe. Wenn Hilla im Keller bügelte, habe ich ihr sehr oft Gesellschaft geleistet. Nahezu jedes Detail aus ihrem Mund ist bei mir abgespeichert.

Am Abend des 13. Februar hatte sie Spätschicht. Sie war auf dem Heimweg. Die Stadt war schon ganz finster, abgedunkelt. Jedes Fenster, jede Ritze, durch die hätte Licht dringen können, war von innen verstopft.

Sie hatten am Himmel schon die ersten Christbäume gesetzt. Leuchtmarkierungen für die Bomber. Damit sie wissen, wo genau sie hinfliegen müssen, um ihre tödliche Fracht punktgenau abzuwerfen. Ich stellte mir damals knallrosa und giftgrüne Feuerwerksgebilde in Tannenbaumform vor. Tannenbäume, die nicht verpufften, sondern am Himmel festgenagelt waren und so schön glitzerten wie die Raketen, die wir zu Silvester immer losließen. Der Alarm durchheulte bereits alle Straßenzüge.

Hilla und Else haben es nicht mehr in den Luftschutzkeller geschafft.

Sie zerrten gemeinsam einen sehr breiten Ohrensessel aus ihrer Erdgeschosswohnung, die schon brannte, und das Letzte, was sich dabei in Hillas Gedächtnis gestanzt hatte, war der nussbraune Blüthner-Flügel von Else. Er stand lichterloh in Flammen, und seine Saiten glühten dunkelrot. Der Reihe nach sprangen sie entzwei und bogen sich wie in Zeitlupe nach oben. »Diese Klänge werde ich nie vergessen«, hatte Hilla mehrfach erzählt. »Alles knisterte und knatterte, als die Flammen um sich griffen, und dann dieses scheußliche ›Pling!‹ der Saiten. Ganz hell und sirrend, klirrend, eine grausige Musik, ich habe nie wieder so etwas gehört in meinem Leben.«

Hilla spielte sich abends am Klavier ihren Kummer von der Seele.

Wir lagen schon im Bett, und ich schluchzte in mein Kissen, weil es so schön war, was sie spielte, besonders Schubert oder der letzte Satz von Beethovens Pathetique. Und ich hatte Angst, wieder einen von diesen Träumen zu haben, von denen ich Dir mal erzählt habe. Mit dem brennenden Haus und der Feuerwehr, die ich anrufen soll oder den mit dem Doppeldecker. Diese Träume hatte ich übrigens schon, als ich noch gar nichts von Dresden wusste und auch nichts von Abfangjägern mit Schleudersitzen. Erstaunlich, nicht wahr?

Sie haben sich dann den Ohrensessel auf die Straße gestellt, meine Oma und meine Mutter, sich da zusammen reingekauert und geguckt, ob sie am nächsten Morgen noch da sind.

Die Straße gab es nicht mehr, und von ihrem Wohnhaus war nur noch ein rauchender Trümmerhaufen übrig. Hilla entdeckte in der warmen Asche Elses Dosenöffner. Er war kohlrabenschwarz. Sie hat ihn mit durch ihr weiteres Leben geschleppt, und er lag bis zu ihrem Tod an einer bestimmten Stelle in der Küchenschublade. Wir hatten keinen anderen Dosenöffner, nur dieses verkohlte Souvenir einer denkwürdigen Überlebensnacht.

Hilla und Else taten dann zwei Wochen lang nichts anderes, als mit rauchblinden Augen Leichen aufzustapeln und anzuzünden.

Hartmut hat so gut wie gar nie etwas aus seiner Vergangenheit berichtet. Alles, was ich über ihn wusste, hatte mir Hilla erzählt. Erst kurz vor seinem Tod, kamen die Schatten seiner Kriegserlebnisse aus ihrem Verlies gewankt und nahmen ausgezehrt am Esstisch Platz. Das hat mich immer sehr erschüttert und gleichzeitig auf eine merkwürdige Weise auch erleichtert. Ich hätte mir gewünscht, schon viel früher erfahren zu dürfen, was mein Vater alles durchgemacht hatte. Als ich ihm vorschlug, es aufzuschreiben, winkte er ab. »Wer soll das denn lesen, das interessiert doch keine Sau.« Er wollte nur noch tun, was ihm Spaß macht. Ich konnte es verstehen.

Hartmut war als junger Mann sehr hübsch mit seinem dichten dunklen Haar und den braunen Augen, in denen sich eine anrührende Schmerzlichkeit eingenistet hatte. Im Grunde seines Herzens war er ganz weich, verträumt und schüchtern, ein verkappter Poet. Wie sehr muss er unter der Grobheit und den Obszönitäten im Soldatenmilieu gelitten haben. Als ich anfing, eine Frau zu werden, provozierte er mich gern mit unverhohlener Verachtung für alles Weibliche. Sein ausgeprägter Herrenwitz-Sexismus sollte wohl die ersten Erfahrungen mit der körperlichen Liebe kompensieren. Die hatte er in der Besatzerzeit bei französischen Prostituierten gemacht. Es muss traumatisch gewesen sein.

Walter und Auguste, meine Großeltern, hatten vier Kinder. Hartmut war das zweite. Walter, mein Opa, den ich nur wenige Male erlebt hatte, spielte mit sechs Fingern auf dem Klavier Choräle wie Lobet den Herren. Meine Faszination dafür war gepaart mit kindlichem Grusel. Ringfinger und kleiner Finger hatten sich an beiden Händen durch ein Sehnenleiden nach innen gekrümmt, als würden sie sich schämen und waren auch mit Gewalt nicht dazu zu bewegen, sich wieder in die Welt hinaus zu trauen, geschweige denn bei einem Loblied mitzutun.

Walter, der Bibliotheksrat, hatte einen aus vornehmlich Damen bestehenden Bibelkreis. Auguste hatte Depressionen. Wahrscheinlich auch deswegen. Depressionen kannte man damals noch nicht. Es hieß über sie, es fehle ihr an Lebensmut. Als entbehre sie ein Paar Stiefel für den Winter oder ein bestimmtes Gewürz beim Kochen. Sie lag sehr viel im Bett und las im Schein einer Glühbirne, die von der Decke des ehelichen Schlafgemachs hing, Liebesromane.

Die Kinder blieben oft sich selbst überlassen. Nachmittags ging Auguste ins Kino und nahm Hartmut mit. Der war noch klein und handlich und verblieb während des Films bei der Dame im Kassenhäuschen. Später war er selber ein begeisterter Cineast. Die Nachmittage im Lichtspielhaus schienen ihn geprägt zu haben.

Eigentlich wollte er gern Schauspieler werden. Deswegen war er auch furchtbar enttäuscht, dass ich zunächst einmal Musik studierte, obwohl ich schon mit acht Jahren verkündet hatte: Ich werde Schauspielerin! Da hatte ich nämlich mit einer kleinen Sprechrolle Erfolg. Im Weihnachtsmärchen des Turnvereins, als erste Schneeflocke, und Hartmut hatte sie mit mir geprobt. Er war mein erster Regisseur. Einen besseren fand ich später tatsächlich nur ganz selten am Theater.

Als junger Mann becircte Hartmut die Damenwelt mit humorvollen Poemen und selbstverfassten Gedichten. Auch die offiziell noch verheiratete Hilla.

Sie kannten sich nur wenige Wochen, da stellte sich heraus, dass sich eine schwere Tuberkulose durch Hartmuts linken Lungenflügel fraß. Seiner Familie war das äußerst peinlich. Hinter verhohlener Hand wurde in der Nachbarschaft geraunt und getuschelt: »Der hat die Motten«, und so war er in seinem Elternhaus nicht mehr gelitten. Hilla nahm ihn zu sich, in ihre kleine Studentenbude. Sie war furchtlos und päppelte ihn auf mit ihrer fürsorglichen Liebe. Es muss geholfen haben. Hartmut wurde vollständig gesund und setzte im Folgenden alles daran, beruflich brillant und konkurrenzlos zu werden. Er legte eine glänzende Karriere hin als Professor der Molekularbiologie und wurde eine international geschätzte Koryphäe seines Fachgebietes.

Seinem unbedingten Willen, sich wenigstens beruflich all die Anerkennung zu verschaffen, die ihm von seinen Eltern versagt geblieben war, ordnete er alles unter. Der verträumte Junge, der verletzte Soldat, gipste sich mehr und mehr hinter einer dicken Schicht aus Zynismus, Ironie und Größenwahn ein.

Die schönen braunen Augen verhärteten in ihrem Brillenverlies. Wir Kinder liebten seine Fantasie, seine Verspieltheit und Kreativität.

Er war oft lustig und gut aufgelegt, inszenierte mit uns allen sonntagnachmittags Märchen, die wir im Wohnzimmer mit verteilten Rollen aufführten. Er bastelte und baute, was das Kinderherz begehrte – Puppenhäuser, Baumhäuser, Tierställe. Er spielte Fußball, Federball und Kasperletheater. Und doch konnte er aus Gründen, die ich als Erwachsene erst begreifen lernte, plötzlich auch schreckliche Grausamkeit walten lassen.

»Spring, ich fang' dich auf«, versprach er Arne, mit dem er herumgealbert und ihn dabei auf einen Schrank gehoben hatte. Arne war fünf Jahre und sehr ängstlich, doch er wollte seinen Vater nicht enttäuschen, gab sich einen Ruck und sprang. Hartmuts Arme blieben reglos an der Hosennaht, und er lachte nur, als sein kleiner Sohn unsanft auf dem Boden landete und zu weinen begann. »So ist die Welt«, sagte er achselzuckend, »du kannst niemandem trauen.«

Mit der Wahrheit nahm er es nicht so genau. Das konnte spaßig sein und anekdotenreif. Wenn er zum Beispiel allen Ernstes behauptete, Seeräuber gewesen zu sein und zum Beweis einen Ring aus der Schublade des Schreibtisches zog. Teil jener Beute, die er beim erfolgreichen Entern eines riesigen Segelschiffes gemacht hätte, in einem fernen Weltenmeer, bei Sturm und Regen natürlich.

Seine eigenwillige Art, mit der Wahrheit zu verfahren, sorgte für manche Verwirrung in der Familie, in späteren Jahren auch für großes Leid.

Hartmut hat Bobbi um fast vierzig Jahre überlebt und Hilla um genau zwanzig.

Du siehst, nach dem Krieg taten unsere Eltern wie alle anderen genau das, was Menschen halt so tun und was sie am dringlichsten wollen: leben. Das Leben genießen, es meistern, aufbauen, eine Familie gründen, für die Kinder sorgen, Karriere machen, zu Wohlstand kommen, reisen, lieben. Fremdgehen.

Mein Vater war ein attraktiver Mann. Er hat mit Sicherheit nichts anbrennen lassen, wie man so schön sagt. Das hatte – so sehe ich das heute – natürlich auch etwas mit Hillas schockgefrorenem Mädchenherzen zu tun. Doch die dünnen Fäden seiner Kavaliersdelikte und nonchalanter Schwindeleien verfilzten sich im Laufe der Jahre zu einem dicken Zopf aus untragbaren Lügen.

Das war es, was ich Hartmut am allermeisten zeihte, was ich einfach unverzeihlich fand. Wie sehr er Hilla ab einem bestimmten Punkt verraten hatte und damit auch mich, seine halbwüchsige Tochter, auf dem Weg, eine Frau zu werden.

Als Bobbi vor sich hinstarb, war ich siebzehn, und Hilla schüttete mir in vielen einsamen Stunden ihr schweres Herz mit all dem Liebeskummer aus, der sie zernagte. Das hätte in die Ohren einer reifen Freundin gehört. Aber Hilla hatte keine.

Hartmut war meistens weg. Er lehrte, er forschte, er schrieb und publizierte unentwegt. Und er hatte die Assistentin. Sie ging mit ihm auf Reisen und nahm dabei wohl den Platz an seiner Seite ein, der bislang Hilla gebührt hatte. Die blieb zu Hause und pflegte den kranken Bobbi.

Die Assistentin ging bei uns zu Hause ein und aus, seit sie sich einmal das Bein gebrochen und Hilla sie aus Hilfsbereitschaft in Arnes Zimmer einquartiert hatte. Das stand leer, denn Arne studierte woanders. Bobbi war inzwischen gestorben. Es war ein schleichender Prozess. Wie Giersch begann sie sich ins Familiengefüge hinein zu wuchern, und niemand von uns wusste so recht, wieso und weshalb und in welcher Funktion sie fortan bei uns quasi zu Hause war und Arnes Zimmer weiterhin benutzte, obwohl sie eine eigene Wohnung besaß. Vielleicht wollte sie zunächst so etwas sein wie das vierte Kind. Sie war alleinstehend und zehn Jahre älter als ich. Hilla litt unsäglich. Das Schlimmste war, dass ihr niemand Glauben schenkte. Niemand konnte sich vorstellen, dass Hartmut die Assistentin seiner allseits beliebten Ehefrau vorziehen könnte. Außer mir. Inzwischen wohnte auch ich nicht mehr bei meinen Eltern, doch wenn ich zu Besuch war, erlebte ich befremdliche Dinge. Etwa, dass Hartmut die Assistentin im Beisein meiner Mutter siezte, und kaum dass Hilla den Raum verließ, zum vertraulichen Du wechselte und der damals noch jungen Frau neben sich ungeniert die Hand aufs Knie legte. Ich saß den beiden gegenüber, sah es mit an und konnte kaum atmen. Schieres Gift hing in der Luft, die Wände und Möbel stanken plötzlich nach Karbol. Dem Karbol meiner Ohnmacht. Nach spätestens drei Tagen floh ich jedes Mal entkräftet aus meinem Elternhaus, in dem sich seit Jahren die Balken bogen unter dem Gewicht heilloser Lebenslügen. Ich studierte Schauspiel. Weit, weit weg in einer großen Stadt, die mich verschluckt hatte wie der Wal seinerzeit den hilflosen Jonas.

Bobbis Tod näherte sich dem zwanzigsten Jahrestag, da wurde Hilla krank. Genau an der Stelle, wo sich alles in ihr angestaut hatte, wo sie nicht für sich hatte sprechen und eintreten können: im Hals. Sie hatte auch nicht mehr weinen können, obwohl sie es gerne gewollt hätte. Ihre Tränen waren versiegt, die Drüsen verdorrt.

Es ging relativ schnell. Ein Karzinom in der Schilddrüse. Sie hatte schon Metastasen. Das Verrückte war, dass ich genau das zehn Jahre zuvor geträumt hatte. Im Traum hatte mir Hartmut am Telefon erklärt, ich könne meine liebe Mutter leider nicht sprechen, sie sei vor ein paar Tagen unglücklicherweise verstorben. Ihr sei etwas im Halse stecken geblieben.

Als Ella und Mabel auf der Welt waren, die weibliche Linie sich fortspann, begann ich, alles, was bisher unter Verschluss gehalten war, ans Licht zu zerren und anzusprechen. Ich brach Tabus und übte offene Systemkritik. Hartmuts Politik war es gewesen, so manches erst geschickt zu verheimlichen und uns später dann glauben zu machen, alles sei in Wahrheit ganz anders gewesen. Zum Beispiel, dass die Assistentin erst nach Hillas Tod als rettender Engel für ihn, den einsamen Witwer, in Erscheinung getreten sei.

Als Hilla starb, war ich achtunddreißig und Mabel gerade geboren. Ich hatte sie ihrer Großmutter noch in die Arme legen können. Das erste und einzige Mal.

Die Frau am Nebentisch hat sich ein Fischbrötchen geholt, ich hoffe, es hat keine Gräten. Sie kämpft in aller Vornehmheit mit den Zwiebelringen, die bei jedem Biss an den Seiten herausquellen, das hat eine gewisse Komik. Sie erinnert mich an Margrit, die hat auch so gute Tischmanieren und einen bestimmten Spruch auf Lager, vielmehr eine Frage. Die stellt sie gerne, wenn jemand von der Harmonie in der eigenen Familie schwärmt. »Und? Habt ihr schon geerbt?«, will sie dann wissen. Margrit gibt sich gerne ein wenig sarkastisch. Aber an der Frage ist absolut was dran.

Bei uns gab es ein Testament. Hilla hatte darauf gedrungen, es aufzusetzen, und nach ihrem Tod wurde es eröffnet. Ich sei die Alleinerbin des Hauses, hieß es darin schwarz auf weiß, und ich sei verpflichtet, alles, was es sonst noch gäbe, mit meinem Bruder Arne zu teilen, beim Versterben des Letztlebenden – Geld, Wertpapiere, Edelmetalle und so weiter. Mir war das sehr unangenehm.

Arne hatte zwar schon einen Batzen Geld bekommen von unseren Eltern für sein eigenes Häuschen, damals, als er junger Anwalt war und schon Familienvater mit drei Kindern. Aber jedem war klar, dass der Wert unseres Elternhauses in der Zwischenzeit beträchtlich gestiegen war und es noch weiter tun würde bis zu Hartmuts Ableben. Hilla wollte sicherlich nicht ungerecht sein. Sie hatte mir mal vor Jahren angedeutet, für mich und meine Kinder, falls ich welche bekäme, sei gesorgt, das sei wichtig, ich als Künstlerin könne ja nie wissen, was kommt. Hartmut schien das ähnlich zu sehen. Arne machte etwas ›Solides‹, und ich hatte, ohne es zu wissen, die Träume meiner Eltern verwirklicht. Hilla hatte nämlich eigentlich Sängerin werden wollen. Aber jemand, auf den sie etwas gab, hatte ihr gesagt: »Kind, es werden Zeiten kommen, da wirst du froh sein, nicht singen zu müssen«, und so wurde sie halt Ärztin.

Jedenfalls verdrängte ich meinen Status als Alleinerbin sehr schnell. Das Haus und alles gehörte sowieso erst einmal Hartmut, denn meine Eltern hatten sich gegenseitig zu Erben gemacht.

Nach Hillas Tod war mein Daddy plötzlich sehr weich geworden. All das Professorale und Dominante, hinter dem er sich verschanzt hatte, schienen von ihm abzubröckeln wie alter Putz. Alle paar Wochen besuchte er uns oder wir fuhren zu ihm.

Er fühlte sich wohl mit Jo und mir, mit Ella und Mabel. Die Kinder liebten ihren verspielten Opa heiß und innig. Von der Assistentin war nie die Rede, wir wähnten sie von der Bildfläche verschwunden.

Bis zu dem Tag, an dem ich eine verstörende Entdeckung machte, wieder einmal auf Besuch in meinem Elternhaus. An jenem Nachmittag war Hartmut in seinem Institut, Mabel schlief und Ella war im Garten der Nachbarn. Ich genoss die Stille im Haus. Dann begann es im Haus plötzlich zu tropfen. Hillas ungeweinte Tränen fielen in die Teppichböden, klatschten zaghaft auf das Inventar wie lang ersehnter Sommerregen. Mich erfasste eine große Welle an Traurigkeit und die spülte mich in das Schlafzimmer meiner Eltern. Dort hatte ich meine Mama zuletzt gesehen, ihr Mabel gezeigt, bei ihr auf der Bettkannte gesessen, ihren ausgemergelten Körper massiert, mich von ihr verabschiedet. »Ich kann ihn doch nicht mit ihr alleine lassen«, hatte sie kraftlos geflüstert und sich weiterhin an die Abgrundkante geklammert. Es nützte alles nichts. Vier Wochen später war sie tot.

Als sie ihren letzten Atemzug tat, hatte ich Vorstellung im Theater. Wir spielten eine performanceartige Inszenierung mit lauter Gedichten aus vielen

Epochen. Kurz vor dreiundzwanzig Uhr war Matthias Claudius dran. Das war der Part vom Kollegen Rudi und mir. Er begann: »Ach, es ist so dunkel in des Todes Kammer, tönt so traurig, wenn er sich bewegt...«, und mich durchfuhr die messerscharfe Gewissheit – es ist soweit. Meine Mutter geht. Jetzt. Sie hat des Todes Kammer soeben betreten. Ich fing an zu frösteln, in meinem Kopf wurde es schneeweiß und ganz leer, ich wusste den Text nicht mehr, alle warteten darauf, dass ich weitersprechen würde, es kam nichts. Rudi begriff, dass ich hing, sah in mein verwirrtes Gesicht und übernahm meine Zeilen: »...und nun aufhebt seinen großen Hammer und die Stunde schlägt.«

Nach der Vorstellung konnte ich Hartmut nicht erreichen. Als ich ihn am nächsten Morgen sehr früh anrief, kam er gerade aus dem Krankenhaus, völlig aufgelöst in heftige Schluchzer. Totenwache war das einzige Wort, das ich den leidvollen Klangbrocken aus seiner Kehle entklauben konnte. Ich packte sofort meine Tasche, schnallte mir Mabel, den Säugling, vor die Brust und nahm den nächsten Zug.

Selten war ich meinem Vater näher gewesen als in jenen Stunden gleich nach Hillas Tod, als wir unsere bitterlichen Tränen teilten und uns gegenseitig Trost zusprachen.

Ich strandete also im Schlafzimmer und hoffte, noch einmal einen Hauch von Hilla zu erhaschen. Manchmal bin ich, als ich klein war, heimlich an den Kleiderschrank gegangen, um mir ihre glitzernden Abendkleider zu besehen und die Pailletten zu befühlen. Nun wollte ich einfach nur ein wenig an ihrer

Alltagsgarderobe schnuppern, eine ihrer Strickjacken umarmen.

Ich öffnete beide Flügel der Tür gleichzeitig. Von der Stange hingen dicht gedrängt und wohl geordnet Hosen, Blusen, Blazer. Kleidungsstücke, die mir völlig fremd waren und einen seltsamen Geruch verströmten. Es dauerte ein paar Sekunden, bis ich das eine oder andere der Textilien zuordnen konnte, dann begriff ich blitzartig, wem sie gehörten: Die Assistentin hatte hier Einzug gehalten, im Schrank meiner Mutter.

Ich war entsetzt und fassungslos und stürzte zum Doppelbett an der anderen Wand.

Hillas Hälfte war frisch bezogen, nicht weiter verdächtig. Doch als ich die Schubladen des Nachttisches aufzog, packte mich kalte Wut. In diesen Schubladen kannte ich mich aus. Oft genug hatte ich die Schmuckkästen dort herausgenommen, um Hillas Ringe, Ketten und Broschen auf dem Bett auszulegen, um sie zu bewundern oder mich damit zu schmücken. Nun war alles, was von meiner Mutter zeugte, daraus verschwunden und durch mir unbekannte Dinge ersetzt.

Hitchcock fiel mir ein. Gaslight. Vertigo. Eine Frau einfach austauschen. Wie konnte mein Vater das tun? Und wie konnte die Assistentin die Dreistigkeit besitzen, sich mir nichts, dir nichts in dasselbe Bett zu legen, in dem meine Mutter wie der Suppenkasper weniger und weniger geworden war, bis sie sich schließlich vollends zum Verschwinden gebracht hatte.

Ich war geschockt und angewidert. Es verschlug mir Sprache und Verstand. Mir, die weiß Gott nicht auf den Mund gefallen ist.

»Nach der dritten Nacht hast du kapiert, dass keiner kommt«, hatte Hartmut mir einmal nicht ohne Stolz berichtet und meinte mich als Neugeborenes. War es das, was mich jetzt hin und her torkeln ließ zwischen Totstellreflex und Dissoziation? Diese zellentief eingeätzte Überzeugung aus meinen ersten Lebenstagen, es sei sinnlos, mich bemerkbar zu machen, dass mein Bedürfnis nichts zählt und ich schauen muss, wie ich allein im Dunkeln zurechtkomme.

So gingen zwei, drei Jährchen ins Land. Wir besuchten uns gegenseitig. Dann ließ Hartmut durchsickern, die Assistentin wäre so nett, jetzt bei ihm zu wohnen, das sei praktischer, und fortan hatte sie die Rolle der Gastgeberin, wenn wir in unserem Elternhaus weilten. Das fühlte sich für mich sehr befremdlich an.

Lieber Paul, ich bin vorhin einmal von ganz Süd nach Norden geradelt, mit Rückenwind, war fast so schnell wie mit Minna. Gott sei Dank sprang auf dem Weg niemand in einer guten Hose aus dem Gebüsch. Nun kämpfe ich unterdessen auch mit Zwiebelringen.

Im Windschatten eines Strandkorbes stille ich meinen Hunger mit einem Matjesbrötchen und muss es gegen riesige Möwen verteidigen, die vor mir herumlungern und langsam zudringlich werden. Sie sehen tatsächlich alle aus, als ob sie Emma hießen – wie in dem Ringelnatz-Gedicht.

An einem weinlaunigen Abend bei uns im Süden, es war etwa im vierten Jahr nach Hillas Tod, hielt Jo spaßeshalber um meine Hand an bei Hartmut. Ich hatte erwartet, dass wir alle darüber in herzliches Gelächter ausbrächen, schließlich war ich bekannt für meine Hochzeitsabneigung. Ich hatte schon als Achtjährige Stein und Bein geschworen, mich niemals zu verehelichen, denn was ich ringsherum so mitbekam an Gattinnen mit Pudelfrisuren und Ehemännern, die schicken Fräuleins unverhohlen auf den Hintern sahen, war mir mehr als suspekt. Von der Göttin zur Gattin – das war nicht mein Ding. Jo und ich waren auch ohne Trauschein schon lange zusammen, und niemand stört sich heutzutage noch an unehelichen Kindern.

Hartmut aber reagierte erfreut und halb im Scherz – doch eben nur halb – schlug er vor, wir könnten dann ja Doppelhochzeit feiern. Die Herren lachten. Meine Zunge schmeckte plötzlich nach Labor, nach einer schwefelhaltigen Substanz.

Was dann alles folgte, mein lieber Paul, war sehr, sehr hässlich. Es war eine Katastrophe. Jo wurde misstrauisch und schickte mich mit dem Testament zu einem Rechtsanwalt. Ich solle dort mal in Erfahrung bringen, wie das für mich mit dem Haus aussähe, wenn mein Vater sich wieder verheiratet. Das Testament war eine Krücke. Schlampig aufgesetzt, es fehlten die entsprechenden Klauseln. »Was Sie da haben, ist nichts weiter als eine Taube auf dem Dach«, ließ mich der Anwalt wissen und am besten sei es, ich würde mit meinem Vater persönlich sprechen und ihn zu seinen Absichten befragen.

Nun hatte ich nicht nur gelernt, dass keiner kommt, wenn ich in Not bin, sondern auch, den Rat zu befolgen: Schlafende Hunde soll man nicht wecken.

Folglich war mir nicht ganz wohl dabei, als ich meinem Vater den entsprechenden Brief schrieb. Er nahm mir meine Fragen dann auch gründlich übel, und die Hunde knurrten böse etwas von ›unerhörtem Misstrauensvotum gegen den eigenen Vater!‹

Die persönliche Aussprache zum Thema Erben wurde ein Desaster. Jo hatte zu viel getrunken und teilte und keilte schonungslos aus. In vino veritas. Wo ich noch diplomatisch sein wollte, hatte er längst die Schnauze voll. Er löste all die jahrelangen Ungereimtheiten und Kränkungen von den familiären Hängen, und eine Lawine aus Schlamm und Geröll donnerte über uns alle hinweg.

Am Ende verließ Hartmut das Zimmer mit den Worten: »Die ganze Wahrheit werdet ihr sowieso nie erfahren«.

»Warum nicht, Hartmut, warum?«, schickte Jo ihm verzweifelt in den Rücken, es kam keine Antwort mehr. Wir gingen zu Bett und ich wusste, etwas war für immer zerbrochen. Es würde nichts mehr so sein wie zuvor.

Entsetzen und Erleichterung krochen mit in die Laken.

Am nächsten Tag hatte ich noch eine letzte innige Begegnung mit meinem Vater. Wir saßen auf der Bank vor dem Haus. Ich hielt seine Hand. Trotz allem liebte ich ihn doch, Kinder sind so, und ich schilderte ihm, zermürbt und müde von der Nacht, sehr sanft, wie sehr ich all die Jahre gelitten hatte unter den Heimlichkeiten, den Lügen, den schrägen Verhältnissen bei uns daheim. Erzählte ihm von meiner großen Not und Einsamkeit in jener Zeit, als ich mit Hilla und dem sterbenskranken Bobbi ganz alleine war, wie sehr ich ihn gebraucht hätte, wie sehr mich sein Gesieze und

Geduze mit der Assistentin verstört und beschädigt hätte, ja, auch mein Schock beim Blick in den Schlafzimmerschrank kam zur Sprache. Ich war ehrlich verzweifelt, und da mir Hartmut am allermeisten verübelt hatte, dass ich gewagt hatte, ihm zu misstrauen, schloss ich meine kleine große Rede geradezu flehentlich mit den Worten: »So habe ich das alles erlebt und wahrgenommen, und wenn du dies jetzt alles leugnest und mich für verrückt erklärst, dann habe ich noch mehr Grund, dir zu misstrauen.«

Hartmut ließ meine Hand nicht los, diese Hand, die der seinen so sehr ähnelt und die ich öfters gerne neben die seine gelegt hatte, zum Vergleich. »Grotesk«, hatte Hartmut dann immer gelacht. »Grotesk ähnlich.«

Er sah mich unverwandt ernst und traurig an aus seinen nussbraunen Augen, die schon so lange im Brillenbunker saßen und ein wenig matt geworden waren. Leise sagte er: »Die Tatsache, dass ich jetzt schweige, soll dir bedeuten, dass du recht hast.«

Dann kam Mabel vom Kindergarten und stürmte auf ihn zu. »Opa! Opa!«, rief sie, außer sich vor Freude, und sprang ihm auf den Schoß.

Der letzte und einzige Moment, in dem Hartmut und ich für lange Zeit noch einmal in Liebe und Innigkeit verbunden waren, zerstieb. Der Vorhang fiel. Einen kurzen Moment hatte sie sich zeigen dürfen, die Wahrheit, stand nackt und bloß und zitternd auf der Bühne. Dann wurde sie schnell weggeführt und umbesetzt, und im Folgenden ein anderes Stück gespielt. Ein Boxkampf. Hartmut spielte Schattenboxen und erklärte mich zu seiner erbitterten Gegnerin. Ich denke, er projizierte sein ganzes Schuldbewusstsein auf mich, die ich den Finger zu tief in die Wunde gelegt hatte und außerdem Hilla sehr ähnelte, als diese noch jung war.

Eines Tages brach ich nach einer besonders heftigen Auseinandersetzung am Telefon den Kontakt mit meinem Vater ab. Ich erklärte ihm in aller Deutlichkeit, dass ich außer Stande sei, mich noch länger mit ihm über derart vermintes Gebiet zu bewegen, dass ich es satt hätte, mich weiterhin von ihm täuschen und vernichten zu lassen.

Nach einem Jahr klopfte ich wieder an. Ich wusste, uns würde nicht ewig Zeit bleiben, unseren Frieden miteinander zu machen und ging immer wieder auf ihn zu. Auch wegen Ella und Mabel, die ihren Opa vermissten. Ich wollte Ordnung in meiner Familie, meinem Vater wieder so nahe sein, wie damals auf der Bank vor dem Haus, als wir uns an den einander so ähnlichen Händen hielten.

Manchmal gastierte ich mit meinen Shows in Städten, die in der Nähe meines Elternhauses lagen, und ich musste damit rechnen, meinen Vater und die Assistentin im Publikum zu entdecken. Sie kamen stets unangemeldet. Jedes Mal erschrak ich fast zu Tode, fühlte mich ausgesetzt und wehrlos. Sie taten, als seien sie ganz normale Zuschauer wie alle anderen auch. Niemand im Saal ahnte, in welcher Not ich mich befand. Ich bin schließlich Profi. The show must go on.

Heute weiß ich, dass diese Überfallbesuche Hartmuts hilflose Versuche waren, Kontakt aufzunehmen. Sie zehrten enorm an meinen Kräften, das konnte er sich wahrscheinlich nicht vorstellen. Nach der Show machte ich mich, so schnell ich konnte, durch den Hinterausgang des Theaters vom Acker und suchte in irgendeiner weit entlegenen Kneipe Schutz und Trost.

Vier Jahre vor seinem Tod haben Hartmut und die Assistentin dann tatsächlich noch geheiratet. Die Hochzeitsrede meines Vaters war eine Farce. Jeder am Tisch aus dem engen Familienkreis wusste, dass kaum eins seiner Worte der Wahrheit entsprach.

Ach Paul, es war ein unappetitlicher Morast aus Lügen und Ungeheuerlichkeiten, in dem wir miteinander versanken und uns dabei noch artig zuprosteten.

Außer mir schien es allen egal zu sein.

Ich gab nicht auf. Ich wollte ihn einfach lieben dürfen, meinen Daddy, meine erste große Liebe, ihn, der mich bekannt gemacht hatte mit allem, was fliegt und mit noch so viel mehr.

In den letzten beiden Jahren vor seinem Tod fanden wir dann doch noch einmal zu echter Innigkeit zurück. Er war schon hinfällig, geplagt von allerhand Gebrechen.

Ich war allein. Inzwischen von Jo getrennt und auch von Sven, dem Mann, mit dem ich anschließend ein paar Jahre zusammengelebt hatte. Ich war gereift, hatte viele Federn gelassen. Hartmut hob noch einmal den Vorhang, ich schlüpfte vom Zuschauerraum aus darunter her, und dann waren wir allein auf der Bühne. Wie bei Shakespeare. Wir spielten ein leises, versöhnliches Vater-Tochter-Stück, nur für uns beide. In einem dieser stillen Momente versicherte mir Hartmut, väterliche Fürsorge im Blick, es sei alles geregelt, alles hätte seine Ordnung mit dem Erben, so wie's im Testament geschrieben sei. Wenn er nicht mehr wäre, dann sei dies alles hier – er schwenkte mit großer Geste seinen zum Zweiglein gewordenen Arm durch den Raum –, dann wäre dies hier alles meines und ich könne damit machen, was ich wolle.

Wie ist das, Paul, wenn sich herausstellt, dass alles eine Illusion war, dass der Mensch, dem du die Hälfte deines eigenen Lebens verdankst, wenn das Fleisch und Blut, von dem du stammst, das du liebst und dem du traust, weil das natürlich ist, wie ist das, Paul, wenn du erfahren musst, dass dieser Mensch dich selbst im Angesicht des Todes noch bewusst und schamlos angelogen hat – kennst Du so etwas?

Für mich war es wie der finale Genickschlag. Ich habe das mal in einem Nazifilm gesehen, als so ein Hakenkreuz-Scherge einem Karnickel ins Nackenfell griff und es sich vor den feisten Leib hielt. Das Karnickel zappelte heftig und kurz. Und zack! Da sauste ihm auch schon die Handkante seines Peinigers zielsicher ins Genick. Augenblicklich war das Tier erschlafft.

So war das an dem Tag, als ich Arne angerufen hatte. Ich wollte mit ihm über das Testament sprechen, über das Haus, dessen Alleinerbin ich war. Ich wollte mit ihm eine gerechte Lösung ausarbeiten, für uns beide.

»Das Testament liegt mir im Magen«, hatte ich zu Arne gesagt. Zu meinem großen Bruder, der mir an der Beerdigung versichert hatte: »Wir sind jetzt die Familie«. Zu meinem großen Bruder, an dessen Seite ich hinter dem Sarg hergegangen war und mich zum ersten Mal seit meiner Kindheit von ihm beschützt und geliebt gefühlt hatte.

Und Arne beeilte sich zu sagen. »Mir auch, mir liegt das auch im Magen«. Erleichterung schwang in seiner Stimme mit, wie bei jemandem, der froh ist, dass er endlich etwas loswerden kann.

»Ich weiß nicht, ob unser Vater dir je erzählt hat, dass er mir die Hälfte des Hauses vor dreizehn Jahren überschrieben hat«, ließ er folgen.

Paul, es stellte sich heraus, dass alle das gewusst hatten, nur ich nicht. So viele Jahre lang! Sie waren hinter meinem Rücken zum Notar marschiert und hatten die Sache ›unter Männern‹ geregelt, hatten mich und auch Ella und Mabel vollkommen übergangen. Und warum? Weil ich keine ›gute Tochter‹ mehr war und Hartmut mich bestrafen wollte. Das wiederum wusste Arne nicht. Wir hatten ja keinen Kontakt damals – die alten Rivalitäten und Missverständnisse – und Hartmut hatte ihm nie etwas über den wahren Grund unseres Zerwürfnisses erzählt.

Ich war vollkommen zerschmettert. Arne wollte mich aufrichten, indem er mir sagte, dass ich froh sein solle, er hätte noch erfolgreich verhindern können, dass ich völlig leer ausgehe. Hartmut hätte vorgehabt, die andere Hälfte des Hauses seiner Stiftung zu vermachen. Das steigerte das Ausmaß meiner Vernichtung ins Unaushaltbare.

In meinem Herzen war es Nacht geworden. Es war verkohlt, verschmort, sein Gewebe hing nur noch in Fetzen herab und das Einzige, womit ich mich gegen diese Verheerung und den unerträglichen Schmerz zu schützen vermochte, war, Hartmut auf immer aus meinem Leben zu verbannen. Weißt Du, wie bei Harry Potter, wo es diesen Bösewicht gibt, dessen Namen man nie aussprechen soll. Hartmut, mein Daddy, und alles, was fliegt, waren endgültig für mich gestorben. Da gab es für mich nichts mehr zu verstehen und schon gar nichts zu vergeben. Ich schickte ihn zur Hölle. In ein großes, dunkles Nichts, in eine derart tiefe Versenkung, wie Du sie Dir nicht vorstellen kannst.

Vielleicht ist es tröstlich für Dich, am Ende meines Briefes zu erfahren, dass Arne und ich es geschafft haben, unsere Liebe zu befreien und alles zu bereinigen, was zwischen uns stand. Es gab noch eine letzte Attacke, da hat Arne sich dann schützend vor mich gestellt und mich entlastet, wie ein großer Bruder. Das möchte ich hier nicht mehr ausführen. Nur so viel noch, es war der berühmte letzte Tropfen, der mein Fass zum Überlaufen brachte. Ich war mit den Kräften am Ende und mein Mark – so oft erschüttert und getroffen, wie es war – beschloss, sich auf destruktive Weise bemerkbar zu machen. Dieser letzte Tropfen kam aus der Pipette der Assistentin. Es ging um Geld. Und das gab mir den Rest.

Ich bin nun im Wesentlichem im Reinen mit allem, was mir widerfuhr. Auch mit dem Schmerz. Hin und wieder verspüre ich so etwas wie Juckreiz und deute ihn als gutes Zeichen. Wenn etwas heilt, juckt es eben auch. Und wenn wir wachsen, haben wir Schmerzen. Wachstumsschmerzen, nicht wahr?

So, nun ist es Nachmittag. Das ist ein Brief in Überlänge! XXXL! Sieh es mir bitte, bitte nach und nimm die drei X als das, wofür sie sonst noch gerne stehen...

Tucholsky meinte mal in einem Chanson: ›Fang nie was mit Verwandtschaft an, denn das geht schief, denn das geht schief. Sieh dir lieber 'ne schöne Landschaft an, denn die Verwandtschaft wird gleich immer so massiv.‹

Deswegen werde ich mich nun zu Fuß hinauf ins Hochland begeben und die Aussicht genießen. Mal sehen, ob ich es am Abend noch schaffe, mich in die Fluten zu stürzen. Wenn ich die Kälte einmal bezwungen habe, will ich gar nicht mehr raus. Das Meer prickelt wie Champagner auf Haut und Seele.

Ich werde dann in Gedanken und mit den großen Zehen über Wasser auf Sie anstoßen, mein lieber, lieber Herr Soczek, und Gott und den Engeln einmal mehr danken, dass Sie mir vors Rad gelaufen sind!

Wie freue ich mich auf nächsten Freitag und dass Du mich abholen wirst! Hab' tausend Dank.

Ich schreib Dir noch, wann genau ich ankomme. Bis dahin bin und bleibe ich

Deine Dir aus tiefstem Herzen zugeneigte

Emilie

16

Ich bin wirklich miserabel im Lebwohlsagen. Natürlich tue ich, als ob. Als ob ich souverän sei, als ob es mir nichts ausmacht, als ob ich ernsthaft glaube, was mich mein Stirnlappen leichthin über den Bahnsteig zwitschern heißt, ein spießiges Sprüchlein, ein ›Ohne Abschied ja kein Wiedersehen und Wiedersehen macht Freude.‹

Ich hasse Abschiede, Winter ade. So was von weh.

»Komm mich bald besuchen!« Die Tür des Waggons schlug zu. Paul hatte die letzten kostbaren Minuten direkt vor dem Trittbrett im Rahmen gestanden, war immer noch greifbar für mich gewesen, nun wurde er hinter dem staubblinden Fenster zu etwas Schemenhaftem, Geträumtem, überblendet von meinem eigenen Spiegelbild. Zwei Wirklichkeiten. Hier und dort. Dazwischen Glas und Metall.

»Mach ich!«, rief ich in den Rums der Türe hinein. Der hässliche Laut klang nach unvermeidbaren Tatsachen, nach einer Versiegelung. Hastig legte ich meine Hand auf die dreckige Scheibe, um noch einen Moment lang Halt zu finden. Paul legte von innen seine Handfläche dagegen, ich meinte, ihre Wärme zu spüren.

Seine Hand war mit der meinen deckungsgleich, nur dass seine Fingerspitzen die meinen überragten wie kleine Spargel, die es etwas schneller ans Licht geschafft hatten. Ein rhythmisches, heiseres Pfeifsignal, der Zug setzte sich in Bewegung. Ich ging die ersten Meter nebenher, Hand auf Hand, musste mich lösen, traben, rennen, wollte so lange wie möglich Schritt halten mit Paul hinter der rollenden Türe. Dann trennte uns die Geschwindigkeit, meine Beine schlenkerten nach rechts, ich riss die Arme hoch wie eine Olympionikin im Ziel und winkte ausladend, bis die lange, weißliche Wagenschlange mir ihre roten Schwanzlichter zuwandte und das Gleisbett geisterhaft verwaist war.

Die Rolltreppe war sehr steil und sehr lang und ich froh, dass sie mich ganz selbstverständlich nach oben beförderte, ohne dass ich dafür verantwortlich war. Ich wollte mein Weh fest zusammenhalten und nicht durch Schritte zerbröseln.

Auf einmal war alles so schnell gegangen. Wir hatten doch noch so vieles auf der Liste gehabt.

Paul fuhr nach Hause an den Ammersee, fast einen Monat früher als geplant. Matthias hatte die USA verlassen müssen, wie viele Europäer, und Paul fand, es sei doch eine runde Sache gewesen, die schöne Zeit in seiner Wohnung mit der schaurigen Teekanne, es sei gut so, und dass er sich jetzt auch wieder freue auf die eigenen vier Wände. Ich leistete ihm beim Packen Gesellschaft und wrang mein Herz dabei aus. »Emilie, nicht traurig sein, wir sehen uns doch sehr bald wieder, gell?«

Dreieinhalb Wochen später saß ich im Auto. Die Hundstage waren angebrochen, Mitte August. Die Menschen stöhnten und schwitzten, die Hitze stand reglos wie eine Säulenheilige mitten im Land und dünstete Unerbittlichkeit aus.

»Kann ich dich jetzt schon besuchen kommen oder ist das zu bald?«, hatte ich am Telefon gefragt. Es war das erste Mal, dass ich mich traute, Paul, seit er fort war, anzurufen.

»Jederzeit, Emilie, freilich, wann immer du möchtest, ich freue mich sehr.«

Wie hatte ich sie vermisst, diese wohlig runde Schwingung mit dem Angelhäkchen, das mein Trommelfell kitzelte. Ich musste den Hörer ans andere Ohr wechseln.

Dabei habe ich gar kein Talent zum Vermissen. Noch viel weniger als zum Lebwohlsagen. Vielleicht ist es so, dass ich es schlichtweg verlernt habe, seit meine Eltern damals auf einmal verschwunden waren hinter dem großen Teich und ich in eine winzige Kapsel kroch, in einen Kokon aus Gardinenstoff vor dem Wohnzimmerfenster, um vor lauter Kummer nicht auseinander zu fallen. Oder ich konnte es mir nicht mehr leisten, das Vermissen, seit Bobbi mir den Abdruck seiner zarten, kühlen Finger in Hand und Seele graviert hatte, als die ganze Stadt von Glockenläuten erfüllt war an jenem strahlenden Pfingstsamstag.

Es ging auf München zu, ich begann zu frösteln, nicht nur der Klimaanlage wegen, die seit Stunden vor sich hin fauchte. Ich war ein wenig aufgeregt, wie zu

Weihnachten. Ich würde Paul endlich wiedersehen, ihm in seiner Welt begegnen, in einem Haus, in das seine Geschichte geschrieben war. Auch die seiner Frau und seines gestorbenen Kindes.

Kilometer um Kilometer ergoss sich die breite Flut aus klebrigem Asphalt durch die Windschutzscheibe auf meinen Schoß, spülte mir weiße Streifen entgegen. Landschaften schwammen an mir vorüber, zur Musik von Nina Simone. Here comes the sun. Menschen in anderen Autos passierten mich links, manche unstatthaft rechts, die meisten allein, etliche mit Mundschutz. Das Fließen und Schweben, Vorbeiziehen, mischte sich mit meinen Bildern von neulich und einst.

Neulich, das war der letzte Abend mit Paul. Das Essen bei meinem Lieblingsinder.

»Nein, heute bin ich dran. Ich lade dich ein.« Darauf hatte ich bestanden.

Zuvor der Spaziergang im Park. Wir kamen auch an der Bank vorbei, auf der wir uns vor gut sieben Monaten kennengelernt hatten, an einem Nachmittag im Januar, der so mild und freundlich gewesen war, dass Paul sich schon in seinem hellen Mäntelchen aus dem Haus gewagt hatte.

Und einmal mehr fragten wir uns, warum diese Bank wohl dort steht, wo sie steht und beschlossen, sie stünde dort wegen uns, weshalb denn sonst.

»Was hat Thea dir damals gesagt?«, wollte Paul wissen.

»Verrückt, dass du jetzt danach fragst.«

»Warum nicht? Ich würde es schon gern noch wissen.«

»Ich meine verrückt, weil ich mich frage, ob du in mich hineinschauen kannst. Ich habe vor ein paar

Minuten an Thea gedacht und an den Spaziergang mit ihr.«

Damals hatte sie mich auch zu einer Bank gelotst, am Südhang des sanften Weinberges, auf dem wir so oft herumspaziert waren. Es war eine Bank, die ich gut kannte und sehr gerne mochte, eine mit Aussicht. Bis wir dort angelangt waren, hatten wir nur unverfänglich geplaudert, über Pflanzen und dieses und jenes und Theas Tätigkeiten an der Universität.

Sie blieb stehen, als ich mich setzte, und es sah nicht so aus, als hätte sie im Folgenden die Absicht, es sich neben mir gemütlich zu machen. Eine junge Esche breitete ihre Zweige von links her über die Bank, sodass das Plätzchen den Charakter einer lauschigen Laube bekam. Sträucher und Büsche neigten sich von der anderen Seite ebenfalls schützend herüber. Thea kramte in ihrer Hosentasche nach einem Zettel, und ich fühlte mich plötzlich von einem leichten Zittern erfasst, als sei ich ein Zweig der kleinen Esche. Thea hatte den ernsten Gesichtsausdruck, den sie immer hat, wenn sie schon ›woanders‹ ist und im Begriff, etwas zu sagen, das nicht von dieser Welt mehr sein wird. Sie öffnet dann eine Türe, durch die – ich kann es anders nicht beschreiben – etwas Höheres hindurchschlüpft. Etwas für meine Begriffe Unzweifelhaftes verteilt sich dann im Raum, mitten in dem ›Tagtheater‹, wie Thea es zu nennen pflegt, in der Inszenierung eines Schauspiels, das wir Menschen eifrig und arglos aufführen, Tag für Tag, in dem felsenfesten Glauben, dieses sei das wahre Leben.

Der Zettel war zerknüllt, sie strich ihn mit zwei, drei Wischbewegungen auf dem Oberschenkel glatt, warf wortlos einen konzentrierten Blick darauf. In diesem

Blick sammelten sich alle Silben, die darauf warteten, in den nächsten langen Minuten über ihre Zunge gleiten zu dürfen.

»Du musst ihm helfen«, begann sie in die Stille hinein, die vom zierlichen Gesang der Vögel in den Streuobstwiesen hinter uns lochgestickt wurde. »Du musst ihm helfen, es geht ihm gar nicht gut. – Es tut ihm unendlich leid, und er kann es nicht mehr rückgängig machen, weißt du.«

Sie kniete sich vor mich hin und sah mich eindringlich an. In den von sehr langen Wimpern bewachten, grünleuchtenden, sternklaren Augen waren Tränen aufgestiegen.

»Er hat keinen Mund mehr, keine Hände. Er kann es dir nicht mehr sagen, er kann sich nicht mehr entschuldigen und er leidet unsagbar. Den Seelen ist bewusst, was die Menschen angerichtet haben, als sie noch Personen waren. Seine Seele weiß das auch, sie sieht jetzt alles. Sie selbst ist unschuldig. Dein Vater sieht dich ganz genau und er liebt dich unendlich und leidet ganz furchtbar darunter, dass er dir nicht sagen kann, wie sehr er alles bereut.«

Ich wusste sofort, dass Thea keinen Unsinn erzählt, dass dies die Wahrheit ist, und was und wie sie es sagte, traf mich tief. Es sprengte mir die Brust, und das verkohlte Tochterherz fiel von der Bank, mir vor die Füße, heiße Tränen stürzten ihm nach, lösten sich aus meinen Augen, ohne dass ein Wimpernzucken möglich gewesen wäre. Das war die Wahrheit. Ich liebte meinen Vater mit derselben Tiefe und Bedingungslosigkeit wie er mich auch. Was für eine Tragik und unheilvolle Zwietracht Zeit unseres Lebens zwischen uns gestanden hatte. Was für ein riesiges Missverständnis – alles.

»Deine Krankheit war die Chance für dich. Eine riesige Chance. Sie wird dir den Weg weisen, heraus aus deiner Unversöhnlichkeit. Vergib ihm. Versöhne dich. Du musst keine Angst davor haben, dass er dich jemals wieder verletzt oder vernichtet. Er ist nicht mehr diese Person, er ist jetzt nur noch Essenz, ist Liebe. Schiere, reine Liebe.«

Thea nahm meine Hände und wir weinten beide. Nahezu lautlos. Der Zettel mit den vielen kleinen Schriftzeichen klebte an unser beider Haut.

An dieser Wahrheit gab es keinen Weg vorbei. Das konnte ich mit jeder Faser meines Seins in allen Molekülen spüren. Sie griff mir direkt ins Gedärm und Gemüt.

Ich bin der Weg, die Wahrheit und das Leben. Niemand kommt zum Vater denn durch mich – genau diese Wahrheit. Auch sie traf mich ins Mark, ein feiner, heller Strahl, der seine Botschaft punktgenau in mich hineinschrieb, einen Impuls zu setzen schien, der mich sofort belebte, und ich begriff mit einem Male, für den Bruchteil einer Sekunde, was es auf sich hat mit ihm, der mir als ›Heiland‹ bislang immer fremd geblieben war. Licht des Lebens, allumfassende Liebe, Christusbewusstsein, ein Zustand des Heile-Seins. Ich fühlte mich ganz leicht, erlöst, und doch mischte sich dem wohligen Empfinden sehr rasch Verstörung bei. An mir haftete ein allerletzter Rest von Furcht und Schutzbedürfnis, wie die Krusten neben der Herdplatte, auf der die Milch übergekocht war.

»Nimm Kontakt auf zu ihm«, bat mich Thea, »er braucht dich so sehr. Weißt du, die Seelen brauchen uns hier unten, sie sind auf uns angewiesen. Sie kommen sonst nicht weiter. Das ist die Hölle. Dass du es nicht mehr ändern kannst, keinen Körper mehr hast. Du brauchst jemanden, der dir hilft hier unten auf Erden. Emmilein, das bist du – du musst ihm helfen.«

»Wie denn, wie soll ich das machen?«

»Lade ihn ein in deine Gebete, in deine Meditationen.«

Ich zuckte zurück.

»Hab keine Angst. Fang langsam an, ganz sachte, nur für wenige Minütchen. Deine Mutter hilft übrigens auch.«

»Was ist mit Bobbi?«

»Bobbi ist nicht mehr dort. Es sind deine Eltern, ihre Seelen, sie brauchen dich.«

Auf dem Heimweg hatte ich weiche Knie, wir schwiegen.

Das war der Schlüssel. Ein Wendepunkt in meiner Geschichte und in der meiner gesamten Familie. Manchmal weiß ich etwas ganz genau. Wie ich damals sofort wusste, dass Jo der Vater meiner beiden Kinder sein würde und Ella ein Mädchen.

Noch am selben Abend vor dem Schlafengehen wagte ich es. Ich öffnete ihm die Türe, leise, behutsam, und auch nur einen winzigen Spalt.

Die Seele meines Vaters schlüpfte sofort hindurch, als ein Hauch, eine zarte, flüchtige Substanz, einem Frühnebel gleich. Erschütterung, Erkennen, Dankbarkeit und leise Tränen beiderseits. Ein erster Anfang.

Paul hatte mir ein Zimmer in einer urigen Pension besorgt, mit Zugang zum See. Er wusste nur zu gut, dass ich der Spezies der Wasserratten angehöre. Bei ihm zu Hause sei grade zu viel Dreck und der Lärm eine Zumutung, hatte er gemeint. Die Dachdecker kämen bereits um sieben, und den ganzen Tag sei die Hölle los, das sei nichts für mich, ich bräuchte doch Ruhe.

Mir war das ganz recht. Der Gedanke, gleich beim allerersten Mal mit Sack und Pack im Hause von Herrn Soczek Quartier zu nehmen, in seine Welt einzudringen, die er verlassen hatte, um sich, genau wie ich, in ein neues Leben zu tasten, dieser Gedanke war mir doch ein wenig befremdlich, trotz der großen Nähe, die es zwischen uns gab. So traf es sich gut für mich mit den Dacharbeiten. Es war noch zu früh. ›Das nächste Mal dann‹, hatten wir uns versichert und freuten uns sehr auf das Wiedersehen, trafen uns im Folgenden wie eh und je an schönen Plätzen, und natürlich auch bei ihm zu Hause, wenn es still und ruhig geworden war und die Grillen den Garten zum Konzerthaus machten.

Ich war schon mal am Ammersee gewesen. Am Ende jenes fulminanten Sommers, in dem ich gesundete. Serge und ich hatten uns für eine ganze Woche hier aufgehalten, drei Dörfer weiter nordöstlich. Dort hatten wir einen Kurs besucht, der für mich von ganz besonderer Bedeutung war. Uns dort anzumelden, war Serges Idee gewesen, nämlich genau zu jener Zeit, als ich noch in den Seilen hing und von der zweiten Chemo-Keule k.o. geschlagen wurde.

Serge hatte mit großer Bestimmtheit die Losung ausgegeben: ›Im September machen wir beide am Ammersee bei Ann unseren Blue Belt‹. Ein kühnes Ziel. Niemand konnte im Januar wissen, ob ich mein

Tanzbein im Herbst hienieden überhaupt noch schwingen würde oder bereits auf himmlischem Parkett. Und freilich konnte ich nicht ahnen, dass an diesem heiteren See ein gewisser Paul Soczek zu finden gewesen wäre, seit einem dreiviertel Jahr allein im Haus und ebenfalls ohne Idee, wie es mit ihm weitergehen soll nach dem plötzlichen Tod seiner Frau.

Das Leben, ein magischer Raum, eine Wirklichkeit, in der unablässlich die Fäden gewirkt, gespannt und verwebt werden, an denen sich ahnungslos die Menschen entlanghangeln, die sich begegnen sollen. Bis sie dann eines Tages nebeneinander sitzen. Auf einer Bank zum Beispiel.

Serge und mich verband die Liebe zum Musizieren und zu einer bestimmten Art von Tanztraining, bei dem man, ähnlich wie in gewissen Kampfkünsten, verschiedene Gürtel erwerben kann. Ann ist eine in ganz Europa für dieses Training verehrte Koryphäe, und bei ihr wollten wir uns den blauen Gürtel ertanzen. Den weißen, den ersten, hatte ich mir zum runden Geburtstag geschenkt, genau ein Jahr zuvor.

Serge schlug es vor und es machte Klick. Fortan blieb ich angeseilt an dieses Ziel, während ich Tag für Tag in meinem Geiste zu den schneebedeckten Gipfeln aufstieg, die mich an der Wand des Spitalzimmers an mein Versprechen erinnerten. Und das Bild mit dem grünblauen See zu Füßen der Berge verströmte fortan noch stärker als sonst den Geruch von frischem Pfefferminz.

Als Ann mir acht Monate später nach der intensiven Woche voller Musik und Bewegung das ersehnte blaue Stoffband und die Urkunde in die Hände legte, heulten wir Rotz und Wasser. Nur Ann hatte gewusst, was für mich auf dem Spiel stand, wie außergewöhnlich dieser Moment für mich war. Für alle anderen war ich eine normale Kursteilnehmerin mit lustiger Kurzhaarfrisur, deren graue Haarkringel sich zu aberwitzigen Schäfchenlocken verdichteten, wenn sie vom leidenschaftlichen Tanzen nass geschwitzt waren.

Ich kam am Spätnachmittag an und fuhr als erstes in die Pension. Paul hatte noch in München zu tun. In meinem gemütlichen Zimmerchen stand auf einem runden Holztisch vor dem offenen Fenster ein Strauß Sommerblumen, bunt und froh, flankiert von filigranen Gräsern, die beim Öffnen der Türe im plötzlichen Luftzug loszukichern schienen. An die Vase war eine Karte gelehnt, eine Zeichnung von Paul. Mit wenigen Federstrichen und zarter Kolorierung hatte er auf seine unwiderstehlich humorvolle Weise zwei skurrile Gestalten eingefangen, die sich an einem überdimensional großen Rettich zu schaffen machten.

»Rohe Riesen rollen renitente Radis rückwärts raus«, stand darunter. Ich lachte kurz auf: Die Riesen in Uniform trugen Mundschutz, und der Radi grinste aufsässig. Ich nahm die Karte zu mir hoch. Auf der Rückseite las ich: »Grüß Dich Gott und Willkommen, meine liebe, liebe Emilie! Ich hoffe, Du wirst ihn hier in meiner Heimat weiterhin hochhalten und unvergleichlich finden, meinen persönlichen R-Wert. Sicher hast Du schon bemerkt, dass Du hier an allen Ecken und Enden angerollt wirst. Ich bin heut am Abend wieder zurück und freue mich über die Maßen, Dich wiederzusehen. Um acht bei mir im Wachholderweg? Immer, Dein Herr Soczek.«

Ich setzte mich langsam aufs Bett und ließ den Oberkörper nach hinten gleiten, bis mein tonnenschwerer Kopf in weiche Federn sank. Ich war plötzlich sehr müde. Pauls Karte hielt ich noch immer in der Hand.

Wie viel investiere ich in etwas, das vergeht, so oder so, auf kurz oder lang?

Es gab Zeiten, da hatte ich alles grundsätzlich sinnlos gefunden. Wozu sich mühen, sich sorgen, ein Ziel verfolgen, Träume hegen, Laufbahnen einschlagen, Meriten erlangen. Wir sterben doch sowieso. Es lohnt sich nicht. Die irdische Ernte fängt an zu faulen, noch ehe wir sie einfahren können. Es bleibt nichts von uns. Wir müssen gehen, und niemand weiß, wohin. Ich muss ohnehin sterben.

Jetzt wird aber erstmal noch ein bisschen gelebt! – Das hatte ich eines Tages vor vielen Jahren zu hören bekommen. Zu meiner Verblüffung, ganz überraschend, von irgendwoher. Ich saß auf dem Fahrrad, befuhr eine Brücke auf dem Weg in die Stadt und fand aus Gewohnheit auch das plötzlich sinnlos, die Stadt, die Brücke, mein Vorhaben. Doch Gottes heilige Helferlein haben großen Humor und entwaffnende Logik. Wie damals Frau Irene, die Kummerkastentante der Zeitschrift HÖRZU. Fragen Sie Frau Irene. Deren Antworten waren immer überraschend einfach und praktisch gewesen.

Und eine Stimme nach Art der Frau Irene befand damals also aus heiterem Himmel, jetzt würde erstmal noch ein bisschen gelebt, und das leuchtete mir im wahrsten Sinne des Wortes ein. »Es stirbt sich nicht so einfach«, schob Frau Irene hinterher. Da musste ich lächeln und trat beherzt in die Pedale. Rechts und links das Glitzern des Flusses. Ich glaube, an dem Tag schien sogar die Sonne, und die Quersumme des Datums ergab eine Zehn. Glück, Rad des Schicksals, Neubeginn.

Und dann habe ich tatsächlich erstmal noch ein bisschen gelebt. Wobei ›ein bisschen‹ schwer untertrieben ist. Ich habe volle Kanne gelebt. Hingebungsvoll, bis zum Anschlag, bis zur totalen Erschöpfung.

Und jetzt, da ich mit dem Kostbarsten, das ich besitze, mit meinem Leben, noch einmal davongekommen war auf wundersame Weise, bekam ich vom Himmel diese Zeilen geschenkt. Auf der Rückseite eines bezaubernden Cartoons.

Die Wärme, die sich aus Pauls Worten herauslöste, sich an mir entlangbewegte und in meinen schweißnassen Poren verschwand, stieg hoch zu den Augen. Bald brauchte sie Platz und Kühlung, und so kullerte sie über meine Wangen, wieder zurück in die Worte, in Pauls Stift, seine Hand, seine Sinne, in sein Wesen.

Vielleicht war es um meine Begabung zu vermissen doch nicht so karg bestellt.

›Sie müssen nicht alles glauben, was Sie denken‹. Eine Postkarte mit diesem Aufdruck stand bei mir daheim auf der Küchenfensterbank.

Wie sehr mir Paul gefehlt hatte, seit er in meiner Stadt nicht mehr zu finden war und ich die Orte, Stellen, Bänke immer wieder aufgesucht hatte, an denen ich etwas von ihm zu erschnuppern hoffte wie ein irritiertes Hündchen. Wie sehr er von Bedeutung war für mich.

Ich schnellte hoch vom Bett, stellte die Karte zurück an die Vase, stieg hastig in den Badeanzug, warf mir das große weiße Handtuch aus dem Bad über die Schultern, eilte barfuß die Treppen hinunter, hinaus in den Garten, unter der flatternden Wäsche auf einer langen Leine hindurch, rannte über den Bootssteg und stürzte mich an dessen Ende in die grünblau schimmernden Arme des Sees. Seine überraschende Kühle ließ mich für einen Moment erschauern. Nur kurz. Dann waren wir eins. Wasser! Heiliges Wasser, du machst alles immer wieder gut und heile. Wasser, ich bin du, bin aus dir. Du machst mich getrost, du hältst mich gesund.

Wir erkannten uns wieder, der Ammersee und ich, so frisch und klar ist er, so gütig, eine weise alte Fee, die ihre Antworten verschenkt, bevor die Fragen noch gestellt, die Ersuche vorgetragen sind. Fische am Grund. Schnell und wendig in einer Choreographie zu Musik, die nur ihnen bekannt ist.

Damals, vor zwei Jahren im Moorwasser, war wie immer nichts zu sehen, doch alles zu hören. Die Lichtung mit dem kleinen Schwarzwaldsee war wie ein Schalltrichter. Steil aufragende blaugrüne Tannen ringsum, dichte Sträucher, prächtige Gräser und Blumen, allesamt Chorsänger jubelnder Sommerhymnen. Das ölig gelbbraune Wasser, es blieb auf den Gliedern, machte die Haut ganz weich und nachgiebig. Ich hatte den Weiher im Sommer fast täglich besucht, mich in ihn versenkt, hatte mich von ihm verschlingen, aufsaugen, reinigen lassen, hatte seine eisige Kälte immer und immer wieder bezwungen, ließ mich taufen, meinen gemarterten Körper segnen und wurde belohnt mit unbeschreiblichem Wohlgefühl, wenn ich mich anschließend auf einem Wiesenstück der hochstehenden Sonne zum Trocknen darbot.

Tief mit dem Kopf unter Wasser, die Augen geschlossen. Die Kopfhaut, die sich für einen Moment ablöst und alles darunter her entlässt an Harm und Verdruss, an allem, was beißt und beengt. Wasser, Wasser, ich bin dein. Ich bin du. The person you love is 70 percent water.

Auch der Sommer meines Lebens vor zwei Jahren bestand zu diesem Prozentsatz aus dem wundervollen Nass, aus Schwerelosigkeit, aus ausgelassenem Kreischen und Gelächter mit Priska und Lotte, oder aus dem leisen Durchschneiden der noch spiegelglatten Fläche, wenn es mir gelungen war, frühmorgens die allererste zu sein, die sich vom Moorwasser lieben ließ. Sehr bald schon danach erschienen die rohen Horden mit ihren Grillutensilien, dem aufblasbaren Gummigetier, dem Geschrei und dem ganzen mich verschreckenden Mangel an Sinn für die ehrfurchtgebietende Heiligkeit dieses stillen Fleckchens Natur.

Ich ließ mich bäuchlings auf dem Bootssteg trocknen und befürchtete, dort anzuwachsen, zu einer seiner Bohlen zu werden. Als die Sonne hinter dem Bootshaus verschwunden war, rappelte ich mich auf. Bald würde es Zeit sein, sich auf den Weg zu machen, zu Paul.

Das Haus war unscheinbar, ein Neubau. Es war nicht wirklich zu sehen, erschloss sich mir nicht auf den ersten Blick, denn es war eingerüstet. Aber es wusste sich tapfer zu schlagen inmitten des Durcheinanders von Stapeln aus Ziegeln, Isoliermaterial, Gerätschaften und einer Maschine mit rundem Sägeblatt, die sehr gefräßig aussah. Die Pflanzenkübel von verschiedenen Größen und Formen wirkten wie ein Kammermusikensemble, dessen Konzert- und Probenbetrieb bis auf Weiteres hatte eingestellt werden müssen. Petunien, Geranien, Lobelien, Lavendel, die ganze fröhlich bunte Mischung schien irgendwie verstimmt und verstummt. Fünf Stufen mit Geländer führten zur Haustür. Neben ihr an der Wand ein prägnantes Schild. ›Praxisgemeinschaft Dr. med. Marina Christiansen und Ulrike Kluge-Bartleff, Fachärztin für Allgemeinmedizin, klassische Homöopathie und Naturheilkunde.‹

Schwungvolle Namen. Das waren wohl die Heilkünstlerinnen, die die unteren Räume des Hauses neu belebten, seit Dr.med. Ruth Soczek dort nicht mehr praktizierte. Ich stellte mir ihr Praxisschild an der Hauswand vor und wurde ein wenig nervös. Meine Hände waren kalt und schlossen sich fest um die Flasche mit dem sardischen Rotwein, den ich Paul überreichen wollte. Zwei Klingelschilder. ›Praxis‹ und darüber ›R. & P. Soczek‹.

Auf mein Läuten hin blieb es still hinter der Tür. Plötzlich befiel mich die Furcht, ich könnte den Paul aus meiner Erinnerung nicht mehr zusammenbringen mit dem Mann, der mir diese Türe gleich öffnen würde. Trotz der sehr warmen Abendluft sah ich ihn in seinem hellen Mäntelchen vor mir, das Gesicht seltsam verrutscht, verzogen, ein Francis Bacon-Porträt, als könnte ich alldem nicht trauen, was wir erlebt und herausgemeißelt hatten aus dem kostbaren Marmorblock unserer gemeinsamen Zeit.

Paul kam an der Seite des Hauses um die Ecke, von dort, wo ein rotes Auto in der Einfahrt geparkt war, vermutlich seines. Er war barfuß, und natürlich trug

Herr Soczek keineswegs sein laternenlichtes Mäntelchen, sondern kurze Hosen und ein dunkelblaues T-Shirt mit der Aufschrift ›Je größer der Dachschaden, desto schöner der Blick in die Sterne‹.

Mit fideler Entschiedenheit öffnete er die gebräunten Arme zu einer Spannweite, die mir gigantisch vorkam. Mein Stirnlappen funkte mir den Jesus über der Copa Cabana in die Netzhaut, doch nur so lange, bis das erste R an mir hochgekrabbelt kam.

»Emilie, da bist du ja, Grüß dich Gott, Frau Bundschuh, ich kann's nicht glauben!«

Kuvertüre, dachte ich, als sich diese Arme um mich schlossen. Flüssige, warme Schokolade überzog mich wie einen von Hillas Weihnachtskeksen, den von mir so sehr geliebten Elisen, die zum Schluss mit einer blanchierten Mandel gekrönt wurden.

Und dann knüpften wir dort wieder an, wo wir vor knapp vier Wochen aufgehört hatten. Es war ganz einfach. Mit Paul verstand ich, dass es sie in Wahrheit gar nicht gibt, diese Übergänge von einst nach jetzt, von dort nach hier, dass alles immer gleichzeitig geschieht, es keine Tore zu durchschreiten gibt. Es machte keinen Unterschied, dass wir uns jetzt hier begegneten. Wir setzten das Erzählen der Geschichte einfach fort und unsere Toten gaben ihren Segen, hörten alles, hörten zu, besonders als Paul mir sehr viel von Ruth und Lizzy erzählte.

»Wir wissen viel zu wenig übers Sterben«, sagte er einmal. Da saßen wir in seinem kleinen Ruderboot, waren hinausgefahren in den Abendsonnenschein, um mitten auf dem See eine seiner berühmten Brotzeiten zu feiern.

»Es kommt ja niemand mehr zurück, um zu berichten und um uns Reisetipps zu geben. Unser Geist ist viel zu klein, zu wenig geschult, um zu erfassen, wie es um den Sinn des Ganzen steht. Wir klammern uns an Gut und Schlecht. Leben gut – Sterben schlecht. Vielleicht ist es ja so, dass die Essenz, die Seele eines Menschen plötzlich weiß, hier gibt's für mich nichts mehr zu tun, ich gehe auf die andere Seite und mache mich von dort aus nützlich. Können wir's wissen? Für die, die zurückbleiben, ist es eine Katastrophe, gewiss, doch schau dir das hier an!«, er wies mit einem Arm in die rotschimmernde, generöse Weite des Sommerabends und das überirdisch farbig aufspielende Wolkenorchester, »wer sich so etwas ausdenkt, kann sich nicht irren. Das ist unmöglich. Also hat's einen Sinn, ob wir es verstehen oder nicht. Manchmal beschleicht mich sogar eine Ahnung darum, dass vielleicht niemand ohne seine Einwilligung stirbt. Genau wie die Kinder entscheiden, wann sie geboren werden wollen und die Wehen auslösen. Eine sehr intime Angelegenheit ist das. Für jede einzelne Seele. Das Kommen, das Gehen. Die Nahtstellen des Lebens. Liebe bedeutet, sich auch da nicht einzumischen. – Ach, was weiß ich, ich sinniere halt so vor mich hin.«

Ich schwieg. Paul zu lieben, das begriff ich in diesem einen Moment, war etwas viel Größeres, als ihn zu wollen, einen Anspruch zu erheben, das übliche Mann-Frau-Spiel zu beginnen und es auf Dauer zu verlieren. Die Liebe, die ich hier erfuhr, mit jedem einzelnen Augenblick, den ich mit ihm bereits geteilt hatte, ließ mich sanft zurücktreten hinter die, die mir verdächtig vertraut war und die ich glaubte, gut zu kennen.

Wie Paul und der See mich zu spiegeln verstanden an jenem Abend, das ließ mich ein zweites Mal erleben, wie es ist, sich neu inkarnieren zu dürfen, ohne den Körper opfern zu müssen – zu sterben.

Mich auf den Bauch drehen wie ein Säugling würde ich künftig mit ihm lernen. Kriechen, krabbeln, mich aufrichten, die ersten Schritte tun, hinfallen, aufstehen. Ich hatte bislang ja nicht den blassesten Schimmer gehabt davon, wie das geht, lieben, hatte nur immer hilflos versucht, in den mir vorgelegten Schablonen herumzukritzeln, wie alle anderen auch. Anfängerin würde ich sein – des Lebens und der Liebe.

»Ach, was weiß ich«, schallte das Echo aus den verwunschenen Buchten neben uns, die begannen, sich nachtschwarz einzukleiden. Unter dem sachte schaukelnden Boot schossen große und kleine Fische durch das flüssige Gold, vergnügten sich an den Brotkrumen, die Paul ihnen zuschnipste. Kennt auch dich und hat dich lieb, kennt auch dich und hat dich lieb. Wieviel Sternlein, wieviel Fischlein, was weiß ich.

»Sag mir, wie ich heiße«, bat ich Paul, »ich hab's vergessen.«

Er lachte, schaute wie die Müllerstochter in der Märchenverfilmung und verstellte die Stimme. »Heißt du etwa Rumpelstilzchen?«

»Ja!«, durchbrach ich jubelnd die schwebende Stille, die sich über den See gesenkt hatte. »Das hat dir der Teufel gesagt!«, zog mir das Kleid über den Kopf, schlüpfte aus allem heraus, was ich sonst noch am Leib hatte und sprang, wie mich Gott geschaffen hat, kopfüber in die unwiderstehliche Flut.

»Heute back ich, morgen brau' ich, übermorgen ...« Der Frau Königin ihr Kind, das er holen wollte, wurde verschluckt vom satten Platsch, mit dem Paul sich ins Wasser stürzte.

Wir jauchzten und lachten. Summertime and the livin' is easy.

Am Rand des Bootes fanden wir uns wieder. Mit einer Hand fingen wir es ein und hielten es fest, mit der anderen fuhren wir einander durchs triefend nasse Haar und umschlangen uns. Haut an Haut in der Schwerelosigkeit.

Die Zeit bei Paul am Ammersee war unvergesslich. Ich blieb, bis der Sommer nach dreieinhalb Wochen ganz plötzlich eine Rolle rückwärts in Richtung Alpen machte und den Vorboten des Herbstes die abgeernteten Felder überließ. In der zweiten Septemberwoche fuhr ich zurück. Es gab keinen Abschied. Nicht wirklich. Alles war gleich–zeitig.

Ich war mir sicher, dass all das, was wir Erinnerung nennen, sich auf einer anderen Zeitebene tatsächlich wieder von Neuem ereignet, wann immer es vor dem inneren Auge aufsteigt. Dass es gleich gültig ist, gleichwertig zu dem, was ich gegenwärtig erlebe – zum Beispiel hinter dem Steuer meines Autos zu sitzen und mit ihm auf einem endlos langen, teerschwarzen Band voller weißer Ornamente gen Nordosten zu rollen, zurück in das Leben, das ich mir vor knapp einem Jahr erobert hatte, in einer anderen, für mich völlig neuen Stadt. Der Stadt, in der ich Paul begegnet war.

17

Ich hatte das Kuvert gerade mit meiner eigenen Anschrift versehen, den guten alten Kolbenfüller zugeschraubt, die Briefmarke lustvoll abgeleckt und draufgeklebt, als die Haustüre schellte. Thea kam die Treppen hoch, schneller als sonst. Ich warf noch einmal einen kurzen Blick über den Briefbogen:

Liebe Emilie,

ich wohne genau wie Du in Deinem schönen, klugen Körper und verstecke mich hier hinter dem Namen einer Krankheit. Doch in Wahrheit bin ich Deine ständige Begleiterin auf dem Weg der stetigen Heilung und Ganzwerdung Deiner selbst.

Ich erinnere Dich seit dem 22. Dezember daran, dass Du nun alle Begrenzungen hinter Dir lassen und alle Mauern durchbrechen darfst, die Dich von der geistigen Welt getrennt halten, die Dich abhalten wollen davon, Deine schöpferischen Kräfte in vollem Umfang einzusetzen. Du darfst sie nutzen, Deine Gaben, Dich aufs Heilwerdenkönnen zu konzentrieren. Du wirst, Du MUSST sie erlösen, jenseits all dessen, was Dich geprägt hat! Ich habe mich mit ein paar sogenannten Zellen noch immer in Dir manifestiert, doch nicht, um Dich zu ängstigen, sondern um Dir endgültig aufzuhelfen. Sei voller Vertrauen. Du bist gesund. Du magst nach dem Dafürhalten der Ärzte nicht von mir geheilt sein – dennoch: Du bist vollkommen heil!

Auch ich bin ein Geschöpf Gottes, seine Schöpfung. Ich bin die Erinnerungshilfe an das Göttliche in Dir und an all Deine Möglichkeiten. Bleiben wir uns in Liebe verbunden, und sehr bald brauchst Du mich nicht mehr.

Vertraue und liebe. ALLES. Auch mich.

Deine Leukämia

Gleich würde ich aus dem Auto springen und diesen Brief in den Postkasten werfen. Unbedingt noch vor dem Termin, darauf kam es mir an.

Atemlos stand Thea vor mir, in Dunkelblau gekleidet. Sie wirkte sehr seriös, genau wie ich. Kleider machen Leute, schließlich hatten wir heute etwas Wichtiges vor. Margrit ließ auch nicht lange auf sich warten. Sie kam in einem eleganten Kostüm.

Es war der Donnerstag, für den das Gespräch mit Dr. Herd anberaumt war. Zu dritt fuhren wir in das Universitätsspital.

Pünktlich um zehn Uhr führte Dr. Herd uns einen Gang entlang und schloss nach ein paar Schritten einen niedrigen, fensterlosen Raum auf. Er sah dabei aus wie die Wirtin einer schäbigen Pension, die unterm Dach noch ein letztes Zimmer hat, von dem sie genau weiß, dass es die Gäste eh nicht nehmen werden. Der Raum war noch kleiner als der, in dem mir vor knapp einem halben Jahr das Bürschelchen und Frau Dr. Kellermann ihre Eröffnungen gemacht hatten.

Dass es für Begegnungen auf Augenhöhe und von dieser Tragweite keine freundlichen Räume mit Tageslicht gibt. – Die Verwunderung darüber blieb an mir und meinem schwingenden Sommerkleid haften wie die nasse Farbe einer frisch gestrichenen Wand. Diese bunkerartige Abgeschiedenheit von der Wirklichkeit, fern von all dem, was Menschen wirklich betrifft, was sie erhoffen, ersehnen, was sie umtreibt und wofür sie leben. Bedrückendes Kunstlicht. Schabende, scharrende Stuhlbeine aus Metall. Margrit und Thea flankierten mich an der einen Seite des länglichen Tisches. Dr. Herd nahm schräg vor mir Platz, Richtung Tür, als wolle er sich einen Fluchtweg offenhalten. Die Hände hatte er artig gefaltet und vor sich auf die makellos weiße Tischfläche gelegt. Ich war vollkommen ruhig und begann das Gespräch mit einer Frage.

»Wieviel Erfahrung haben Sie mit Patientinnen meines Schlages – also mit Menschen, die sich so schnell wieder erholen und in einer so guten Verfassung sind wie ich?«

Die ersten Knöchel wurden weiß.

»Es ist halt so, dass wir bei unserer Art von Therapie auf das subjektive Befinden der Patienten keine Rücksicht nehmen können«, knetete Dr. Herd sich zurecht.

»Aber schauen Sie sich Frau Bundschuh doch an. Das ist nicht subjektiv. Es ist objektiv und offensichtlich, dass es ihr hervorragend geht!«, ergriff Thea das Wort, um im Folgenden immer wieder überraschend fachkundig nachzuhaken. Sie stellte kluge Fragen nach dem Sinn und Zweck des riskanten Unternehmens, auf das ich mich einlassen sollte und auch nach der Garantie für einen Erfolg.

Es gab sie nicht.

»Entspräche es nicht dem medizinischen Grundsatz, nach der Verhältnismäßigkeit zu fragen?«, wollte Thea wissen. »Haben wir hier nicht einen Fall, wo die angestrebte Behandlungsweise viel mehr Schaden anrichtet als die Krankheit selbst, jedenfalls im Augenblick? Und beschäftigt sich die Statistik überhaupt mit Patienten, die Ihre Empfehlungen ausschlagen und eigene Wege gehen?«

Bredouille, dachte ich, ein schönes Wort für die Liste. Er ist in der Bredouille. In der Tat schaute der Doktor mit den langen Armen irritiert und wusste darauf nicht wirklich etwas zu sagen.

Es mochte nach einer knappen Stunde gewesen sein, – das Zeitgefühl war mir in der Fensterlosigkeit abhandengekommen – da erklärte ich abschließend, warum ich meinem Körper und meiner Seele diesen Eingriff nicht zumuten würde. Dass mein kostbares Leben und somit auch das Leben all meiner Zellen, auch derer, an denen die Ärzteschaft sich von Berufs wegen verständlicherweise stoßen müsse, dass alle diese Zellen ausschließlich im JETZT zu Hause seien. Und dieses JETZT hätte für mich unzweifelhaft die erhebende Qualität von Auftrieb und Gesundung.

»Jetzt bin ich gesund! Jetzt. Meine Zellen haben das verstanden. Die kennen keine Zukunft, kein demnächst. Jetzt sind wir wie neu, vital, mit frischer, nie gekannter Energie beschenkt und guten Mutes. Dieses Jetzt wird zum nächsten Jetzt und zum nächsten und so weiter. Das ist die Kraft meiner Gegenwärtigkeit, und die will ich stärken anstatt vernichten. Ich würde auch niemals zulassen, dass mir jemand alle Zähne zieht, nur weil ich demnächst vielleicht wieder Karies bekommen könnte.«

Ich äußerte mich klar und ohne Stocken, die Worte fielen mir zu, es sprach aus mir wie nicht von dieser Welt. Im Rücken spürte ich meinen Vater, schmetterlingszart, als eine weitere, unsichtbare Kraft, die mich befähigte, in diesem Moment entscheidend für mein Schicksal einzutreten. Yessss, hörte ich ihn sagen. Es klang wie das leise Zischen eines Bunsenbrenners, der plötzlich höher gedreht wird. Yessss. Hartmut, der international geschätzte Wissenschaftler, an seinem Lebensende selber elendig verreckt in den Fängen kalter Hightech-Medizin, pustete mir von hinten her ermutigenden Aufwind zu.

Am Ende unserer Zusammenkunft wirkte Dr. Herd seltsam verändert. Er hatte die Hände voneinander befreit. Sie sahen erleichtert aus und so, als ob sie seufzten. Er selbst war still und schien zu lauschen. Als klänge etwas in ihm nach, eine fremde, nie vernommene Melodie oder eine alte, längst entfallene Weise, die sich unerwartet zu ihm auf den Weg begeben hatte.

»Gut«, sagte er und stand auf. Der Ernst dabei hatte den gewohnten Unterton von Bedrohlichkeit verloren, »dann canceln wir jetzt die Transplantation.«

»Ja«, sagte ich und gab ihm die Hand, »sehr gern. Vielen Dank für Ihre Zeit und Ihr Verständnis.«

»Aber ich würde Sie jetzt trotzdem gerne noch einmal punktieren.«

So viel Doktor musste dann doch nochmal sein, das war er sich wohl schuldig. Ich schlug es ihm nicht aus, nahm es als Kompromiss, und notierte mir den vorgeschlagenen Termin.

»Du hast geleuchtet«, sagte Thea, als ich draußen vor der Klinik wie ein Füllen verrückte Sprünge über die Blumenrabatten machte. »Als ob du mit oben verkabelt gewesen wärst.« Wir lachten und umarmten uns, jubelten, als hätte ich ein wichtiges Tennisturnier gewonnen. Das wollten wir feiern, und ich lud die beiden zum Essen ein. Unter lauschigen Bäumen fanden wir ein schönes Plätzchen. Die Junisonne umtänzelte die buntgefüllten Teller. Ich hatte mich noch nie in meinem ganzen Leben so frei gefühlt und so erleichtert.

Thea bestand darauf, mir den Ableger einer Pflanze zu schenken, von der ich noch nie etwas gehört hatte. Das Mutterkraut wuchs in ihrem Garten. Behutsam gruben wir noch am selben Nachmittag ein Büschel davon aus und pflanzten es in einen großen Topf. Dreimal täglich solle ich ein Blättchen zwischen Oberlippe und Zahnfleisch schieben und den bitteren Saft an meine Zellen weiterleiten.

»Weißt du, Mutterkraut soll gut sein gegen Blutzellen, die sich entschließen, unreife, rabiate Töchter zu gebären«, erklärte Thea.

»Mutterzellen«, fiel mir ein.

»Eben«, sagte sie, und wir trugen den Topf zum Auto.

David hatte Goliath Flagge gezeigt und stand nun allein auf weiter Flur mit allem, was kommen würde. Wenn das mal gut ginge.

Zwei Tage nach dem denkwürdigen Treffen in der Fensterlosigkeit bekam ich Besuch von einem hässlichen Frühstücksgast: Ein düsteres Zweifelwesen gesellte sich zu mir auf die Terrasse. Ich hatte keine Lust, es zu bewirten. Unwirsch räumte ich den Tisch ab, wollte es verscheuchen mit dem Scheppern des Geschirrs, das ich in die Spüle knallte. Vergebens. Da klingelte das Telefon.

»Wollte mal fragen, wie es dir heute geht, Emmilein?« – Theas Stimme spann einen Faden aus Gold, den ich ergriff wie ein Kind, das beim Schwimmenlernen aus dem Rhythmus gefallen ist und sich die rettende Angel des Bademeisters schnappt. »Bist du noch immer überzeugt von deiner Entscheidung?«

»Du rufst gerade richtig an!« Ich paddelte mit Thea zurück auf die Terrasse. Alles um mich her war explodiert in eine unvergleichlich farbenfrohe Blütenpracht, der Himmel barst vor Sommerlaune, fest entschlossen, alles und jeden damit anzustecken. Ja! Doch. Natürlich, ich war noch überzeugt.

»Ich bin so froh, Emmilein, dass du den Mut hattest, dich so zu entscheiden. Es wird gut werden. Alles.«

Während wir miteinander sprachen, vernahm ich plötzlich ein leises Brummen in der Ferne, eines, das mir von irgendwoher sehr bekannt vorkam. Ich wandte den Kopf in die Richtung, aus der es zu hören war. Zwei schwarze Punkte am Himmel näherten sich unaufhaltsam, wurden stetig größer, das Brummen lauter und lauter.

Ich kapierte es schlagartig, erkannte, erschauerte – es waren sehr alte Propellermotoren, deren Klang sich in den Sommermorgen schraubte! Genau auf meine Terrasse steuerten zwei Tante Jus zu! Diese urigen, behäbigen Wuchtbrummen der Luftfahrt aus den Dreißigerjahren, für die ich so schwärmte. Die eine flog direkt über mich hinweg, so tief, dass ich fast hätte dranfassen können und mühelos alle Schriftzeichen auf ihrem dicken Wellblechbauch erkannte. Die andere zog rechts neben dem Dachfirst ihre Bahn.

»Thea!«, rief ich, »hörst du das?«

Der knatterige Lärm war ohrenbetäubend geworden. »Ich rufe dich gleich zurück!«

Ich warf das Telefon in den Liegestuhl, beugte mich weit nach hinten, reckte die Arme empor zu den klobigen, altmodisch lärmigen Vögeln, winkte und schrie in das vibrierende Brummen der Motoren hinein: »Daddy! Daddy! Da bist du! Du bist daaaa! Danke! Daaaaddy!«

Ich setzte ihnen ein paar Schritte nach, wollte nichts lieber als mit in die Luft, reckte mich, das Geländer stoppte mich schützend und jäh, ich ließ die Arme sinken, überwältigt vor Freude und Ergriffenheit.

Das Brummen schwoll ab, die Jus entfernten sich so stetig, wie sie sich genähert hatten, und im Decrescendo der Motoren begriff ich, dass ich alles, alles richtig gemacht hatte, dass dies ein unmissverständliches Zeichen meines Vaters war. Dass dies seine Art war, mir zu zeigen, wie sehr er mich liebt und bei mir ist auf all meinen Wegen, dass er mir hilft und zum Ausdruck bringen will, wie tief verbunden wir miteinander sind.

Der Luftraum über Deutschlands Süden ist sehr groß, weiß Gott, und doch hatten diese beiden Flugzeuge genau das Haus angesteuert, in dem ich lebte und auf meiner Terrasse den jungen Sommermorgen begrüßte.

»So eine Seele – also dein Daddy – kann einen Piloten durchaus dazu bringen, einen bestimmten Kurs einzuschlagen«, lachte Thea, »so machen sie sich bemerkbar, die da oben.«

Ich hatte keinerlei Zweifel daran.

Zwei Stunden später kamen die Jus zurück. Friedlich vereint, in inniger Zweierformation schwebten sie pianissimo als feine Silhouetten am Horizont in genau die Richtung, aus der sie gekommen waren. Ich winkte ihnen freundlich zu, so aus dem Handgelenk heraus, wie lieben, alten Nachbarn, die auf dem Weg zum Einkaufen sind und konnte nicht widerstehen, sie zu fotografieren.

Dieses magische Luftzeichen wiederholte sich wenige Wochen später. Ich fühlte mich sehr einsam und verlassen an jenem Nachmittag, war gerade dabei, in der Garage Minnas Vorderrad zu flicken. Erst hielt ich es für ein Nebengeräusch der Luftpumpe, doch es wurde lauter, ich konnte es kaum glauben: Es war das wohlbekannte Brummen, das sehr schnell anschwoll und mich sofort ins Freie lockte. Da beehrte mich doch tatsächlich wieder eine Ju mit ihrer sonoren Propellermusik! Eine einzelne Maschine flog diesmal übers Haus, nur sehr viel höher. Sofort war ich wieder getrost und meiner gewiss: Du bist beschützt. Dein Daddy ist da und lässt es dich wissen.

Das dritte Mal traf ich sie in einem Café. Auf der Titelseite der Tageszeitung, die dort auslag, prangte das Foto eines Wracks. Zerfetzte Wellblechhaut, auf einem Felsplateau verstreute Trümmerteile. Auf einem davon das mir bekannte, kreisrunde Emblem, das sich am Unterbauch befand. Es schnitt mir tief ins Herz und ich erschrak. Jetzt kommt die Quittung. Mein Untergang, mein eigener Aufprall auf dem harten Boden der Realität.

Ich entnahm der Zeitung, dass eine Staffel von drei Maschinen dieses Typs in der Schweiz stationiert war. Vorwiegend für Rundflüge. Eine von ihnen war aus ungeklärter Ursache am Vortag in den Berner Alpen abgestürzt. Keiner der zwölf Insassen hatte das Unglück überlebt. War dies der Hinweis darauf, dass ich mich viel zu hoch hinaus gewagt hatte mit meiner eigenwilligen Entscheidung?

Die zerschmetterte Ju im Gestein war vielleicht eine von den beiden gewesen sein, die mich schon zweimal besucht hatten. Wie war das mit den drei gleichfarbigen Socken, wollte mein Stirnlappen wissen. Zwei davon bilden immer ein Paar, eine ist immer dieselbe, oder nicht? – Wie auch immer. Eine von ihnen gibt's nun nicht mehr, von den Jus.

Ich ließ den Tee stehen, zahlte zu viel und ging.

Verstört fingerte ich das Kettenschloss auf und radelte mit Minna die Straße entlang, einen Korb voll düsterer Gedanken auf dem Gepäckträger. Gedankengepäck.

Vielleicht sind Fahrräder so etwas wie Antennen und fangen Stimmfrequenzen ein. Jedenfalls meine, dachte ich im Nachhinein.

Dass es Stimmen gibt, das hatte ich zum ersten Mal erfahren, als ich einundzwanzig war. Sie haben kein spezifisches Timbre, diese Stimmen, nichts, was sie akustisch als Stimmen ausweisen könnte, und doch erheben sie sich im entscheidenden Moment. Unmissverständlich. Frequenzen in einem Wortmantel ziehen ihre rettenden Botschaften aus dem Revers.

Zwei Jahre nach Bobbis Tod war ich zusammengebrochen, hatte keinen Halt mehr finden können an meinen brüchigen Nervensträngen und war in ein stockdunkles Loch gestürzt. Es hielt mich qualvoll gefangen in Zuständen von allergrößter Panik und Pein.

Herausgesogen aus der Welt, die mir vertraut war, in ein unwirtliches Jenseits, kauerte ich mutterseelenallein auf einem eisig kalten, pockennarbigen Mond, der mich verhöhnte. Meine Augen waren Fenster, aus denen ich zwar hinausschaute, doch ohne Anteil zu haben an dem, was ich sah, und niemand draußen konnte mich beim Blick in meine Augen noch erreichen. Alles Lebendige prallte an ihnen ab und fiel zu Boden wie Singvögel, die sich an spiegelnden Fensterfronten das zarte Genick brechen. Bumm.

Es war ein schläfrig nieseliger Novembernachmittag gewesen. Ich klammerte mich an den Heizkörper in meinem Zimmer. Mir ging es wie dem König, der ständig fror und befahl, aus dem ganzen Reich alles herbeizuschaffen, was das ständig brennende Feuer nähren würde, das ihn doch nicht wärmen konnte. Ein flacher, schneller Puls trieb mich in die Starre, in ein Bollwerk, dessen Steine mich von innen schmerzhaft an die Wände meines Körpers drängten. Spitze Ängste, ein Korsett wie aus gruseligen Fischbeingräten, schnürten sich erbarmungslos um Brust und Taille, durchbohrten meine Haut, meine Rippen, quetschten mich zusammen auf ein widerliches Nichts. Ich krümmte mich zusammen, legte schützend meine Arme um den Kopf, in Erwartung des finalen Schlages. Wenn ich jetzt sterbe, dachte ich, dann bin ich auf ewig allein mit mir und dieser entsetzlichen Angst. Wie grausam.

Frequenzen schieren Lichts formierten sich mit einem Mal zum Schweif eines Kometen, aus dem heraus es silberhell erklang: »Aber Emilie, dann lerne doch ab jetzt, dich selbst zu lieben. Du wirst dich nie mehr fürchten. Dann bist du gern mit dir allein, jetzt, da du lebst und auch, wenn du stirbst.« – Ich weiß nicht mehr, wie ich zurückfand in die Realität meines Zimmers, nur noch, dass sie verschwunden war, diese Angst, und dass dies der Anfang, der erste Schritt war auf meinem Weg nach Hause zu mir selbst.

Ein Jahr später erhob ich mich wie Phönix aus der Asche und flog auf und davon, hinaus aus meinem Elternhaus, in ein neues Leben. Mit mir allein und voller Neugier.

Und so viele Jahre später saß ich nun auf diesem Fahrrad, und er streifte mich erneut, der gleißend helle, mitteilsame Schweif: »Mein gutes Kind, bring du nur weiterhin zum Absturz, was alles nicht zu dir gehört.«

Diesen einen Satz hatten Minnas Speichen eingefangen. Es klang nicht wirklich nach Hartmut, und doch wusste ich genau, dass er es war, der mich beruhigte und mich des weiteren Weges schickte.

»Wenn man Sie so sieht, dann könnte man meinen, es nützt was«, kam es plötzlich mehrstimmig aus meinem Innenohr, wie von einem Background-Chor. Wo hatte ich das schon mal gehört? Die Erinnerung kam blitzartig, und ich fuhr bei Rot über die Ampel. – Das hatte er einmal beim Tee gesagt, den er nie trank, in meinem Zimmer mit der riesigen Fensterfront, der kleine Tim – der Doktor Ju!

Aus dem Universitätsspital hatte ich den ganzen Sommer über nichts mehr gehört. Erst Anfang September lud mich die freundliche Frau, die hinter dem Desk der Ambulanz die Termine vergab, zu einer Untersuchung ein. Es sei reine Routine, bei mir sei soweit ja alles in Ordnung, ließ sie mich telefonisch wissen. – Das fand ich erstaunlich.

Nicht, dass ich gesund war, sondern die Tatsache, dass ich es von dieser Frau erfuhr. Niemand aus der weißen Welt hatte den Schneid besessen, mir persönlich mitzuteilen, dass mich meine ungewöhnliche Entscheidung alles andere als in das beschworene Desaster geführt hatte. Ich fand mich bestätigt. War es denn nicht auch diese menschliche Dürftigkeit gewesen, dieser emotionale Geiz, der starre Tunnelblick der Spezialisten, der unterkühlte Gestus von Autorität? Hatte mich nicht auch genau all das dazu gebracht, die ärztliche Empfehlung auszuschlagen und die Verantwortung für mein eigenes Leben zu übernehmen?

»Wie geht es Ihnen?«, fragte mich der langbeinige Doktor mit dem Lockenkopf und den italienischen Wildlederschuhen.

»Es geht mir fantastisch«, sagte ich, braungebrannt und bester Laune, ein wenig zum Flirten aufgelegt. Im Prinzip gefiel mir der schlaksige Mann, und ich britzelte ihm meinen Wunderkerzenblick in die matten Augen. »Ich hatte den Sommer meines Lebens – und Sie?«

»Ich hatte schöne Ferien«, sagte er ein wenig nölig, als sei dies das Höchste, was man vom Leben vernünftigerweise erwarten dürfe und wandte sich dem Rechner zu.

Thea schenkte mir zum Geburtstag, dem Herbstanfang, einen sandfarbenen Stein, den sie auf einem ihrer Spaziergänge aufgelesen hatte.

»Weißt du, was das ist?«

Ich betrachtete das markante Gebilde gerührt. Es sah aus wie ein abgerundetes Stück Oberschenkelknochen, am Ende abgeflacht, als hätte jemand einen Querschnitt machen wollen. Mitten in dem planen, beigen Rund prangte ein großer rötlicher Punkt.

»Das ist dein neues Knochenmark!«, sagte Thea. »Schau es dir genau an. Hast du verstanden? Du bist jetzt gesund. Heil. Vergiss das nie wieder.«

Ich feierte mit all den Menschen, die mich mit ihrer Liebe und Tatkraft durch das dramatische Jahr getragen hatten. Bevor wir anstießen, erhob ich mein Glas:

»Worte, sind viel zu gering, um auszudrücken, wie dankbar ich euch bin. Ja, ich verdanke auch euch mein Leben, und was könnte ich euch Schöneres zurückgeben als eine wunderbare Nachricht: Seit vorgestern weiß ich, dass meine Blutwerte völlig in Ordnung sind!« Der Jubel war groß, das Fest unvergesslich.

Es wurde Winter, der Advent jährte sich und die nächste Kontrolle stand an.

Mein Blut landete wie gehabt in den Röhrchen, in einem Labor. Nach zwei Wochen keine Benachrichtigung. No news, good news.

Und dann kam Silvester. Wieder klirrten die Gläser. Prost Neujahr, Prost Neujahr! Um uns herum eine prächtige Hölle. Das Knallen und Zischen, das Jauchzen und Jubeln, die langgezogenen »Ahhhhs!« und »Ohhhhs!« im farbigen Schein der Feuerwerkskaskaden. Wir fielen uns in die Arme. Es hatte geklappt, ich hatte das Versprechen gehalten, das ich Ella und Mabel im Jahr zuvor auf der Terrasse gegeben hatte. Diesmal standen wir auf einer großen Straße im Südosten Berlins und feierten mit den Paten von Ella und Mabel, so wie wir es im Jahr zuvor hatten tun wollen und nicht konnten.

In dieser ersten Nacht des neuen Jahres war ich so aufgeregt, dass ich lange nicht einschlafen konnte. Statt Schäfchen zählte ich Engel, wie in Des Knaben Wunderhorn: Zwei zu meinen Häupten, zwei zu meinen Füßen. Aus meinem persönlichen Horn, dem eines echten Mädchenwunders purzelten feiste Putten, wurden mehr und mehr, zu meiner Rechten, meiner Linken, überall, sie drängten sich, wollten mich decken, wecken, weisen, zu Himmelsparadeisen.

Ich breitete die Arme aus, es sprengte mir die Brust vor Freude. Glück und Dankbarkeit hatten eine neue Dimension.

18

»Es wäre mir lieber, Ihre Werte wären so perfekt wie im September.«

Dr. Herd hing vor dem Rechner und klickte in den Tabellen herum. Obwohl er etwas von einem Pennäler hatte, brachte er es wieder einmal fertig, mich wie ein Lehrer glauben zu lassen, ich hätte das Klassenziel nicht erreicht und meine Versetzung sei ernsthaft gefährdet.

»Hören Sie, es ist Winter«, sagte ich, »alles zieht sich zurück, schauen Sie, da draußen: die Bäume, die Pflanzen, da ist auch tote Hose, aus gutem Grund. Meinen Zellen geht das ähnlich. Ich wette mit Ihnen, niemand da unten« – ich wies mit dem Kopf zum Fenster, auf der Straße eilten, in dicke Mäntel verpackt, Passanten mit hochgezogenen Schultern vorbei – , »niemand von denen hat zurzeit ein perfektes Blutbild, Sie auch nicht.«

Wieder knallten die gefüllten Blutröhrchen in die Metallschale, wieder nannte ich meinen Namen, mein Geburtsdatum. Die junge Frau in Ellas Alter hatte ich noch nie gesehen, sie schien neu auf der Station zu sein.

Bevor sie scheu und zaghaft, sichtlich ungeübt die Nadelspitze in meine Haut schob, verglich sie meine persönlichen Angaben mit der Aufschrift auf den schmalen, zylindrischen Behältern. Sie rührte mich mit ihrem jugendlichen Überschuss an Energie, der eifrig in das Bemühen floss, alles gut und richtig zu machen. Nur ja keine Verwechslung. In der weißen Welt kann jeder Fehler tödlich sein. Und dann kommt die Justiz.

Der Tropfen Blut, den sie mir beflissen von der Armbeuge tupfte, war hellrot. Wie der kleine Punkt auf meinem Anrufbeantworter.

Wenn Musik der Liebe Nahrung ist, spielt weiter!, dachte ich und sah vor mir, wie beschwingt ich heimgekommen war in der Woche zuvor. Da zählte das neue Jahr gerade mal zehn Tage. Eine Woche mit Musik lag hinter mir, voller Gesang und Gemeinschaft an einem ganz besonderen Ort auf einem kleinen Berg. Dort ging ich jahrelang schon ein und aus. Wunderbare Menschen lehrten mich dort alles über meine Stimme, ihren Klang, ihre Schwingung, ihren Einfluss auf mein ganzes Sein, nun auch auf meine Heilung.

Vor mir lag dieses frische, junge Jahr mit dem knospenhaften Wunsch, den Lebensfaden auch in meinem Tun und Wirken wieder aufzunehmen. Ich hatte neuen Mut geschöpft.

Der kleine, hellrote Blutstropfen an der Telefonstation hatte geblinkt, wie zur Begrüßung. Noch im Mantel drückte ich auf die Wiedergabe: »Sie haben zwei neue Nachrichten.« Ich streifte die Stiefel ab, trat an die Terrassentür. Es begann gerade zu dämmern.

Sanfte Grautöne senkten sich auf die Pflanzen, den Tisch, die Stühle, die Bodenplatten.

Wie eine kostbare Substanz, die alles nach und nach ganz mit sich selbst vermischt und ihren eigenen Gesetzen unterwirft. Vorausgesetzt sie darf ihr Werk, von aller künstlich angefachten Helligkeit verschont, vollenden. In den Nachbarhäusern schimmerten goldgelb die ersten Fenster auf, der Himmel in der Ferne hielt ein letztes, lichtes Banner hoch. Gegen sein sattes Petrol hoben sich auf der Hochspannungsleitung die Silhouetten einer Handvoll Krähen ab. Abendstille überall, meinte ich auf den Linien lesen zu können. Abendstille überall, nur im Tal die Nachtigall. Der Liebe Nahrung. Leben, heiliges, heiliges Leben. In mir und um mich her.

»Hallo, meine Liebe«, hörte ich Ninas Stimme im Rücken, »bist du wieder da? Ich hoffe, es geht dir gut und dass du es schön hattest. Nimmst du mich nächsten Donnerstag mit zu Serge? Muss mich dringend wieder mal bewegen. Ich freu mich auf dich. Dicken Kuss.«

Ein linder Luftzug schmiegte sich an mich, in ihm eingeschlossen die schöne Gewissheit, für jemanden von Bedeutung zu sein. Noch ehe sie mich vollends ummanteln konnte, gab das Band die zweite Nachricht frei.

Ich hatte nicht im Entferntesten mit dieser Stimme gerechnet, die sich plötzlich Zugang zu meinen Gemächern verschaffte. Sie hatte dort nichts zu suchen. Zwei Wochen hatten wir vereinbart. – Wenn ich in zwei Wochen nichts hören würde. Das war Mitte Dezember gewesen. Ich hatte nichts gehört und in grenzenloser Erleichterung das alte Jahr ziehen lassen, mein neues

Leben begrüßt und gefeiert. Etwas Müdes, Brüchiges und zugleich dringlich Autoritäres lag unter den Worten, die behaupteten: »Es wäre gut, wenn Sie mich bald zurückrufen würden.«

Ich drehte mich zurück in den Raum, es war unterdessen fast schwarz darin, die Konturen der Möbel und Gegenstände nur noch zu erahnen. Mir wurde plötzlich kalt, meine Beine weich, der Kreislauf wollte Entlastung und dirigierte mich zum nächsten Stuhl.

Gut. Gut für wen? Für mich? Ich will nicht. Nicht schon wieder. Bitte nicht, lieber Gott, was soll das? Ein Blick aufs Handy verriet mir, dass er keinen weiteren Versuch gestartet hatte, mich zu erreichen. Es war auch keine Mail da, so dringlich konnte es dann wohl doch nicht sein. Ich brauche meine Ruhe, ich will mit denen so wenig wie möglich zu tun haben, die sollen aufhören, mich immer wieder aufzustören und zu ängstigen.

Ich machte Licht, zog den Mantel aus und dicke Socken an. Alles daransetzen, mich zu beruhigen. Tee kochen. Thea anrufen. Bei ihr lief das Band. »Ich bin vorläufig nicht zu erreichen und höre auch keine Nachrichten ab.« Ich hatte vergessen, dass sie sich eine Weile zurückziehen und sich ihrem nächsten Buch widmen wollte.

Die Stille wurde allmählich zäh und bedrohlich.

Mein Steinway-Flügel wehrte sich dagegen mit einer Serie von kurzen Knacklauten. Ich strich ihm über den Rücken, dem treuen Rappen, die Heizungsluft tat ihm nicht gut, sein hölzerner Leib verlangte nach Befeuchtung. So nahm ich ihm die beiden ausgedörrten, langen Plastikröhren aus dem Bauch, legte sie in die Badewanne und drehte den Hahn auf. Das Löschpapier in ihrem Inneren sog sich voll. Ich musste sie nach unten drücken, damit es schneller ging. Plötzlich packte mich Lust, sie zu ertränken wie junge Katzen. Ich drückte fester zu, Bläschen stiegen auf, ein Ende machen, erbarmungslos sein. Hast du Erbarmen mit mir, lieber Gott? Das Blubbern erstarb. Die Röhren waren jetzt schwer und nass, ich nahm sie hoch und frottierte sie ab. Wie damals meine Kinder, die zappelig im Rest des Badewassers standen, das Abendessen nicht erwarten konnten und das Sandmännchen im Fernsehen. Der Flügel ächzte wohlig, als ich die Röhren zurück in seinen Korpus legte und den Deckel wieder schloss. Dann lud ich mir Bach und Schubert ein. Jemand anderen wollte ich an diesem Abend nicht mehr um mich haben und auch nichts mehr zu mir nehmen, als das, was ihr Genius vor langer Zeit vom Himmel aufs Papier geholt hatte und das nun unter meinen Händen wieder zum Leben erwachte. Ab und zu sah ich es blinken in den Noten, blutstropfenrot, und von irgendwoher hallte in strenger, zügiger Taktfolge ein scharfer Laut, so etwas wie Test–Test–Test–Test!

Ja. Wahrhaft getestet vom großen Ganzen da oben fühlte ich mich, geprüft auf ganzer Linie.

»Sehr geehrter Herr Dr. Herd, vielen Dank für Ihre Nachricht auf Band«, mailte ich am nächsten Morgen. »Es geht mir ausgezeichnet. Ich befinde mich in einem umfassenden, guten Genesungsprozess, zu dem unter anderem auch gehört, dass ich psychische Belastungen, sofern es sich einrichten lässt, möglichst meide. Daher möchte ich Sie bitten, sorgfältig abzuwägen, ob es tatsächlich nötig ist, mich mit Anrufen dieser Art in meinem Heilungsfrieden zu stören und meine mühsam erworbene innere Balance zu gefährden. Mein Immunsystem wird es Ihnen danken und ich Ihnen auch. Beste Grüße. Emilie Bundschuh.«

Dr. Herd bestand darauf, er müsse mit mir die Untersuchungsergebnisse vom Dezember besprechen. Und so saß ich nun wieder einmal in der Ambulanz und drückte den Tupfer auf die frische Wunde, während die junge Pflegefachfrau die Verbandsrolle suchen musste und sich dafür entschuldigte.

»Kann ich mich diesmal verlassen auf Sie? Wenn ich in zwei Wochen nichts höre, ist keine Punktion nötig – können wir das verbindlich vereinbaren?«, bat ich den schlaksigen Hämatologen und hatte wie stets das Gefühl, man müsste ihn mal ein bisschen aufpumpen, ein wenig Luft und Energie in sein Räderwerk befördern.

»Ja, das können wir so machen«, sagte er und fuhr sich linkisch durch die Locken. Dann gab er mir die Hand, sie war noch kühler als meine.

Zwei Wochen sind eine sehr lange Zeit für jemanden, der von der Frucht der Wesentlichkeit gekostet hat. Zwei geschenkte Wochen sind dann nicht einfach eine Frist, die es abzuwarten gilt. Sind keine Henkersmahlzeit, die Tag für Tag zur Neige geht, ein Sauerbraten, gespickt mit dunklen Sorgen und gebeizt in einer Marinade aus essigsaurer Angst. Zwei Wochen sind dann kostbar und endlos, jeder Tag eine schimmernde Perle, ein handbemaltes Unikat, das ich abends einzeln in die Finger nehmen darf, liebevoll betrachten und dankbar auf den Lebensfaden aufziehen, mit dem stillen, demütigen Wunsch, noch viele dieser bunten Perlen hinzuzufügen, auf dass ein Collier von ungeahnter Länge entstehen möge, eine Kette, die ich mir doppelt und dreifach um den Hals winden kann. Dieser Faden mit den Perlen aller Tage verwob mich auch dieses Mal fest und rettend mit den Kräften Gottes. Die würden mir, falls es tatsächlich nötig würde, erneut verlässlich zur Verfügung stehen. Die Gewissheit darum beruhigte mich sehr.

Zwei Wochen gingen ins Land. Ich lebte und liebte mein Leben, der Anruf blieb aus.

Es war das erste Mal, dass ich richtig wütend war und Dr. Herd die Meinung geigte, als ich schließlich wieder vor ihm auf der Liege saß. Die Blutwerte gäben Anlass zur Sorge, ich möge bitte zur Punktion kommen, hatte er Anfang der vierten Woche per Mail verlauten lassen.

»Ist Ihnen eigentlich klar, wie gedankenlos Sie mit einem Menschen umgehen, für den zwei vereinbarte Wochen ein existentieller Rahmen sind, in dem er sich unter Aufbietung aller geistigen Kräfte mit größter Disziplin bewegt, um nicht irgendwann doch noch durchzudrehen? Der grenzenlos erleichtert ist, sich sicher wähnt und neue Hoffnung schöpft? Und dann kommen Sie nach dreieinhalb Wochen angedackelt, als wenn es um den Mängelbericht einer Autowerkstatt ginge und nicht weiter drauf ankommt, wann und wie man den mal eben durchgibt? Halten Sie das für gesund? Ach, ich hatte vergessen, Sie können ja auf das subjektive Befinden Ihrer Patientin keine Rücksicht nehmen, bei Ihren Methoden.«

Das Labor hätte so lange auf sich warten lassen, entschuldigte er sich, und er hätte sehr viel zu tun gehabt. – Ich drehte mich wortlos auf den Bauch, das Schlafmittel war mir gnädig, und ich ergab mich der dicken Nadel, mit der er meinen Beckenkamm penetrierte.

Ich war mit meiner Geduld am Ende und mit Gott war ich einstweilen fertig. In den folgenden drei Wochen gelang es mir nicht mehr, die Fackel der Zuversicht hochzuhalten. Ich war verzweifelt und völlig neu gefordert.

»Emmilein, es tut mir leid, doch diesmal musst du alleine weitergehen«, hatte Thea gesagt, als ich sie schließlich erreichte. »Ich kann nicht zu dir kommen, habe selber keine Kraft momentan. Das Leben hier zuhause zehrt an mir, mein Buch, und ich begleite einen alten Freund, der mich noch viel mehr braucht als du. Das Wichtigste hast du getan und weißt nun, was du wissen musst. Nichts liegt in unseren Händen. Ich schreibe dir, wenn du das willst, sehr gern noch einen Brief.«

Es war ein Freitagnachmittag. Margrit reichte mir in ihrem Wohnzimmer das Telefon an. Ich stand vor dem Balkonfenster. Falls ich etwas Negatives zu hören bekäme, wollte ich diesmal nicht damit alleine sein. Wie mit Dr. Herd vereinbart, wählte ich Punkt fünfzehn Uhr die mir verhasste Nummer des Universitätsspitals. Dr. Herd meldete sich sofort und begann ohne Umschweife zu sprechen. Margrit stand neben mir und hörte mich sagen: »Aha, mhm.« Und: »Ja, dann nehme ich das jetzt mal so zur Kenntnis.«

Kahle, graphitgraue Äste ragten ins Fenster, als wollten sie mal gucken, was es hier zu sehen gäbe im dritten Stock. Eine Meise enterte das Vogelhäuschen auf dem Balkongeländer. Sei nicht traurig, kleiner Meisenmann, tröstete der Stirnlappen. Helge Schneider, wenn er exakt wie Udo Lindenberg klingt, umwerfend. Helge, ich liebe dich, du begnadeter Narr, hast mir viele Stunden mit deiner weisen Skurrilität versüßt, wenn es bitter war auf der Station. Immer eins drüber. Immer genialisch und anders als alle anderen. Manchmal können auch reale Stimmen das Ruder herumreißen. Stimmen aus Lautsprechern oder welche, die sich aus einem Telefonhörer heraus ins Innenohr fräsen.

»Zwei Wochen? In Ordnung. Ja. Sie hören dann von mir. Dankeschön. Auf Wiederhören.«

Ich gab Margrit das Telefon zurück. Sie strich mir über den Rücken.

»Du armes Wesen«, sagte sie leise.Ich sagte nichts.

Ich war seltsam gefasst und lauschte dieser Stimme nach. Der Stimme des knochigen Mannes mit den Knetefingern, seinem entmutigten Körpertonus und den matten, lieben Augen. Diese Stimme und seine Worte schlängelten sich labyrinthisch tief in meinen Kopf, und auf einmal hatte ich nicht den geringsten Zweifel daran, dass es eine Art Ariadnefaden gäbe für mich, etwas, das mich herausführen würde aus dieser Verirrung, und dass ich den großen Test bestünde.

»Im Blut ist es unverändert geblieben«, hatte er gesagt, mit seinem schwerfälligen Schweizer Akzent, »aber wir haben jetzt wieder vermehrt Zellen in Ihrem Knochenmark festgestellt. Wir rechnen eigentlich damit, dass die Leukämie zurückkommt in absehbarer Zeit. Unsere Empfehlung wäre, dass Sie sich jetzt sofort transplantieren lassen. Wir würden dann keine Chemo mehr vorschalten. Ich bin jetzt zwei Wochen in den Ferien, wäre gut, wenn Sie bis dahin wüssten, was Sie dann machen wollen.«

Wäre gut. Gut für wen. Machen.

»Was machen wir jetzt?«, fragte Margrit.

»Wir gehen jetzt ins Kino, wie wir das vorhatten«, sagte ich.

Der Film zog an mir vorüber. Ich hatte mich in die bequemen Polster versenkt und ließ den Blick schweifen. Nach innen und nach außen, glich meine Wirklichkeit ab mit der, die mir in großen Bildern entgegenkam. Diese Bilder halfen mir, mich zu sortieren. Es ging um eine Frau, die mit einem Schriftsteller verheiratet ist. Er bekommt den Nobelpreis. Sie reisen nach Schweden. In Stockholm bricht alles auseinander. Die Ehe, die Familie. Der Mann stirbt am Ende. Die Frau war viel begabter als er, sie hatte alle seine Werke geschrieben, all das, wofür er nun geehrt werden sollte, nur wusste das niemand, und sie hatte es satt, dieses Schattendasein zu führen, weiterhin dieses Lügengebäude aufrecht zu erhalten.

Nein. Ich würde mein vitales Befinden nicht einem leblosen Befund anpassen, einer Stimme aus dem Telefonhörer, ich würde meine eigene Geschichte unbeirrt weiterschreiben, nicht die der Statistik. Ich würde zu einer gewissenhaften, guten Entscheidung finden. Gut für mich. Ich würde mir Hilfe holen und erstmal zu einem richtigen Menschenarzt gehen, zu jemandem, der mich anschaut und mich kennt.

Am nächsten Morgen rief ich meinen Hausarzt an, und mir kam die junge Psychologin wieder in den Sinn, die mir schon einmal sehr behilflich gewesen war, als ich es nicht mehr ertragen konnte, dass es auf der Station vierundzwanzig Stunden am Tag immer nur um all das ging, was mein lieber, armer Körper derzeit nicht konnte, obwohl alles andere an uns beiden völlig in Ordnung war. Als ich große Angst hatte, ich könnte diesen treuen Gefährten vollends verärgern, indem ich ihm eine zweite, noch ärgere Giftschikane zumute. Ihn, der sich doch so bewundernswert schnell von der ersten Chemotherapie erholt hatte und mir liebevoll zuarbeitete.

Dr. Strietzel sah mich durch seine randlose Brille an, mit der schönen Ruhe eines Allgemeinmediziners, der sich überwiegend mit den harmloseren Fällen seiner Zunft befassen darf.

»Sie sehen wirklich gut aus! Das ist erfreulich. Lassen Sie sich nicht unter Druck setzen, Urlaub hin oder her. Sie brauchen Zeit für so eine Entscheidung. Und wenn Sie so eine große Abneigung gegen die Transplantation haben, heißt das etwas. Wir sollten auf alle Fälle erstmal eine Zweitmeinung einholen.«

Ich ließ mich seufzend in die Stuhllehne fallen und streckte die Beine weit von mir, seitlich vor dem Schreibtisch, der mich mit seinen vielen Büchern und Papieren wohlig an ganz normales Leben erinnerte. An Husten, Schnupfen, Nagelpilz, und was die Menschen sonst noch so in diese Räume bringen mochten. Guten Tag, auf Wiedersehen, gute Besserung, das Rezept gibt's vorne am Empfang.

»Also, ich melde Sie dann mal im Annaspital bei Frau Dr. Kellermann an«, beschloss der gemütliche, leicht beleibte Arzt, den ich mir nach Feierabend in einem Einfamilienhaus vorstellte, wie Arne und Sabine es bewohnen. Wo er etwas Gutes zu essen bekäme und sich mit seiner Frau vor dem Schwedenofen in weichen Lederpolstern einen netten Tropfen gönnen würde, um seinen Praxisalltag hinter sich zu lassen.

Der Name Dr. Kellermann, den ich mit meiner allerersten Erfahrung als sogenannte Patientenfallnummer verband, weckte sofort ein unangenehmes Gefühl in mir. Doch das behielt ich für mich. Ich war einfach nur froh, dass endlich einmal etwas anderes geschah als das, was ich zum Überdruss gewohnt war.

Felizitas Aufrath erinnerte sich sofort an mich und bot mir schon für den folgenden Nachmittag ein Gespräch mit ihr an. Wir trafen uns im Garten des Spitals, dort, wo ich ein Jahr zuvor im Schneckentempo meine täglichen Runden gedreht hatte. Es war ein sonniger Tag Anfang Februar, und die Sonne hatte schon Kraft genug, um uns von ihrer Wärme ein wenig abzugeben. Ich erzählte der jungen Onko-Psychologin von meinem brillanten Befinden und dem Konflikt, in dem ich nun steckte, seit dem Telefonat mit Dr. Herd.

»Dr. Herd ist wohl persönlich auf mich angesetzt und derjenige, der sich jetzt mit mir befassen muss, der Arme«, sagte ich.

»Das würde ich mal dahinstellen, ob er tatsächlich zu bedauern ist, dass er es mit Ihnen zu tun hat«, sagte sie. »Ich habe von Anfang an bewundert, wie Sie das alles gemacht haben, und finde, diese Schema-F-Medizin passt überhaupt nicht zu Ihnen. Sie ist viel zu fantasielos für einen Menschen wie Sie.«

Ich wurde zappelig neben ihr auf der Bank, wie ein junger Hund, der genau weiß, gleich geht's los, gleich darf er ohne Leine über die Parkwiese tollen.

»Ich stelle mir seit Tagen vor, wie ich mit meinem großen, roten Koffer vor der Schwelle des Iso-Zimmers stehe und versuche, sie zu überschreiten, aber ich schaffe es einfach nicht«, sagte ich erregt, »ich sehe, wie die Tür sich hinter mir schließt, sehe mich hilflos auf dem Bett, wie ich da drinnen für lange Wochen eingesperrt bin, ohne frische Luft und Vogelsang, nur vernehme, wie der Hepafilter auf Hochtouren rauscht, Tag und Nacht. Ich sehe die Nadeln, die Infusionen, die vermummten Gestalten, die Gesichter, die ich nicht lesen kann, und es schrillen alle Alarmglocken in mir. Lauter rote Lampen leuchten auf!«

Ich illustrierte das mit einem scharfen, rhythmischen Ton und blinkte mit den Fingern neben meinem Kopf in die Luft.

»Ich kann da nicht rüber, über diese Schwelle, ich kann einfach nicht.«

»Das ist ein starkes Bild«, sagte Felizitas Aufrath, »ein sehr eindrückliches Signal Ihres Körpers.«

Über uns ratterte ein Hubschrauber hinweg, steuerte das Dach des gegenüberliegenden Gebäudes am Ende des Gartens an, um dort einen schwer versehrten Körper, einen Menschen in höchster Not auszuwerfen.

Zwei Personen, deren offene, weiße Kittelschöße sich im heftigen Wind nach hinten blähten wie Engelsflügel auf Gesäßhöhe, liefen hektisch hin und her. Schockraum fiel mir ein. Kein Wort für die Liste. Schockraum. Priska hatte mir mal erklärt, was das ist. Solche Helikopterpatienten kämen als erstes in den Schockraum. Über seiner Schwelle würden keine

Alarmglocken läuten. Da gab es nichts mehr zu entscheiden, da musste alles ganz schnell gehen.

»Sind Sie in Ihrem Leben schon einmal Ihrer Intuition gefolgt?«, wollte die junge Frau neben mir wissen.

»Ja, natürlich. Schon oft.«

»Und hatten Sie je einen Nachteil davon?«

»Wovon?«

»Dass Sie Ihrer Intuition gefolgt sind, Ihrem Bauchgefühl.«

»Nein«, sagte ich, »im Gegenteil. Wenn ich meiner Intuition nicht gefolgt bin, dann ging es meistens gründlich schief.«

»Sehen Sie.«

Frau Aufrath umgab eine federleichte Selbstverständlichkeit.

»Was hindert Sie jetzt daran, Ihrer Intuition zu folgen und Ihren eigenen Weg zu gehen?«

Der Hubschrauber war gelandet. Die Kittelschöße flogen auf ihn zu. Eine große Wolke hatte sich endlich von der Sonne gewälzt, und im Gegenlicht erschien alles wie im Scherenschnitt. Die Bahre wurde eilenden Schrittes zu dem viereckigen Aufbau am Ende des Daches geschoben. Einer der Schiebenden drehte sich um und winkte kurz, es sah nach einem persönlichen Gruß an den Piloten aus. Der Hubschrauber erhob sich wie eine Wespe, die sich an Pflaumenkuchen sattgefressen hat. Leicht vornübergekippt, drehte er seitwärts ab und ratterte davon, weg von uns in Richtung Stadt. Rasch war es wieder still. Eine Krähe kommentierte. Vier Krächzer war es ihr wert.

Ich lauschte in mich hinein. Was mich hindern würde, war die Frage.

»Reste von Autoritätskonflikt wahrscheinlich«, sagte ich schließlich. »David gegen Goliath.«

»Und?«, fragte die junge Frau herausfordernd, wie jemand, der die Antwort längst schon kennt und gern möchte, dass der Groschen endlich fällt. »Wer hat gewonnen?«

Ich lachte auf, wie überführt, und sah sie an. Der Stoß im Zwerchfell und der Blick in ihr klares, freundliches Gesicht befreiten mich augenblicklich aus all den Gedanken und Überlegungen, die mir seit Tagen den Atem nahmen.

Felizitas Aufrath lachte ebenfalls und dunkelte dann mit einem Mal die helle Stimme ab: »Und ich sag Ihnen noch etwas«, sie beugte sich ein wenig zu mir vor, »gehen Sie woanders hin. Gehen Sie auf keinen Fall zu Frau Dr. Kellermann. Selbst wenn sie anderer Meinung wäre – sie würde es nicht sagen. Die arbeiten hier alle zusammen, und nie würde einer dem anderen in den Rücken fallen.«

Mir fiel mein Schweigen und die leise Beklemmung wieder ein, die mich erfasst hatte, als Dr. Strietzel den Namen dieser Frau in mein Dossier geschrieben hatte.

»Aber wo soll ich dann hingehen?«, fragte ich verblüfft und ratlos.

Die junge Psychologin nannte mir ohne Zögern die nächstgelegene Universitätsstadt auf deutschem Boden. »Das Klinikum hat einen ausgezeichneten Ruf. Gehen Sie dorthin für eine Zweitmeinung.«

Ich war fassungslos. Zum einen, weil sie es gewagt hatte, mir unverblümt die Wahrheit zu verraten über etwas, was ich sonst vermutlich nie erfahren hätte. Zum anderen, weil ihr Hinweis in mir einschlug wie eine kleine Bombe, die als großer Erkenntnismoment detonierte. Zwei Tage zuvor war ich nämlich auf der Website des genannten Klinikums gewesen. Die Hämatologie dort hatte lange Jahre zum Zentrum für Tumorbiologie gehört, und das war bekannt und gerühmt gewesen für seinen ganzheitlichen Ansatz im Umgang mit den Erkrankten. Im Zuge einer brutalen Finanzpolitik hatte das Zentrum seine Eigenständigkeit verloren und war der Universitätsklinik angegliedert worden. Doch noch immer schien dort ein gänzlich anderer Wind zu wehen als der, der mir bisher ins Gesicht geblasen hatte. Das war mein Eindruck beim Stöbern auf der Website. Bei meinen Recherchen war ich auch auf den Chef der Abteilung gestoßen, einen gewissen Prof. Dr. med. Joachim Starloff. Er sah sympathisch aus und gewitzt. Seine gesamte Erscheinung erheiterte mich, und das aus einem recht kuriosen Grund: Er trug eine Fliege, genau wie mein Vater! Fliegen sind etwas wundervoll Altmodisches, genau wie gebügelte Stofftaschentücher. Ich hatte immer gefunden, dass Männer mit diesen Accessoires unter Artenschutz gestellt gehören. Kein Zweifel, diesen Arzt und keinen anderen würde ich aufsuchen!

Ich sprang von der Bank, als hätte sie eine Schleudersitzvorrichtung, beugte mich zu Frau Aufrath hinunter, berührte kurz ihre schmalen Schultern, rief euphorisch »Danke!« und schlug die Hände in schnellem Stakkato freudig erregt aneinander. »Das ist der Puzzlestein, den ich heute gebraucht habe! Der alles entscheidende! Ich danke Ihnen aus tiefstem Herzen, ich fahre jetzt sofort zu meinem Hausarzt. Sie haben mir wirklich sehr geholfen, vielen, vielen Dank!«

»Das freut mich sehr«, sagte sie und erhob sich. Wir schüttelten uns lange die Hand.

»Ich sage Ihnen jetzt nicht auf Wiedersehen«, lachte sie, »tschüss, Frau Bundschuh, ich wünschen Ihnen alles, alles Gute und drücke Ihnen alle Daumen, die ich habe!«

Wie von der Tarantel gestochen, radelte ich quer durch die Stadt.

»Ich muss sofort mit Dr. Strietzel sprechen!« – Atemlos platzte ich in seine Praxis.

Etwa vier Wochen später hatte ich meinen Termin und machte mich auf den Weg zu Prof. Starloff.

»Ich erwarte eigentlich nicht, dass er mir etwas grundsätzlich anderes erzählt«, sagte ich zu Margrit, »die Brüder sind wahrscheinlich letzten Endes alle gleich in dieser Zunft.«

Wir standen am Bahnsteig, sehr früh am Morgen. Auf den Dächern und den Holzbohlen zwischen den Schienen glitzerte Raureif. Es würde ein sonniger Tag werden. Im Märzen der Bauer. Anspannt, angespannt. Ich war angespannt. – Eingespannt in das Geschirr meiner Ochsentour, dessen Joch mir wieder einmal schwer auf Nacken und Seele drückte.

Hoch konzentriert war ich und fest entschlossen, meinen Karren weiter aus dem Dreck zu ziehen. Heraus aus dem bizarren Sumpfgebiet, in das ich geraten war vor über einem Jahr.

Margrit zog ihre cremefarbene Jacke enger um sich. Übergangsjacke, hatte sie gesagt, das sei ihre Übergangsjacke und dass man heute die sogenannte Übergangsgarderobe eigentlich gar nicht mehr bräuchte. Es gäbe ja keine Übergangszeiten mehr. Nach dem

Winter würde es von einem Tag auf den anderen Hochsommer.

Übergangsjacke. Mein Stirnlappen schlug das Wort Zwangsjacke für die Liste vor und wollte partout erörtern, ob eine Zwangsjacke eventuell auch eine Übergangsjacke sei. Margrit sagte nichts.

»Wie dem auch sei«, fuhr ich fort, »ich bin dir sehr, sehr dankbar dafür, dass du mitkommst und ich nicht alleine damit bin.« Ich dachte an Thea, die mir einen sehr langen Brief geschickt hatte. Einen, der weit hinausging über das tröstliche Alles wird gut. Es war eine Art Manifest. Diesmal ging es um mehr.

»Was auch immer er mir sagen wird – ich gehe meinen eigenen Weg weiter, von Moment zu Moment, egal wohin er mich führen wird.«

Ich schuldete mir die kleine Reise in diese Stadt. Sie war Teil meiner Versuchsanordnung, als ganz normaler Mensch in bestem Allgemeinzustand einem Mediziner gegenüberzutreten und nicht als die, die in einer Akte mit dem Label Dauerpatientin geführt wird. Was hätte ich zu verlieren?

Mein langer Lebensprozess hatte mich so durchgewalkt und abgeschliffen, dass ich jetzt auch das Sterben als einen sinnvollen Teil davon würde annehmen können. Wenn es denn soweit wäre. Doch meine Antennen für Leib und Seele konnten nicht wirklich akute Bedrohung ausmachen. Gute Gründe fürs Leben zu haben ist etwas anderes, als nicht sterben zu wollen. Leidenschaftlich für etwas zu sein, nimmt jeglichem ›Gegen den Wind‹ aus den Segeln. Ich wollte durchaus noch was vom Leben, und es schien ganz so, als ob auch das Leben von mir noch etwas wollte. Was genau, konnte ich noch nicht benennen, doch neuerdings – und das war wirklich neu für mich – wurde ich frühmorgens wach wie frisch verliebt, öffnete die Arme weit und breit und bat den Tag: Pflücke mich! Die, carpe me!

Und der Tag, des Lebens eifriger Gehilfe, fiel über mich her wie ein begnadeter Liebhaber, dem ich nichts abklauben musste, nichts entlocken, der mich einfach nur entzückte mit seinem Schwung, seiner Lust und Zärtlichkeit, der mir die Sinne betörte, mir alles heranzoomte und zu Füßen legte. All die Feinheiten der Welt, die Poren, Pickel, Härchen, Falten auf der Lebenshaut, die wundersamen Elemente und Details rings um mich her. Wie im Großen, so im Kleinen, all mein Tun und Denken speiste sich aus dieser Quelle: Das Leben liebt mich zurück, und der Tag will nicht mehr von mir gepflückt werden, er will mich endlich selbst einmal beschenken! – Nein, des Lebens Ruf an mich würde niemals einfach enden können, egal, wer mir was auch immer von berufener Seite her prophezeien oder prognostizieren würde.

Der zweistöckige, rote Nahverkehrszug wühlte seine Schnauze hinein in den hässlichen Bahnhof. Wir waren froh, ins Warme zu kommen, fanden Platz zwischen müden Pendlern und Schülern auf dem Weg in ihren langen Tag, den starren Blick auf einen virtuellen Kosmos gelenkt, einen, der ihnen lohnenswerter schien als die Welt mit echten Menschen um sie her, mit einer Landschaft, die verzaubert und beleckt von ersten Sonnenstrahlen vor den Fenstern ausgegossen wird.

Margrit begann zu berichten. Von diesem und jenem, freundliche Dinge.

»Ich plappere einfach mal so drauflos«, ließ sie mich wissen, »bei mir ist das immer eine gute Strategie, wenn ich nervös bin.«

Ich nahm ihre Hand. »Du brauchst mich nicht ablenken. Ich hab's lieber still. Ich bin nicht nervös, nur konzentriert. Ich bin so froh, dass du neben mir sitzt und einfach da bist, das hilft mir enorm.«

Vom Bahnhof aus war es nicht weit zu Fuß. Wir waren so zeitig im Klinikum, dass wir nicht unter Druck kamen, als wir uns im Erdgeschoss in die lange Schlange am Empfang einreihen mussten. Sich anmelden, Formulare ausfüllen, weitergeschickt werden.

»Gehen Sie den Gang hinunter, am Ende rechts, dann noch ein Stückchen geradeaus, da ist die Wartezone.« Ich war heilfroh, keinen Lift nehmen zu müssen.

Die quadratische Ausbuchtung an der einen Seite des schmalen Flures war gut gefüllt mit Wartenden. Rechteckige Pflanzenkübel auf dünnen Beinen steckten das Karree ab. Die Gewächse darin sahen erstaunlich kregel aus. Etwas angenehm Altmodisches, Unperfektes kam uns entgegen. Wir nahmen auf zwei einzelnen Stühlen Platz, den letzten, die noch frei waren. Margrit saß mir schräg gegenüber. Hier, inmitten dieses abgewetzten Mobiliars, in der Beengtheit seiner Anordnung, fühlte ich mich fast wohl, wie von Stallwärme umarmt. Herdentiere, dachte ich. In der Herde Schicksal teilen. Zusammenrücken und verbunden sein. An der kalten, kargen Funktionalität des Universitätsspitals war ich immer abgerutscht wie jemand, der an einer Büroschrankwand Klettern üben will.

Der Trakt des Klinikums, der uns verschluckt hatte, war alt, gebaut in einer Zeit, in der das Wünschen vielleicht doch noch ein klitzekleines bisschen geholfen haben mag. Oder die zumindest einen Baustil hervorgebracht hatte, der beim Betrachten wenig Wünsche offenließ. Die Wünsche nach Schönheit, nach abgerundeten Torbögen, Fassaden, deren Fensterfronten Ornamente zieren, nach schmucken Simsen und Balkonen, allen, die vorübergehen, zur Freude. Wenn das Auge zu tun hat, freut sich die Seele, wird das Hirn ein halbes Pfund leichter. Krankenhäuser sind Häuser, die krank machen, schon rein architektonisch. In Beton und Glas geronnene Zumutungen, geballte Hässlichkeit und Langeweile. Wenn es sonst darinnen schon nicht viel zu lachen gibt, warum dürfen sie dann nicht wie in den alten Zeiten schön sein, oder wenigstens verspielt, verschnörkelt, heimelig.

»Frau Bundschuh bitte!« Ich raffte meine Tasche, den Mantel hatte ich noch an. Margrit erhob sich ebenfalls und folgte mir.

Das Sprechzimmer von Prof. Starloff war ein schmaler Schlauch. Vor dem Fenster die noch kahlen Bäume des Klinikparks, zu ihren dunklen Wurzelfüßen Osterglocken, die in großen Rudeln die Auferstehung des Frühlings einläuteten. Der hochaufgeschossene Mann meines Alters, umschlottert von einem klassischen Weißkittel, begrüßte uns mit Handschlag.

Tatsächlich prangte am Kragen vor seiner Halsgrube das prächtige Exemplar einer dunkelblauen Fliege. Und oben auf dem schmalen Kopf bemühten sich graue Haarsträhnen, in ihre Ordnung zu finden, was störrische Wirbel erfolgreich vereitelten. Gesicht und Nase schienen etwas schneller als der Rest des Mannes zu sein. Sie liefen nach vorne hin spitz zu und erinnerten mich auch wegen der Brille sofort an den Helden aus einem Kinderbuch, das ich Mabel oft vorgelesen hatte. Es war eine Art Comic gewesen und wenige Federstriche in Schwarz-Weiß hatten genügt, die gesamte Erscheinung der pfiffigen Figur höchst treffend einzufangen. – Ja, Prof. Starloff war ganz ohne Zweifel eine flinke Federzeichnung mit perfekt gebundener Fliege.

Er wies uns zwei Stühle an der Wand zu, direkt neben seinem von Papieren und einer Computertastatur bedeckten Schreibtisch. Wir nahmen alle gleichzeitig Platz.

»Was kann ich für Sie tun?« Der harsche Ton seiner Frage ließ mich hochschrecken. Die Federzeichnung vor meinen Augen erlosch.

Nüchtern begann ich zu erzählen, in welchem Konflikt ich stecke. Er hörte mir zu, sein im Profil vogelartiger Kopf führte ein Eigenleben, das ich nicht deuten konnte.

Auf seinen Lippen lag Süffisanz. Mh, jaja, tja, mhm, soso. Er blätterte in meinen Unterlagen. Ich ließ mich nicht beirren. »Ich brauche eine Zweitmeinung von Ihnen.«

Diesen Satz hängte ich zum Schluss wie einen Infusionsbeutel vors Fenster und erwartete den Nadelstich. Prof. Starloffs Mine veränderte sich schlagartig. Er sah jetzt unternehmungslustig aus, drehte sich auf seinem Bürostuhl schwungvoll zu uns auf, die Beine versetzt nebeneinander, was ihn wie jemanden wirken ließ, der stets auf dem Sprung ist.

»Sie müssen das keineswegs machen mit der Transplantation«, sagte er plötzlich und schob mit den langen, dünnen Fingern die Blätter meiner Akte noch ein wenig hin und her.

»Wissen Sie, es gibt so viele unterschiedliche Verläufe dieser Krankheit, das kann man jetzt noch gar nicht sagen, wie sich das entwickelt. Ihnen geht's sehr gut, das ist deutlich zu sehen. Da könnte man ruhig erst nochmal warten und das Ganze einfach im Auge behalten, alle vier Wochen am peripheren Blut kontrollieren.«

Er ließ ein paar Blicke über mein Dossier schweifen.

Ich wandte den Kopf zu Margrit. In ihrem Gesicht spiegelte sich meine eigene Ungläubigkeit.

»Man muss auch keineswegs alle naselang punktieren, das könnte sich eher kontraproduktiv auswirken auf das Geschehen im Knochenmark«, fuhr er fort. Dann schob er plötzlich die aufgefächerten Papiere zusammen, ergriff den Haufen mit beiden Händen und stieß die Unterkante des schmalen Bündels ein paarmal auf die Tischplatte, als wollte er seine Aussage bekräftigen und ein für alle Mal mit etwas abschließen.

»Wenn Sie wollen, nehmen wir Ihnen jetzt gleich Blut ab und schauen uns das hier mal an.«

Ich glaubte, meinen Ohren nicht zu trauen, ich war positiv schockiert, wie jemand, der unter Dopingverdacht gestanden hatte und nun doch noch das schwer erkämpfte olympische Metall gewinnt. Hier saß schräg neben mir endlich, endlich jemand, dem alles Herumgeunke völlig fern lag, der ohne Schürhaken auskam und der sich wohlweislich hütete, in den Resten der Glut herumzustochern und sie vielleicht noch anzufachen.

»Ja, sehr gern«, brachte ich langsam hervor, und räusperte dabei den Kloß in meiner Kehle beiseite.

»Also gut.« Prof. Starloff legte den Blätterstapel vor sich hin und stand auf.

»Nehmen Sie draußen wieder Platz, ich sage Bescheid bei den Damen. In etwa einer Woche, spätestens in zweien, bekommen Sie Post von mir.«

Die Wartezone sah verändert aus, als wir sie wieder betraten. Das lag an mir. Sie war noch gleich – genauso voll, ich selbst jedoch entleert, befreit. Wie ein Magen, der abrupt ein Übel losgeworden war, das schon lang in ihm gedrückt und gegiftet hatte. Es machte mir nichts aus zu stehen. Margrit nahm den einzigen freien Stuhl, ich lehnte an der Wand. Der kleine Gummibaum vor mir strahlte die stoische Noblesse eines Exilanten aus, der sich nicht unterkriegen lässt. Türen öffneten und schlossen sich, warfen immer wieder Menschen in weißer Kleidung aus, die eilig ihres Weges zogen. Oder ließen zaghafte Gestalten ein, die sich fragend umgeschaut hatten, bevor sie wagten, anzuklopfen.

Nach einer Weile eilte Prof. Starloff den Flur entlang und nickte mir im Vorbeigehen zu. Als hätte der Blick, den ich ihm nachwarf, ihn hinterrücks getroffen wie ein Schneeball, blieb er plötzlich stehen, machte auf dem Absatz kehrt und kam stracks auf mich zu. Vertraulich beugte er sich zu mir hinab und fragte: »Sagen Sie, sind Sie die Tochter von Professor Bundschuh?«

»Ja«, sagte ich heiter, »das ist mein Vater.«

Diese Frage hatte ich schon oft gehört. Einmal sogar von einem Anästhesisten. Da lag ich schon auf dem

Operationstisch, und er war gerade dabei, mich in seinen Zwischenhimmel zu befördern. Ich weiß nicht, ob ich mein Ja unter der Maske noch an den Mann bringen konnte, nur, dass sie stark nach Gummi roch. Aber an diesem Tag, in diesem Augenblick, bekam die altbekannte Frage eine völlig neue Bedeutung für mich, und während der Chef und Hochschullehrer für ein paar Sekunden wieder zum schlaksigen Studenten wurde und mir vertraulich zuraunte: »Ich habe nach seinem Buch gelernt, damals. Wirklich ein ganz ausgezeichnetes Lehrbuch!«, da fiel es mir wie Schuppen von den Augen: Kein anderer als mein Vater hatte mich genau an diesen Ort, zu diesem Mann geführt!

»Wie schön!«, sagte ich lächelnd und das enthielt so vieles mehr, als der Professor jemals hätte ahnen können. Der nickte vier-, fünfmal, als ob er heimlich kichern müsste über etwas, das nur wir zwei spaßig fänden. »Also dann – alles Gute. Sie hören von mir!« Seine Hand drückte kurz meinen Oberarm und er eilte von dannen.

Die Bank bei der Esche in der kleinen Buschwerklaube, damals im Sommer am Hang des Weinberges. Theas große, grüne Augen mit den langen Wimpern, in denen sich Tränen verfingen. »Du musst ihm helfen«, hatte sie mich beschworen und mir den goldenen Schlüssel in die Hand gelegt. Für die Türe, die ich ins Schloss geworfen hatte, um meinen Vater auf immer auszusperren. Aus meinem Leben, aus meinem Herzen. Thea hatte mich ermutigt, sie zu öffnen. Das Ruder, das herumgerissen wurde, im entscheidenden Moment. Alles konnte sich von da an fügen, zu unser aller Bestem, auf wundersame Weise.

Ich bekam sie wieder, diese weichen Knie. Unter dem Gummibaum wurde ein Stuhl frei. Ich zwängte mich rasch zwischen zwei der Kästen hindurch. Margrit blätterte in einer Zeitschrift, und ich war dankbar für den Sitzplatz.

»Frau Bundschuh, bitte!« Jemand rief meinen Namen in die Runde. Ich schrak hoch, drückte Margrit Mantel und Tasche auf den Schoß, sie nickte mir aufmunternd zu, und ich folgte einer Frau mit blondem Pagenkopf. Sie führte mich durch eine offene Türe in die Ecke eines nicht sonderlich großen, fensterlosen Raumes. »Bitte, nehmen Sie doch Platz«, sagte sie freundlich und wies auf einen Stuhl an der Wand, vor der ein schmales Tischchen stand. Um mich her herrschten reger Betrieb und ein sympathisches Chaos. Allerlei Utensilien, Gegenstände, Textilien hatten sich der Regale ringsum und weiterer Tischchen bemächtigt. Ein eigentümlich angenehmer Geruch ließ mich an heiß gemangelte Bettwäsche denken. Das ständige Kommen und Gehen durch die offene Tür und das Plaudern der weißgewandeten Helferinnen weckten die Erinnerung an frühere Partys in Wohngemeinschaften, bei denen sich alle immer gern in der Küche herumdrückten, weil es dort am gemütlichsten war. Die Frau mit dem Pagenkopf setzte sich mir gegenüber. »Haben Sie eine bevorzugte Stelle?«

Ich öffnete für sie meine linke Ellbogenbeuge, unendlich froh, sie nicht wie sonst in eine Vorrichtung aus schwarzem Hartplastik legen zu müssen.

»Hier geht es meistens sehr gut«, sagte ich, streifte den Ärmel meines Pullovers zurück und tippte auf eine bestimmte Stelle in der Falte, die ich selbst durch einen Gips hindurch noch hätte ausmachen können, so oft, wie sie durchlöchert worden war. Behutsam tastete die Frau mit der Beere ihres Mittelfingers das Terrain um den Punkt herum ab, als suche sie im Dunkeln etwas Teures, Verlorengegangenes. Bloß nicht drauftreten, bloß nicht übersehen. Dann schien sie fündig geworden zu sein. »Ja, nehmen wir die hier, das sollte klappen«, schloss sie mit einem sachten Portato des Fingers die Suche ab, desinfizierte die Fläche und zückte die Nadel.

»Einmal tief einatmen.«

Es tat nicht weh. Die Metallspitze verschwand geschmeidig wie eine kluge Frage unter meiner Haut. Dunkelrot schoss das Blut ohne Zögern in den dünnen Schlauch hinein, als hätte es Vergnügen an diesem Interview. Das erste Röhrchen füllte sich. Unser Beisammensein war still und ruhig, fast schon vertraut. Kein Vorbehalt ging von ihr aus, kein Tun als ob und kein Geschwätz.

E. Brendel las ich auf dem weiß gestärkten Kittelhemd auf Höhe ihres Herzens. Sie arbeitete sehr aufmerksam. Ein Röhrchen nach dem anderen nahm den Weg aus ihren sicheren Händen, erst an den Schlauch und dann geräuschlos neben sie auf ein Tablett. Wie auf einer Insel, dachte ich. Robinson und Crusoe. Zwei, die sich nicht kennen und aufeinander angewiesen sind.

»Sie sind auch eine E.B.«, entfuhr es mir leise.

»Ja«, sagte sie ruhig, »wir haben sogar beide denselben Vornamen. Wenn das kein gutes Omen ist.«

Mein Blut rann und ich selbst begann, ebenfalls aus mir herauszulaufen. Wie eine Substanz, die sehr lange schon in einem rostigen Kanister eingesperrt gewesen war.

»Sind Sie denn auch eine Emilie?«, wollte ich wissen und betonte meinen Namen auf der ersten Silbe. »Manche Emilies werden ja auch Emiiielje ausgesprochen.«

»Ich nicht«, lachte die Frau. »Meine Mutter ist Engländerin und ein glühender Fan von Emily Dickens.«

Ich wurde zu einer Pfütze, wie die unter dem Klappsessel damals, als ich zum ersten Mal im Leben im Kino gewesen war. Arne hatte mich mitgenommen. Er war elf und ich sechs und wir guckten den Schatz im Silbersee von Karl May. Kurz vor Ende, die Spannung auf dem Höhepunkt, der Showdown im Anmarsch, knuffte ich Arne in die Seite und wisperte verzweifelt: »Ich muss mal.«

»Mach in die Hosen, dann kriegst du 'ne Mark«, flüsterte er, ohne den Kopf von der Leinwand wegzudrehen. Diese Idee fand ich durchaus praktisch, schließlich wollte ich auch gern weiter gucken, und ich ließ den Dingen freien Lauf. Als das Licht im Saal wenig später anging, erhoben wir uns wie alle anderen. Der mit rotem Samtcord bespannte Sitz klappte hoch, und im Hinausgehen, das bei mir seltsam breitbeinig ausfiel, sah ich aus den Augenwinkeln eine Pfütze vor meinem Platz. Einen kleinen Silbersee.

Die Mark bekam ich nie zu Gesicht. Erst viele Jahre später zückte Arne seine Geldbörse und überreichte mir belustigt-generös ein Zwei-Euro-Stück. »Hier, mit Zinsen«, hatte er dabei gelacht und gestanden, er könne sich an nichts erinnern.

Emilie Brendel zog die Nadel aus meinem Gewebe. »Hier einmal drücken«, wies sie mich an.

Verbindende Rituale. Wie oft ich das schon getan hatte, den Tupfer gedrückt, während der Verband präpariert wurde. Sich beim Verbinden verbinden. Zwei weißliche Klebestreifen über der winzigen Wunde besiegelten unser Blutsbündnis, unsere Namensschwesternschaft.

»Alles Gute Ihnen«, wünschte mir Frau Brendel zum Abschied. Ich bedankte mich sehr und meinte es anders als sonst.

Als Margrit und ich das Klinikgebäude wieder verließen, stand die Sonne schon hoch über den Dächern und leuchtete die Krokusse aus. Frühling lässt sein blaues Band wieder flattern durch die Lüfte. Sein eines Ende war verknotet mit meinem Glauben, meiner Hoffnung, meiner Liebe. Mit all dem an Vertrauen, was ich hatte retten können über den langen Winter hinweg. Und das war beträchtlich.

Den Nachmittag verbrachte ich in der Hängematte zwischen den beiden Balken unterm Dachfirst meines Wipfelnestchens, wie Thea meine offene Schlafstatt nannte. Im Schutz der straffen, bunt gestreiften Stoffbahn, die sich um mich schloss wie die Hände einer Hebamme, die das Neugeborene am Ende seiner schweren Reise anerkennend auffängt, mit diesem festen Halt unter dem Rückgrat, das ich mir und anderen so viele Monate lang gezeigt hatte, gab ich mich den Tränen hin. Sturzbachartig, hemmungslos. Tränen der Erleichterung, Befreiung und der Dankbarkeit. Mir war ganz unverhofft doch noch zuteil geworden, was ich bisher so schmerzlich entbehrt hatte: Jemand hatte mich endlich gesehen, mich wahrgenommen, in meiner Erscheinung und Leibhaftigkeit. Prof. Starloff war mir der Spiegel gewesen, aus dem mir meine eigene Wahrheit entgegenkam. Tapfer hochgehalten hatte ich sie all die Monate, verteidigt wie eine Vogelmutter ihre Brut gegen gierige Raubtiere. Niemals würde ich sie je wieder den eisigen Winden der molekularbiologischen Arktis aussetzen, egal, welche Botschaft aus den Laboren man dieses Mal an mich herantrüge. Niemals mehr würde ich noch zulassen, dass durch Befunde und Berichte mein Vertrauen in die heilige Lebenskraft, in die tiefe Weisheit allen Geschehens, Schicht um Schicht allmählich abgeschliffen und vernichtet würde. Das war es, was Thea gemeint hatte, als sie sagte, dass alles gut würde. ›So nimm dein Bett und wandle und sündige fortan nicht mehr, auf dass dir nicht noch Ärgeres geschehe.‹ Ich war auf alles gefasst und bereit, nahm mein Bett und ließ mich fallen. Es würde keinen Aufprall geben, nur immer weiter ein Hochhinaus ans Licht des Lebens.

Die nächsten sieben Tage fühlten sich wie schulfrei an. Erst am Mittag warf ich einen kurzen Blick in den Briefkasten und feierte seine gähnende Leere oder Briefe von Ämtern und die Autohauswerbung.

Am achten Tag wurde ich zaghafter. Als auch die zweite Woche vergangen und noch immer kein Brief von Prof. Starloff eingetroffen war, begann ich, mich leise zu freuen. No news, good news. Er hätte sich umgehend melden müssen, wenn etwas vorläge. Verdächtige Blutzellen vermehren sich bedrohlich schnell.

Die dritte Woche ging ins Land, das Hintergrundrauschen der ständigen Erwartung begann zu verblassen. Schließlich stand der Tag vor der Tür, an dem ich wie vereinbart erneut zur Blutkontrolle fahren sollte. Da entschloss ich mich, doch einmal nachzufragen.

»Einen Moment, Frau Bundschuh, ich werde gleich nachschauen«, zwitscherte eine helle Stimme im Dialekt des südlichen Landstriches. Prof. Starloffs Sekretärin hörte sich sehr freundlich an. Schritte klackten in die Ferne, sachtes Rascheln, Schaben. Eine Stille, die mich an das Wort ›naturtrüb‹ denken ließ, dann plötzlich wieder ihre Stimme.

»Also, das sieht alles sehr gut aus, ich konnte den Bericht leider erst gestern schreiben, wir haben hier momentan sehr viel zu tun, entschuldigen Sie bitte vielmals. Sie bekommen den Brief dann übermorgen direkt von Prof. Starloff ausgehändigt.«

Stimmen. Wieder so eine Stimme. Eine, die mir federleicht, als ob nichts wäre, im Vorbeigehen etwas zugeworfen hatte. Da! Für dich! Fang's auf und mach dir keine Sorgen! Überschwänglich bedankte ich mich und legte auf.

Zwei Tage später saß ich ohne Margrit wieder in Prof. Starloffs heimeligem Kabuff.

Sein Kopf ruckelte wie auf einer rostigen Schiene vor dem Bildschirm des Rechners vor und zurück. »Wo haben wir's denn, wo haben wir's denn, ah ja, hier ist es doch, ich druck' es Ihnen aus, dann haben Sie es schriftlich.«

Er schaute mich an.

»Sehr erfreulich, sehr erfreulich das Ergebnis«, sagte er in das asthmatische Fiepen des Druckers hinein, »der Tumormarker ist nicht mehr nachweisbar, Sie sind völlig ohne Befund.«

Er beugte sich zurück, nach hinten unten, als er wieder auftauchte, hielt er zwei Blätter in den Händen. »Ich sehe hier gerade, wir haben das versehentlich an Dr. Herd geschickt anstatt zu Ihrem Hausarzt, wie kommt denn das?«

Prof. Starloff kniff die Augen ein wenig zusammen. Mir wurde heiß. Der Klang des Namens Dr. Herd hing hier, wo ich meine Zuflucht gefunden hatte, wie ein stechender Geruch im Raum. Gern hätte ich sofort gelüftet.

»Oh«, entfuhr es mir, »das ist mir fast ein wenig peinlich.«

»Wieso«, sagte der Professor und bekam seinen süffisanten Zug um den Mund, »der kann das ruhig wissen. Ist doch ein netter Mann.«

Kongress, dachte ich, die kennen sich untereinander alle, die Hämatologen. Und ich sah sie sich begrüßen, in einem Foyer mit Stehtischen, wie Klassenkameraden nach den Sommerferien.

»Na denn«, sagte ich und fragte mich, ob Dr. Herd beim Lesen des Berichts wohl wieder seine Knöchel kneten würde.

19

Lieber Paul,
heute ganz genau vor einem Jahr bin ich hierhergezogen. Die Möbelpacker kamen um sieben, schon um zwölf war die Wohnung leer, und mein Flügel schwebte von der Terrasse aus, dick eingepackt, am Arm eines Autokranes über das Dach. Ein erhebendes Bild, im wahrsten Sinne des Wortes. Die Nachbarschaft war aus dem Häuschen. Es regnete in Strömen. Als wollte der Himmel noch in der kleinsten Ritze alles auswaschen, was mich mit dem unseligen Städtchen verband. Dann stiegen Ella und ich ins Auto und fuhren einmal quer durch Deutschland. Kurz vor Mitternacht schloss ich die schöne alte Haustüre auf, in die ich mich schon beim Entdecken der Immobilienanzeige verliebt hatte. Wir waren so erschöpft und aufgedreht von dem langen Tag, dass wir im Treppenhaus einen Lachkrampf bekamen. Es war wirklich saukomisch, wie wir mit letzter Kraft das Bettzeug und die Klappmatratzen in den zweiten Stock zerrten und uns dabei bemühten, so leise wie möglich zu sein.

Meine erste Nacht in der neuen Wohnung war wunderbar. Ganz tief hatte ich geschlafen und etwas

Angenehmes geträumt. Was genau, weiß ich leider nicht mehr, nur, dass es sehr freundlich war, und darauf kommt's ja an.

Ich kann fast nicht glauben, was sich seither alles zugetragen hat. Vom ersten Moment an fühlte ich mich hier zu Hause. Und schon sehr bald kamst Du des Weges, mein lieber, lieber Paul. Vielleicht musste ich hierherziehen, um Dir zu begegnen. Ist das nicht kurios? Jetzt bin ich hier und Du bist dort. Du fehlst mir sehr.

Die Welt hat sich in einem Jahr komplett verändert, im Großen wie im Kleinen. Erdrutsch ist das Wort, das für mich am besten dazu passt. Mich hat mein eigener kleiner Erdrutsch hierhin geschoben. Wohin die ganze Welt noch rutscht mit all den Geröll- und Schlammmassen, die sie erfasst hat und wo sie dann zum Stillstand kommt – das macht mir Sorge. Ich hoffe und bete, dass die Helligkeit obsiegt. Hoffe und bete, es möge sich alles in eine neue, bessere Ordnung fügen, und dass die Menschen sich endlich auf den Weg machen, um die beste Version ihrer selbst zu werden. Homo sapiens. Im Moment klingt das für mich eher nach Hautkrankheit. Nach einer schlimmen Akne auf Mutter Erdes ausgelaugter Haut. Sie wird ja ihren eigenen Fortschrittswahn nicht überleben, die Krone der Schöpfung, wenn die seelische Evolution nicht gelingt, die umfassende Reformation. – Ach, was sage ich Dir das, liebster Paul. Du verstehst. Hier ist heute Reformationstag, deshalb wohl mein Hang zum Sinnieren.

Draußen vor dem Fenster segeln ein paar Krähen von einer Dachrinne zur nächsten, unnachahmlich kühn und elegant. Ich muss heute noch lachen, weil

Du sagtest, die grauen Kerle sähen mit ihren schwarz eingefärbten Köpfen wie eine drollige Mischung aus Batman und Bankräuber aus. Auch ihr Krächzen hat etwas Provokantes. Sie kommentieren hier weniger als ihre Kollegen im Süden. Sie stellen dreiste Behauptungen auf.

Hatte ich Dir eigentlich erzählt, dass der Krähenschwarm frühmorgens nie wieder über das Dach meiner alten Wohnung zog? Ich weiß nicht, auf welchem Weg sie ab dem Sommer auf die Stromlinien fanden – plötzlich saßen sie dann einfach da als Partitur. Auch tagsüber flogen nur einzelne von ihnen am Haus vorbei, nie mehr direkt über mich hinweg.

Nina hat mir erzählt, was die Krähe mythologisch verkörpert. Sie ist die Königin der Wandlung und Veränderung, die Botin aus dem Jenseits. Sie legt dir nahe, dich um die Leichen in deinem Keller zu kümmern, hilft, Geheimnisse zu lüften, die Wahrheit aufzudecken, erforscht die Schattenseiten, ohne dass sie sich selbst dafür in die Welt der Toten begeben muss. Verrückt, nicht wahr?! – Nun, sie sind es offenbar zufrieden mit mir, die klugen Tiere. Ich habe ja auch gründlich aufgeräumt in meinem Keller.

Du hast mir das doch mal erklärt, mit der Frau, die auf der Hecke hockt, oder? Die Frau, die die Grenze zwischen Jenseits und Diesseits bewacht. Die Heckse eben. Die trägt nicht ohne Grund einen Rabenvogel auf der Schulter. Das ist mir jetzt klar wie Kloßbrühe.

Und jetzt muss ich Dir unbedingt noch etwas erzählen. Das kam mir erst neulich wieder in den Sinn.

Einen Monat etwa, bevor wir uns getroffen haben, hatte ich ein magisches Erlebnis. Ich war mit dem Rad auf dem Weg zum Blumenladen. Plötzlich hatte ich das Gefühl, ein Vogel hätte mir links oben auf den Kopf geschissen. Ich strampelte so vor mich hin und dachte, komisch, für einen Vogelschiss ist das zu schwer und zu kratzig. Ich musste an Stahlwolle denken. Unwillkürlich fasste ich mit der Hand nach oben, spürte ganz kurz etwas Weiches, und dann flog doch tatsächlich eine riesige Krähe auf und davon, segelte mit weit ausgebreiteten Schwingen noch einen Moment vor mir her und schoss dann hoch auf in den nächsten Baum wie ein Düsenjet. Ich habe mich erst mal ziemlich erschrocken und bekam Angst, dass sie mich vielleicht noch attackiert. Aber diese Krähe wollte nichts weiter von mir. Ich fing an zu lachen. Da hatte sich doch einer von diesen schlauen Vögeln einfach ein Stückchen von mir chauffieren lassen, auf einem exklusiven Logenplatz! Im Laden dann war ich auf einmal seltsam verwirrt. Als hätten die Klauen der Krähe meine linke Gehirnhälfte gehackt, zum Absturz gebracht. Mir wurde leicht schwindelig. Die Verkäuferin fragte, ob sie mir helfen könne. Ich sagte: »Ich weiß nicht. Ich bin gerade etwas neben der Kappe. Ich hatte eben eine Krähe auf dem Kopf«

»Wat?«, fragte die Verkäuferin. – Du kennst den Menschenschlag hier, begabt mit diesem unschlagbaren Mutterwitz in allen Lebenslagen. – »Sie hatten 'ne Krähe uffm Kopp? Na det is ja unjewöhnlich.«

»Ja«, sagte ich, »wohl wahr, und jetzt weiß ich gar nicht mehr so richtig, was ich eigentlich wollte.«

»Na, im Zweifelsfalle Blumen«, meinte die Frau sehr richtig. Ihre handfeste Logik brachte mich wieder auf den Teppich. Schließlich verließ ich den Laden mit fünf knallrosa Gerbera, und spürte noch immer diesen kratzigen Druck auf dem Kopf.

›Krähe, wunderliches Tier, willst mich nicht verlassen‹, begann es, in mir zu singen. Ich kenne aus der Winterreise wirklich jeden Ton und jede Silbe, wie Du weißt. ›Meinst wohl, bald als Beute hier, meinen Leib zu fassen?‹ – Nein, das meinte sie sicher nicht. Ich glaube, sie wollte mich wissen lassen, dass alles vorbei ist, dass meine Zukunft unwiederbringlich begonnen hat, es Zeit ist für ein neues Denken, ein neues Leben.

Wenig später, zu Hause dann, platzte am Kopf die Druckstelle auf wie eine Springkrautkapsel, und es war mir, als ob sich die Schädeldecke öffnete und etwas sehr Voluminöses hervorquoll. Eine kolossale Wolke aus – wie soll ich sagen, Energie ist so abgedroschen – eine Wolke von undefinierbarer Textur. Die schoss wie ein Atompilz auf in den Himmel, zog mich mit sich in die Länge und dann fühlte ich mich, als sei ich mindestens drei Meter groß. Mein Kopf war plötzlich ganz weit und warm.

Mir fiel der Traum wieder ein von Bobbis Uhu, der sich in meine linke Hand verkrallt hatte, was so schrecklich weh tat, und als ich erwachte, war doch alles so weich und flüssig, als sei die Weisheit des Tieres auf mich übergegangen und mit meiner Leiblichkeit verschmolzen. So ähnlich war das auch mit den Krallen in meinem ganz realen Grauschopf. – Apropos Schopf.

Hatte ich Dir eigentlich noch erzählt, dass ich kurz vor dem Umzug meinen Skalp, den kühnen Adler, feierlich beerdigt habe, und zwar am Fuß des gefallenen Riesen? Das ist auch eine Geschichte für sich. Die erzähle ich Dir dann nächste Woche. Nur so viel: Den Stamm des Riesen gab es nicht mehr. Man hatte unterdessen aufgeräumt im Wald. Nur ein kurzer Stumpf und der enorme Wurzelballen waren am Wegesrand verblieben. Gerade, als ich fertig war mit dem Vergraben und einen letzten Dankessegen sprach, hüpfte ein kleines blondes Mädchen den Weg entlang. Wir winkten uns zu. Wenig später schlug ich dieselbe Richtung ein wie sie. Ich fühlte mich ganz leicht und froh und sang zur Melodie von der klappernden Mühle am rauschenden Bach: »Mein Freund, der gefallene Riese ist fort, flip flop! Er weilt nun wie ich bald an anderem Ort, flip flop! Darum danke ich ihm für den Trost und den Rat, den er mir in Zeiten der Not 'geben hat – flip flop, flip flop, flip flop!«

Ich hör Dich schon sagen, komm, wir machen ein Liederbuch zusammen. – Ach, es gibt noch so vieles, was wir zusammen machen werden, Paul, und noch so vieles, das jetzt erst aus der Versenkung krabbelt, das Fingerchen aufstreckt und ruft: »Mich gibt es auch noch, bitte, bitte erzähl' ihm von mir!«

Was habe ich nur für ein schönes Leben! Ich lasse es mir von nichts und niemandem mehr aus den Händen reißen. Und da ist nun endlich Platz für ein so lichtes Herz wie das Ihre, Herr Soczek. Sie sind die Fuge nach dem langen Präludium. Oder wären Sie lieber das Sahnehäubchen auf dem großen, köstlichen Lebenstortenstück? Wir werden sehen. Jetzt wird erst nochmal ein bisschen gelebt, nicht wahr?

Worte können nicht beschreiben, wie sehr ich mich darauf freue, Dich ganz bald wieder in meine Arme zu schließen. Schreibst Du mir noch, wann genau Du ankommst? Ich bin schon ganz zappelig. Noch viel zappeliger als Palmström, wenn er auf Anke wartet.

In Liebe

Immer, Deine Emilie

Danksagung

Es ist ein großes Wunder, das mir zu Teil geworden ist. Dessen über allem eingedenk gilt aus tiefster Seele mein allergrößter Dank jener Instanz, die in ihrer Liebe, Weisheit und schöpferischen Genialität unermesslich und für mich unzweifelhaft ist: Dem Leben – Gott samt allen himmlischen Mächten, Kräften und Engeln.

Einige von ihnen standen mir in Menschengestalt zur Seite: Olga, Alma, Charlotte, Astrid, Petra, Noa, Katharina und Susanne. Ich danke ihnen inniglich für ihre Liebe und unermüdliche Tatkraft, den Trost und die Treue.

Sehr zu Dank verpflichtet bin ich allen Medizinerinnen und Ärzten, die sich meiner mit Kompetenz und Engagement angenommen haben, sowie den großartigen, beherzten Menschen in der Pflege, die stets um mein leibliches Wohl bemüht waren. Ania, Desirée, Jutta, Patryk, Ralf, Sabina und Simone danke ich herzlichst für die liebevolle Hilfsbereitschaft und Andreas, Inga, Jan, Mareike, Trude und Willem für die fürsorgliche Unterstützung; gleichermaßen danke ich Axel, Cornelia, Christopher und Steffi dafür, dass sie bei der Bewältigung der profanen Dingen des Lebens ihre Hand über mich hielten. Aufrichtigsten Dank an Judith, Brunhild, Eva, Joachim, Joao, Pamela und Susanna für die entscheidenden Hinweise und Heilungsimpulse, sowie an Susie und Friederike für die segensreichen Behandlungen.

Tausend Dank dem Lichtenberger Institut für seinen Pioniergeist, die belebende Leuchtspur der hohen Schwingung und besonders Johanna, Martin und Frau Rohmert für die inspirierende Freundschaft. Thank you so much, Ann, for the joy of movement and your support.

Von Herzen danke ich meiner Familie und den zahllosen Menschen in nah und fern, die für mich gemeinsam ein Feld aus Kraft und Zuversicht kreierten – virtuell, vor Ort und in Gedanken. Ihr alle habt mich aufgefangen, getragen und gewiegt und wesentlichen Anteil an meiner ›Auferstehung‹.

Ohne das Sein und Wirken folgender Menschen gäbe es dieses Buch nicht, das Sie, liebe Leser und Leserinnen, in den Händen halten. Deshalb sei zum Schluss auch ihnen mein ganz spezieller Dank ausgesprochen:

Ulrike Dietmann für ihre fabelhafte ›Bergführerschaft‹ und den Teilnehmerinnen des Projekts ›Mein Buch in einem Jahr‹ für die stetige Ermutigung und den Wind unter die Schreibflügel.

Nadine Nourney für die Adleraugen-Korrektur.

Christine Proske, Ingeborg Bay, Anja Zindler, Chris Beck, Dorothée Brüne, die alle auf ihre Weise dem Buch entscheidend auf die Veröffentlichungsbeine geholfen haben.

Klaus Hugler für den Brückenschlag an seinem langen, runden Tisch.

Catrina Steffen und Kati Schiemann für die wundervolle Gestaltung des Buchumschlages.

Und last not least: herzlichsten Dank meinem Verleger Peter Amsler für das Vertrauen in meine Erzählkunst, seine Geduld und unsere entspannt effektive Zusammenarbeit.

Aus Emilies Trickkiste

Internetempfehlungen

- Lichtenberger Institut für angewandte Stimmphysiologie: www.lichtenberger-institut.de
- Nia.[Neuromuscular Integrative Action]: www.anniann.com; www.nianow.com
- Psych-K©: www.energyfocus.de
- Eyebody. Die Integration von Auge, Gehirn und Körper: www.eyebody.com

Bücherempfehlungen

- Melody Beattie: *Journey to the heart. Daily Meditations on the Path to Freeing your Soul*, Harper One 1996 – auf Deutsch erschienen unter dem Titel *Kraft zur Selbstfindung*, Heyne 1996
- Melodie Beattie: *The language of letting go*, Hazelden1990 – auf Deutsch erschienen unter dem Titel *Kraft zum Loslassen*, Heyne 1991
- Sabine Bode: *Die Deutsche Krankheit – German Angst*, Klett-Cotta 2006
- Peter Grunwald: *Eyebody. Die Integration von Auge, Gehirn und Körper*, condevis 2007
- Louise L.Hay: *Gesundheit für Körper und Seele*, Heyne 1984
- Brunhild Hofmann: *Psych-K© im täglichen Leben. Für eine entspannte Kommunikation zwischen Bewusstsein und Unterbewusstsein*, Koha 2008
- Byron Katie: *Lieben was ist. Wie vier Fragen ihr Leben verändern können*, Arkana 2002

– Clemens Kuby: *Unterwegs in die nächste Dimension. Meine Reise zu Heilern und Schamanen*, Goldmann Arkana 2008
– Bruce Lipton: *Intelligente Zellen. Wie Erfahrungen unsere Gene steuern*, Koha 2013
– Anita Moorjani: *Dying to be Me. My Journey from Cancer, to Near Death, to True Healing*, Hayhouse 2012
– Dies.: *What if This is Heaven? How I Released My Limiting Beliefs and Really Started Living*, Hayhouse 2016
– Lissa Rankin: *Mind over Medicine. Warum Gedanken oft stärker sind als Medizin*, Kösel 2014
– Waltraud Riegger-Krause: *Jin Shin Jyutsu. Die Kunst der Selbstheilung durch Auflegen der Hände*, Irisina 2012
– Eckhart Tolle: *JETZT! Die Kraft der Gegenwart*, Kamphausen 2002
– Kelly A.Turner, Ph.D : *Radical Remission. Surving Cancer Against All Odds*, Harper Collins 2015 – auf Deutsch erschienen unter dem Titel *9 Wege in ein krebsfreies Leben – Wahre Geschichten von geheilten Menschen*, Irisiana 2016
– Robert M.Williams: *Psych-K©: Die Macht der Überzeugungen und die Verbindung von Körper, Geist und Seele*, Koha 2009